U0835533

以厚積薄發四字篆印一方

贈高等教育出版社

厚積薄發

李嵐清

二〇〇七年初秋

生也有涯
学無止境

任繼愈

图书在版编目(CIP)数据

汉语隐喻认知与ERP神经成像/王小潞著.—北京:高等教育出版社,2009.9 (2016.1重印)

ISBN 978-7-04-026366-4

Ⅰ.汉… Ⅱ.王… Ⅲ.汉语-隐喻-研究 Ⅳ.H15

中国版本图书馆CIP数据核字(2009)第175347号

策划编辑 陈 瑛　　责任编辑 王建强　　封面设计 张 志
版式设计 张志奇 王 莹　　责任校对 张 颖　　责任印制 毛斯璐

出版发行	高等教育出版社	咨询电话	400-810-0598
社　址	北京市西城区德外大街4号	网　址	http://www.hep.edu.cn
邮政编码	100120		http://www.hep.com.cn
印　刷	北京北苑印刷有限责任公司	网上订购	http://www.landraco.com
开　本	787×1092 1/16		http://www.landraco.com.cn
印　张	16.5		
字　数	280 000	版　次	2009年9月第1版
插　页	2	印　次	2016年1月第2次印刷
购书热线	010-58581118	定　价	58.00元

本书如有缺页、倒页、脱页等质量问题，请到所购图书销售部门联系调换
版权所有 侵权必究
物 料 号 26366-00

总　序

哲学社会科学是探索人类社会和精神世界奥秘、揭示其发展规律的科学，是我们认识世界、改造世界的有力武器。哲学社会科学的发展水平，体现着一个国家和民族的思维能力、精神状态和文明素质，其研究能力和科研成果是综合国力的重要组成部分。没有繁荣发展的哲学社会科学，就没有文化的影响力和凝聚力，就没有真正强大的国家。

党中央高度重视哲学社会科学事业。改革开放以来，特别是党的十六大以来，以胡锦涛同志为总书记的党中央就繁荣发展哲学社会科学作出了一系列重大决策，党的十七大报告明确提出："繁荣发展哲学社会科学，推进学科体系、学术观点、科研方法创新，鼓励哲学社会科学界为党和人民事业发挥思想库作用，推动我国哲学社会科学优秀成果和优秀人才走向世界。"党中央在新时期对繁荣发展哲学社会科学提出的新任务、新要求，为哲学社会科学的进一步繁荣发展指明了方向，开辟了广阔前景。在全面建设小康社会的关键时期，进一步繁荣发展哲学社会科学，大力提高哲学社会科学研究质量，努力构建以马克思主义为指导，具有中国特色、中国风格、中国气派的哲学社会科学，推动社会主义文化大发展大繁荣，具有十分重大的意义。

高等学校哲学社会科学人才密集，力量雄厚，学科齐全，是我国哲学社会科学事业的主力军。长期以来，广大高校哲学社会科学工作者献身科学，甘于寂寞，刻苦钻研，无私奉献，开拓创新，为推进马克思主义中国化，为服务党和政府的决策，为弘扬优秀传统文化、培育民族精神，为培养社会主义合格建设者和可靠接班人做出了重要贡献。本世纪头20年，是我国经济社会发展的重要战略机遇期，高校哲学社会科学面临着难得的发展机遇。我们要以高度的责任感和使命感、强烈的忧患意识和宽广的世界眼光，深入学习贯彻党的十七大精神，始终坚持马克思主义在哲学社会科学的指导地位，认清形势，明确任务，振奋精神，锐意创新，为全面建设小康社会、构建社会主义和谐社会发挥思想库作用，进一步推进高校哲学社会科学全面协调可持续发展。

哲学社会科学研究是一项光荣而神圣的社会事业，是一种繁重而复杂的创造性劳动。精品源于艰辛，质量在于创新。高质量的学术成果离不开严谨的科学态度，离不开辛勤的劳动，离不开创新。树立严谨而不保守，活跃而不轻浮，锐意创新而不哗众取宠，追求真理而不追名逐利的良好学风，是繁荣发展高校哲学社会科学的重要保障。建设具有中国特色的哲学社会科学，必须营造有利于学者潜心学问、勇于创新的学术氛围，必须树立良好的学风。为此，自 2006 年始，教育部实施了高校哲学社会科学研究后期资助项目计划，旨在鼓励高校教师潜心学术，厚积薄发，勇于理论创新，推出精品力作。原中央政治局常委、国务院副总理李岚清同志欣然为后期资助项目题字“厚积薄发”，并篆刻同名印章一枚，国家图书馆名誉馆长任继愈先生亦为此题字“生也有涯，学无止境”，此举充分体现了他们对繁荣发展高校哲学社会科学事业的高度重视、深切勉励和由衷期望。

展望未来，夺取全面建设小康社会新胜利、谱写人民美好生活新篇章的宏伟目标和崇高使命，呼唤着每一位高校哲学社会科学工作者的热情和智慧。让我们坚持以马克思主义为指导，深入贯彻落实科学发展观，求真务实，与时俱进，以优异成绩开创哲学社会科学繁荣发展的新局面。

教育部社会科学司

序　　言

隐喻既是一种语言现象，更是一种思维方式。隐喻神经机制的研究是一项跨学科的研究课题。众所周知，认知科学从诞生之初就是一个跨学科的研究领域，其最初的推动主要来自哲学认识论、早期的人工智能、理论语言学、认知和发展心理学，随后又进一步涉及认知人类学和认知神经科学。因此，要从神经机制层面研究隐喻认知，不仅需要掌握语言学、哲学、心理学、神经科学等学术领域的知识，还需要创新的研究方法和实验技术。

王小潞是我招收的第一位语言学及应用语言学专业的博士生，她在攻读博士之前已经是浙江大学外国语言文化与国际交流学院的副教授。她不仅有扎实的英语功底和科学技术史方面的专业基础，还具有对语言与认知科学研究的热情。在她攻读博士学位期间，我们大家经常在一起讨论语言与思维的关系问题，这一过程使她找到了语言与思维关系研究中的一个重要切入点，即她后来做的有关汉语隐喻认知神经机制方面的研究。本书是在她的博士论文的基础上撰写的。

20 世纪后叶，人类利用事件相关电位（event-related potential, ERP）和功能核磁共振成像（functional magnetic resonance imaging, fMRI）等先进技术手段，来进行大脑信息加工以及各种认知活动的研究。王小潞做的汉语隐喻认知神经机制方面的研究正是一种借助 ERP 的实验手段，从大脑语言信息加工的视角，以脑成像实验和理论研究相结合的方法，在大脑语言认知框架下研究汉语隐喻认知的尝试。她的研究在方法上是一种创新，这种研究方法超越了语言本体的研究范式。利用自然科学的实验方法来研究语言，本身就强调了实验证据对于理论构建的重要性，是一种很好的文理交融的研究范式。

学界对于影响隐喻认知的客体因素已有较多的研究，但是对于影响隐喻认知的主体因素到目前为止还没有引起足够的重视。书中作者提出的“联想”和“过渡加工模型”等作为隐喻心智加工的映射机制的观点，能够比较合理地解释认知主体从字面意义导出隐喻意义的发生机制，也从理论上强化了隐喻理解过程中认知主体的制约作用和动态过程，因而这一研究不仅涉及语言学中对修辞语言的重新认识，更涉及人类运用隐喻框架来认识世界的思维模式，以及由汉语形成的中国人特有的思维模式，因此具有重要学术意义。

唐孝威

2008 年 6 月于浙江大学求是园

目　　录

CONTENTS

绪　论

人类社会发展到21世纪，凭借科技力量，人们已经对客观世界有了非常深刻的了解。然而，人类对于自己的主观世界——对于自身赖以理解和探索客观世界的大脑工作原理——却知之甚少。人们说21世纪应该是一个认知时代，一个脑科学时代。的确，抛开人脑的心智功能谈论认知犹如撇开天体谈论宇宙。人脑的主要心智功能是思维，所涉及的有语言、逻辑、计算、分析、音乐、美术、想象、创造等模式。隐喻思维是语言思维中的重要形式，其认知一定也必须在人脑认知大框架下进行。隐喻不仅是一种语言形式，更是一种思维现象。隐喻思维有其特异的形式、特征和功能。

一、国内外隐喻研究现状

隐喻研究有着悠久的历史，但一直以来它都被归类在语言修辞研究范畴之内。从20世纪80年代以来，西方学者提出了很多隐喻认知理论，将隐喻研究的对象从语言层面提升到揭示人类思维规律的认知层面。与此同时，神经科学在研究手段上突飞猛进的发展使我们可以利用电生理等脑成像的研究方法在线观察语言认知的神经机制。近年来，凭借不断改进的神经影像技术和分析方法，国外学者试图用事件相关电位（event-related potential，ERP）或功能核磁共振成像（functional magnetic resonance imaging，fMRI）等技术手段来考察隐喻认知的神经机制，以便更加深入地探讨人类语言与思维的关系这一传统问题。从国内外研究现状来看，隐喻研究已完成了从修辞到认知的过渡。虽然国内外隐喻认知研究队伍蔚为壮观，然而也存在着一些不足之处。

1. 国外研究的不足之处

（1）理论还有发展的空间。一方面，国外认知的各种理论，各自为政，比较片面，除了莱考夫和约翰逊的概念隐喻理论以及福科尼耶和特纳概念整合理论之外，其他各种理论都只是从单一的视角片面地去解释隐喻认知的某一方面。这有点像盲人摸象，每个盲人摸到的只是大象的某个局部部位，或是一只耳朵，或是一条腿，或是一个鼻子……每个盲人得到的知识都只反映真实大象形体的某个侧面，这些侧面从局部审视有其正确性，但从整体而言可能和大象的真实形象相去甚远。而要真正知道大象的模样，只有把所有盲人摸象所得到的知识综合起来，才有可能客观地得出比较符合大象整体真实形象的概念。另一方面，莱考夫和约翰逊的概念隐喻理论也有其局限于语言认知的缺陷。刘正光认为，莱考夫和约翰逊的概念隐喻理论从经验主义认识论出发，试图在认知语义学的基础上构建认知的一般模式，其局限性不言自明。首先，语义范畴并不能准确代表认知领域，因为"语言只能传达及其他认知模块的输出部分，而领域 – 具体属性（domain-specificity）会部分地被语言范畴忽略"。换言之，我们怎样思考问题与怎样谈论问题之间存在着很大差别。因此，"认知领域活动的事实必须从语言之外寻找和解释。"① 其次，参与认知活动的不仅仅只有语言。② 福科尼耶认为，语言只是壮丽的认知冰山的山顶，"我们还会潜意识地依赖许多认知资源，唤起无数的模式和框架，建立多层联系，协调大量的信息，参与创造性的映射、传递与思考。"③ 因此，"将抽象的思想置于我们的经验存在中需要更多的非语言内容的参与。"④ 相比之下，尽管福科尼耶和特纳的概念整合理论弥补了莱考夫概念隐喻理论的不足，二者结合起来构成了比较完整的认知隐喻理论，同时为研究大量的其他认知活动搭起了一个统一的框架，但它还是有本身的不足之处，因为概念整合理论的解释力过于强大，过于包罗万象，几乎是无所不包，由此却模糊了某些具体问题的界限。虽然该理论所有的例证主要涉及跨空间映射，但是不同概念整合网络中各空间应表征的信息的质与量都有很大的可变性，不同类型合成空间里的合成过程是否相同也值得怀疑，如运动感知的合成过程与隐喻的合成过程不一定相同⑤。吉布斯也指出，概念合成理论并不是唯一需要证伪的理论，而是一个基本框架。成熟的理论应该

① Steen，F.：George Lakoff：the theory of cognitive models. 1997，http：//cogweb.ucla.edu/CogSci/Lakoff.html.

② 刘正光：《莱柯夫隐喻理论中的缺陷》，《外语与外语教学》2001 年第 1 期。

③ Fauconnier，G.：Conceptual blending. In Smelser，N. & Baltes，P.（eds），*The encyclopedia of the social and behavioral sciences*. New York：Cambridge University Press，2000.

④ Steen，F.：Critical discussions：grasping philosophy by the roots. *Philosophy and Literature*，2000，24（1）：197~203.

⑤ Grady，J.：Cognitive mechanism of conceptual integration. *Cognitive Linguistics*，2000，11：335~345.

解释足量的具体语言事实，对理论预测进行验证。遗憾的是，其理论提出者对理论的一些基本原则还未做出明晰的表述，其实例分析所涉及的原则也有待于进一步细化。[①]. 除此之外，我国学者刘正光也对该理论提出了几点质疑，他觉得类空间的认识比较模糊，似乎可有可无，正因为如此，合成空间创造出与输入空间不一致的特有结构的观点也值得商榷[②]。

（2）实验还有改进的余地。虽然西方学者已经开始利用脑成像实验来验证隐喻认知理论，并获得了一些成果和经验，但是受理论模式、实验设备、被试选择、语料选用等限制，他们的实验结果不甚统一，不尽完善，还有许多可改进的余地。例如，在隐喻加工模式上，不同的学派分别以“属性匹配法”和“概念隐喻观”这两种对立的观点作指导；在隐喻加工顺序上，各方学者提出了“层次假说”、“平行假说”和“语境依赖假说”等不同的假说；在隐喻加工脑区定位上，研究者们根据自己的实验结果提出了“右脑说”、“左脑说”和“全脑说”。他们之所以不能统一看法，各持己见，其中一个主要原因是他们的实验任务、所用语料、被试文化背景被局限在一个狭隘的范围之内。例如，他们所有的实验语料几乎都采用印欧语系的拼音语言，几乎没有对其他语言，特别是没有对方块字形的汉语隐喻进行过考察。汉字作为象形文字，在形态识别上应有别于印欧语系的拼音语言，按照目前的认识，会更多涉及右脑加工。李荣宝等对汉英两种语言语义通达的 ERP 实验发现，英汉两种语言的形态是分别表征的，而语义是共同表征的。[③] 由此我们可以看到，国外学者的观点在局部范围内也许是正确的，但是用来作为普遍真理解释隐喻认知神经机制还是相当不成熟的，因此，利用脑成像实验来验证隐喻认知理论还有很大的发展空间。

2. 国内研究的不足之处

（1）尚未形成针对汉语特征的隐喻认知理论。尽管我国时下的隐喻认知研究盛况空前，可终因起步较晚还未曾达到系统化和理论化的高度。在隐喻认知研究中，中国学者主要致力于介绍、评述或援引本国隐喻语料佐证外国的理论研究成果，试图用西方理论整合本土隐喻资源。因此到目前为止，国内学者对隐喻认知研究基本上还停留在介绍国外理论、套用西方的理论研究汉语隐喻或进行汉英隐喻概念对比研究的层面上。束定芳指出，与国外近年来的“隐喻热”相比，我国的隐喻研究仍然显得十分单薄，“在汉语语言学界，除了在一些修辞学刊物或专著，如《修辞学习》中偶尔见到一两篇讨论比喻的

① Gibbs Jr., R.W.: Making good psychology out of blending theory. *Cognitive Linguistics*, 2000, 11: 347~358.

② 刘正光：《Fauconnier 的概念合成理论：阐释与质疑》，《外语与外语教学》2002 年第 10 期。

③ 李荣宝等：《汉英语义通达过程事件相关电位研究》，《心理学报》2003 年第 3 期。

文章外，其他权威性语言学刊物，如《中国语文》等，极少刊载这方面的论文。我国修辞学界对隐喻的讨论仍停留在相近词格的对比，如隐喻与明喻、隐喻与借代等的对比，以及对具体的作品语言进行修辞层次的分析……至于隐喻的产生原因、理解机制和认知功能，汉语修辞学界至今尚未有人认真系统地加以探讨。”[①] 当然，自 2000 年以来，时过境迁，我国的隐喻认知研究已经逐渐在升温，逐渐接受了国外的概念隐喻、概念整合等隐喻认知理论，基本完成了隐喻研究的认知转向，并且取得了一定的成绩。然而，到目前为止，尽管已有少量专著问世，但主要还是介绍之功，创新之处不多，尚未形成自己的理论。

（2）尚未涉及汉语隐喻认知的神经机制的研究。虽然我国学者紧随国外学者的研究，将国外隐喻认知理论介绍到国内，但他们的研究还没有深入到隐喻认知主体的大脑神经机制层面，还没有深刻地认识作为人体的信息处理中心——人脑是怎样加工隐喻的。隐喻认知研究必须和认知神经科学研究相结合才能探索到隐喻认知的真谛。人脑是生物进化史上的一棵奇葩，是人类认知的生物基础。虽然人类已经有能力探索茫茫太空，也对夸克等最微小的粒子有了较深的了解，但是我们对天天使用的大脑及其认知功能却知之甚少，因此探索大脑，探究大脑的认知工作原理已经成为 21 世纪众多领域科学家追求的目标。然而，探索隐喻认知的神经机制在我国还未得到应有的重视。尽管国内有些学者也讨论过隐喻的认知机制，但他们一般是根据经验从隐喻表象的某一个层面探讨隐喻认知机制，而且这些讨论主要局限在语言学范畴，至多涉及一些心理学范畴。从语言学、心理学、哲学、神经科学、计算机科学多学科角度对隐喻的综合研究还未真正起步，特别是运用高科技的无创脑电记录手段进行隐喻的实时加工研究更是鲜为人知。到目前为止，除台湾个别学术团队外，笔者还不曾发现国内有其他人直接用汉语做过隐喻理解认知大脑神经机制方面的研究。

二、本研究的目标和对象

理论语言学认为，一部好的语言理论著作应该充分覆盖语言事实同时兼具阐述的简洁性，即所谓的“观察充分性（observational adequacy），描写充分性（descriptive adequacy）和解释充分性（explanatory adequacy）”[②]。客观地讲，这个要求反映了语言理论的最理想状态，可以看作是语言理论追求的终极目标。由于语言与认知的密切关系，

① 束定芳：《隐喻学研究》，上海外语教育出版社 2000 年版，第 8 页。

② 戴维·克里斯特尔：《现代语言学词典》，沈家煊译，商务印书馆 2002 年版，第 8 页。

检验语言理论是否达到最理想状态不应仅仅从语言层面着手，也应该在人脑更大的认知框架下认识语言认知。换言之，使某一语言理论达到观察充分性、描写充分性和解释充分性这个目标仅靠行为调查和理性思辨还是远远不够的，还需要从实验中验证该理论假设是否反映了人脑的工作机制，以及反映的程度及其范围，即语言认知理论假设是否基于坚实的神经心理基础，是否符合人脑信息加工的基本规律。

隐喻不仅仅是一种语言现象，它更重要的是一种人类的认知现象。众所周知，语言世界的主体是人，而人认识客观世界的过程在很大程度上借助语言完成，人认识世界的结果组成了一个集合体，代表语言世界的内容。然而，因为语言使用者的主动参与和主动干预，使得客观世界和语言世界并不完全等同，而隐喻认知尤为如此。传统的观点认为，理性是抽象的、客观的、脱离肉身的，而认知科学认为，理性具有肉体的基础，在语义理解过程中脱离不了人的认知生物基础——人脑的活动。莱考夫把理性中具有想象力的方面——如隐喻、转喻和心理意向——看作理性的中心，而把非客观事物看作外在的、次要的附属。①

本课题研究的是汉语隐喻认知的大脑神经机制，即研究操汉语母语的中国人在理解汉语隐喻时的大脑信息加工过程。既然研究对象是"隐喻"的神经机制，我们就必须搞清和界定"隐喻"在本书中的概念。早在古希腊，亚里士多德在他的《诗学》中就已经给了"隐喻"最简洁而准确的定义，他说："隐喻是指以他物之名名此物。"在本文中，凡符合此定义均归为隐喻。尽管这一定义已经大大超出了传统汉语修辞学对隐喻所作的界定，然而，本研究的目标关注的是汉语隐喻认知的大脑神经机制，因此本文中将"以他物之名名此物"的语言现象统统归为隐喻之列。如此一来，便把传统汉语修辞中的暗喻、借喻、比拟、拈连、移就、双关甚至夸张等都划归于隐喻，因为从思维的角度看，这些修辞格本质上都是用他物言此物，即通过"以一种概念来理解和体验另一种概念"。②

尽管隐喻可分**修辞隐喻**和**概念隐喻**，但前者是针对**语言形式**而言，而后者针对**思维形式**而言。从语言角度看，隐喻是语言形式中区别于本义语言的特殊形式；而从思维角度看，隐喻是一种人类基本的、普遍的、重要的思维方式。两者从语言形式上看是一致的，所不同的是：概念隐喻指的是一种思维方式，指人们在某一种隐喻概念框架中思维。在语言层面上，隐喻指的是，根据两个事物间的某些共同的特征，用一事物去暗示另一事

① Lakoff, G.: *Women, fire, and dangerous things, what categories reveal about the mind.* Chicago: The University of Chicago Press, 1987.

② Lakoff, G. & Johnson, M.: *Metaphors we live by.* Chicago: The University of Chicago Press, 1980: 56.

物的比喻方式，即本体和喻体之间不用“像”、“如”、“似”等比喻词，只是在暗中打比方，或者直接借代他概念来指称此概念，其典型表达方式为“A是B”，例如，“儿童是花朵”。在思维层面上，隐喻指的是在某一个隐喻概念框架下思维，例如，在概念隐喻“时间是金钱”（TIME IS MONEY）① 的框架下，我们就会有“**浪费**时间”，“**节约**时间”、“**花费**时间”等在金钱概念框架中所表达的词语。作为修辞形式的隐喻，它是语言形式中的特例，因为它不能从字面中直接得出意义；而作为思维形式的隐喻，第二代认知科学家已经论证，是一种普遍的思维方式。本研究的目的是通过语言形式的隐喻去观察思维形式的隐喻，因此两种概念在本书中穿插交替使用。

本研究在隐喻认知理论框架上以塞尔的经典隐喻认知理论、莱考夫和约翰逊的概念隐喻理论以及福科尼耶和特纳的概念整合理论为指导，并试图修正和完善这些理论，但具体实验语料不涉及概念隐喻。本研究对象强调的是**汉语**隐喻认知的神经机制，笔者试图在本研究中立足汉语，在语言学、哲学、心理学和神经科学等认知科学的交叉之中，通过ERP实验手段，将“汉语”、“隐喻”、“认知”和“大脑神经机制”串连在一起，以说明汉语隐喻认知的大脑信息加工特征，因此，研究中ERP实验语料全部采用汉语句子。受ERP实验条件限制，本研究选取的是“A是B”（在后文中用$NP+V_{be}+NP$表示，例如：“杭州是天堂”）和“A做B”（在后文中用NP+V+NP表示，例如：“的哥侃大山”）两种五字句句型的隐喻句语料（见附录二），并配以相应数量的本义句和假句作对照，具体数量见第五章的实验设计。

以上论述已清楚表明，研究论题本身就决定了其跨学科的研究性质，因此该研究不仅要在语言研究的层面进一步深入探究隐喻的认知机制，而且要超越语言学科领域，借用哲学、心理学、神经科学等认知科学领域的研究方法来探讨汉语隐喻认知神经机制。福科尼耶和特纳告诫所有的隐喻理论研究者，只把目光聚焦在跨域映射和推论转移是远远不够的。我们需要公平地面对远为复杂的不能为我们观察到的隐喻概念系统的整合；我们需要将它们的文化历史考虑在内；我们需要清楚地解释它们所产生的层创结构（emergent structure），两者（隐喻概念系统和层创结构）都历经了文化时间和个体时间（例如，儿童对于精致的并且互相联接的整合网络的学习）。在当代语言学的早期，人们对于儿童掌握复杂的句法和语音结构感到吃惊：初学走路的孩子怎么会懂得那么多？现在我们对此有了较好的认识：我们最强大的电脑在儿童认知的大脑面前也是望尘莫及。因此，

① 注：英语句子全部字母大写，表示“概念隐喻”，下同。

当人们发现，意义构建也需要依赖高度精致的动力系统的支持和影响也就不足以大惊小怪了。研究者面临的挑战应该是努力去钻研这些心智中值得注意的构建系统和建构过程。我们已经注意到，认知特征部分是隐喻的，因为隐喻本身是概念整合中特别重要和突显的表象。双辖域整合是现代人类认知特点，它是一种典型的利用冲突的整合。隐喻是这种整合中最强大的产物之一，它通常能驱动艺术、科学、技术、宗教等的关键整合。① 探讨这种神经整合过程，探究这种大脑整合机制便是本研究的目标。

三、本研究的视角和方法

众所周知，语言是人类特有的表达和交流方式，是人类社会必不可少的思维工具和联系纽带。人类对于语言的关注源远流长。一方面，人们以共时的方式来研究语言，获取语言本身的句法、语义和语用等知识；另一方面，人们又以历时的方式来研究语言，通过研究语言的进化和不同语言之间的历史关系，逐渐获悉古老的喊叫系统如何可能在自然选择的压力下演化为人类的语言。但是这两个领域的研究结果还不足以解答人类本身是怎样进行语言认知的问题，即在语言理解和产生的过程中，使用语言的人本身究竟扮演着怎样的角色？人的大脑究竟是如何生成和加工语言的？更具体地说，我们要问的是：诸如语音加工、音位加工、形态加工、语义加工和句法加工等一系列语言认知过程是否拥有各自特异的脑神经基础？如果答案是肯定的，那么它们各自又是由哪部分脑区和神经结构负责？在大脑处理语言信息的过程中，各种加工过程之间是否存在交互作用？如果答案还是肯定的，那么这些交互作用究竟发生在语言加工的哪个阶段？如果一般语义和特殊语义的加工方式不同，那么对于隐喻这样的特殊语言形式是否应该有特殊的认知神经机制？这一系列问题只有通过神经语言学来解决，因为认知神经科学家们所关心的是语言使用的内在认知和神经过程。

笔者认为，隐喻认知是人脑对隐喻意义作出的解释，因此，所有对于隐喻认知的诠释一定要放在人类认知的大框架之下进行。尽管隐喻认知在人的认知中享有重要的地位，然而人类认知决不仅仅局限于隐喻认知。正如福科尼耶已经看到的那样，人类认知模式背后的各种心智原则是一致的。他指出，思想家一直以来迷醉于心智模式，通常将这些模式标上类比、范畴扩展、隐喻、框架、违实性和语法结构等标签。非常典型的是，它

① Fauconnier，G. & Turner，M.：Rethinking metaphor，In Gibbs，R.（ed.），*Cambridge handbook of metaphor and thought*. Cambridge：Cambridge University Press，2006，http：//cogsci.ucsd.edu/~faucon/RethinkingMetaphor19f06.pdf.

们被认为是截然不同学科的组成部分：哲学和逻辑学中的违实性，文学中的隐喻，心理学中的类比，社会学中和人工智能中的框架，语言学中的语法结构。然而，人们最近发现，在所有这些模式背后的心智原则是相同的。这些模式都是概念整合网络的产物。① 如果要从根本上了解隐喻的大脑神经机制，从根本上解释人脑是如何进行隐喻加工的，那么对于隐喻的大脑在线加工的研究就显得十分必要，意义也是非常重大的。

既然认知的主体是人，我们就不能离开人脑信息加工系统研究认知，任何的认知理论都应该注意这一点。人脑是如此的复杂，以至于目前没有哪种单独的技术手段，或是哪种单独的理论工具可以用来完全解决大脑之谜。每种手段或是工具都只能从一个侧面来研究这个问题，其结果在最好的情况下也只能解释大脑之谜的某一个侧面。不幸的是，人类现在的处境还不如“盲人摸象”中的盲人，对于那些盲人来说，他们要解决的问题至少还是在同一个层次上，然而脑的问题却是一个层次极多的问题。在每个层次上都会发生下一个层次所没有的某些“突现”（emergence）性质。② 尽管如此，在神经科学方面，人类已经进入了神经动力学和脑的混沌理论的研究，从神经元层次（微观层次）、神经回路和神经元簇层次（介观）和系统层次（宏观）来研究脑的信息处理。如果福科尼耶和特纳的概念整合网络能和人脑神经信息网络结合起来，也许能使我们更进一步地逼近人类隐喻认知的真谛。

尽管语言学、心理学、哲学等领域的学者们在理论上已经提出了许多隐喻理解和大脑神经机制之间的关系的假说，但试图在实验中论证这些假设的研究者还是为数不多。尽管西方学者已经开始利用 ERP 和 fMRI 等脑电或脑功能成像等实验手段企图证明各种隐喻认知理论的解释力，但是他们的实验语料用的都是印欧语系的拼音语言，被试都是操母语的当地人。而对汉语的隐喻理解的脑电或脑成像实验，即用汉语做语料、华人做被试，国内外几乎无人涉及该领域。本着这一研究现状，笔者受国外学者的影响和启发，试图尝试性地将脑电技术引入本研究，用 ERP 实验方法来窥探汉语隐喻认知神经机制，从神经层面验证当前隐喻认知理论，并试图在理论上有所突破。

因此，围绕探讨汉语隐喻认知神经机制的目标，本研究采用的研究手段是对人脑无损的 ERP 脑电实验，在线采集正常中国人大脑加工汉语隐喻时的脑电，通过对所采集数据的分析和比较，提出符合脑电活动的解释汉语隐喻认知的假设。换言之，笔者试图通

---

① Fauconnier, G.: Compression and emergent structure. In Huang, S. (ed.), *Language and Linguistics*. 2005: 523~538.

② 汪云九等:《神经信息学》，高等教育出版社 2006 年版，第 379 页。

过ERP实验，记录正常被试在面对汉语本义句、隐喻句（含死隐喻句和新隐喻句）、假句等不同的实验材料时呈现的脑电波形变化，来判别这些实验材料之间在时间加工进程上，是否存在显著的脑波形变化差异，从而了解汉语本义加工和隐喻加工之间的区别与联系，认识汉语隐喻加工的脑区优势，揭示汉语隐喻认知的大脑神经机制，辨明汉语语义与句法对隐喻理解造成的不同影响，探讨其间所具有的语言学意义，以验证各方学者提出的隐喻认知加工的理论。总之，运用脑电技术对汉语隐喻认知神经机制的研究不仅能让我们深入认识语言，而且能让我们深入了解思维，因此，它不失为一种研究隐喻认知的先进和恰当的方法。

四、本研究的创新与突破

在借鉴国外学者采用电生理方法研究隐喻认知的经验基础之上，本研究通过ERP实验手段，以汉语为语料，以操汉语的本族年轻理工科大学生为被试，采集他们理解汉语隐喻时的行为数据和脑电数据，对实验结果进行离线分析和讨论，用以探究汉语隐喻认知特有的神经机制。在前人研究的基础之上，本研究从大脑信息加工的视角，用脑成像实验结果验证理论的方法，在人脑语言认知大框架下研究汉语隐喻认知，主要贡献如下：

1. 发展了合理解释隐喻认知的模型。对于隐喻的加工方式，西方理论中最经典的莫过于以塞尔为代表的“两步加工模型”与莱考夫和约翰逊为代表的“一步加工模型”。尽管从共时的角度看，以上两种观点都有其可取之处，而且在隐喻发展和认知的某一个阶段可以采用其中某一种模型解释，即隐喻的创始阶段（新隐喻）可用塞尔的“两步加工模型”来解释，而隐喻的成熟阶段（死隐喻）可用莱考夫和约翰逊的“一步加工模型”来阐释。然而，笔者认为，隐喻本身从创始到概念化就是一个从新隐喻向死隐喻的演化过程，相应的，隐喻认知是一个从两步加工过渡到一步加工的发展演化过程，即是一个根据认知主体对于特定隐喻熟悉度变化而变化的加工过程。这种“动态过渡模型”在理论上是对以往隐喻认知模型的发展，该模型可以更为合理地解释隐喻认知的动态过程。

2. 提出了联想是隐喻映射机制的假说。隐喻理解是一种特殊的语义理解，其理解过程是两个不同域之间的映射，而映射的心智方式是联想。这不仅因为隐喻认知体系的心理基础是联想，而且因为联想的语义联接有其神经网络信息联接的基础。联想在隐喻理解中的重要功能在于，将输入的隐喻字面意义与心理图式进行匹配，从而忽略字面意义而将隐喻意义导出。对于新隐喻加工的出发点是从本义加工开始的，当认知主体在惯常的神经元簇联接中找不到与字面意义的匹配模式，便会另辟蹊径寻求其他相近或相关的意义进行匹配联接，这一过程是由大脑信息加工的可塑性决定的。对于固化了的死隐喻加工，哪怕它处于一个混乱的形式之中，只要神经网络检测到该隐喻的一部分，便可通过惯常的联接方式进行神经元簇联接，即通过联想与该隐喻加工原型进行隐喻意义匹配。

3. 强调了隐喻认知主体对隐喻理解的制约作用。隐喻认知受到诸多语境因素的影响，这些因素可分为主体因素和客体因素。本文特别突出分析了主体因素对隐喻认知的影响，这些因素包括：认知主体对隐喻的熟悉程度、生活经验、年龄结构和文化层次。笔者认为，主体因素在语言认知中起着主导和决定作用，因为认知主体只有具备隐喻认知能力，他 / 她才能理解隐含在字面意义以外的隐喻意义。如果一个认知主体根本就不懂某种语言，或尚未习得某种语言（婴幼儿），或丧失了某种语言能力（失语症者），那么他 / 她对于一般的语言理解都会成问题，更不用说理解隐喻了。主体对隐喻认知能力缺失的情况下谈客观语境就显得多余，在这种情况下，哪怕客观语境再关联也等于对牛弹琴。因此，隐喻认知首先得从隐喻认知主体开始，从他 / 她对具体隐喻表达的熟悉度开始。

4. 实现了对汉语隐喻认知研究方法上的突破。理论再好，若要有说服力，还得经过实践的检验。既然隐喻认知主体在隐喻认知过程中扮演着如此重要的角色，我们一定可以在人脑信息加工中找到隐喻信息加工的轨迹。从一方面看，尽管国外学者已经率先从大脑神经机制层面观察隐喻的生成机制、理解机制和加工脑区，然而几乎没有人用汉语为语料进行这方面的研究；从另一方面看，许多中国学者在进行汉语隐喻认知的研究，但是没有人用 ERP 的方法来做汉语隐喻认知神经机制的实验。借鉴国外经验，本研究运用 EEG 脑电技术为实验手段，选用汉语隐喻为语料，对汉语隐喻理解做了 ERP 在线考察实验，实现了用脑电实验探究汉语隐喻认知研究方法上的突破。

5. 验证了当前隐喻认知理论和隐喻大脑加工过程。通过对 ERP 实验结果的离线分析和讨论，本研究不仅发现了汉语隐喻加工和本义加工之间存在着差异，而且论证了差异存在的原因，主要有以下研究结论：（1）ERP 的脑成像显示出来的与隐喻理解相对应的脑电活动证明：隐喻认知有其大脑神经活动基础，隐喻认知与其他理性认知一样，有其肉身基础，必须在大脑的神经网络中进行；（2）根据隐喻理解时左右脑同时出现的相应脑电波形判断，隐喻加工不仅牵涉到理解语言的左半脑语言区，而且牵涉到与隐喻内容相关的大脑皮层各认知模块，尤其是右脑加工的形象模块，据此推出，在大脑神经网络中，神经元簇联接联系着大脑两半球的隐喻加工，相应的，联想在心智上完成隐喻不同概念域间的映射；（3）ERP 实验中隐喻认知的时间进程跟熟悉度发生直接关系，认知主体对特定隐喻的熟悉度直接影响隐喻加工方式，由此证实隐喻认知确实受到认知主体能动性的制约；（4）本研究的行为数据和ERP数据结果显示，汉语隐喻加工难于本义加工，两者加工时在前额250~350毫秒处的N400和750~900毫秒处的LPC均有显著性差异，认知主体对于汉语隐喻意义的识别比对于本义的识别更困难，在同等句式下，受喻者必须付出更大的努力，或更多的注意；（5）汉语语义加工时N400的潜伏期稍短，波峰提前，不仅与实验对象、实验任务有关，而且与语言种类有关，汉语隐喻加工有一定的特异性。

当然，仅凭一个实验数据的分析和讨论还很难对汉语隐喻认知机制做出绝对定论，以上的结论和推测还需受到更多的实验方法和不同视角的实验的检验和论证。无论如何，用脑成像实验方法、以学科交叉手段来进行汉语隐喻认知的神经机制的研究是该研究领域的一个新的开端，虽然研究的道路是曲折的，但是前途是光明的。

第 1 章　隐喻认知神经机制研究的理论与方法

隐喻研究已有久远的历史，但直到 20 世纪 70 年代末，西方学者才真正开始将隐喻研究从语言层面转向揭示人类思维规律的认知层面。随着脑影像技术的飞速发展，研究人员又将视角转向隐喻认知神经机制的研究。近二十多年来，凭借不断改进的神经影像技术和分析方法，国外学者试图用事件相关电位（event-related potential，ERP）和功能核磁共振（functional magnetic resonance imaging，fMRI）等先进技术手段来考察隐喻认知的神经机制，以便更加深入地探讨人类语言与思维的关系这一传统问题。本研究立足汉语，尝试性地采用电生理研究方法，通过 ERP 实验手段，采集操汉语者理解汉语隐喻时的行为数据和脑电数据，以探究汉语隐喻认知神经机制的特异性。

第 1 节　国外隐喻认知理论

近年来，隐喻在国外是个众多学科关注的热门话题，尤其是隐喻的认知功能越来越受到语言学、心理学、哲学、神经科学、计算机科学等学科的重视。从国外到国内隐喻研究都经历了一场革命性的认知转向。然而，纵观隐喻研究历史，20 世纪 30 年代之前，古希腊亚里士多德的传统隐喻观处于统领地位，隐喻一直被看作是典型的修辞格，是一种约定俗成的语言技巧，一直被当作比喻的一种类别来研究。长期以来，从古希腊的亚里士多德的修辞隐喻观到 20 世纪 50 年代的奥斯汀的言语行为理论，隐喻一直被认为是隐含于字面意义之下的第二层次的语言，而本义语言才是语言的本质。

传统隐喻理论中最具代表性的应属以亚里士多德为代表的“对比论”和以昆提连代表的“替代论”。前者认为，隐喻是以相似性为基础用一个词替代另一个词来表达同一意义的语言手段，两者属于一种对比关系。后者认为，隐喻实际上就是用一个词去替代另一个词的修辞现象。无论是亚里士多德的“对比论”（theory of comparison），还是昆提连的“替代论”（replacement theory），都将隐喻看作是语词层次上的一种修辞方式，都将隐喻的功能看作是一种“附加的”、可有可无的“装饰”。同时两种理论都认为，隐喻就其结构和形式而言，都是对正常语言的一种偏离，是词语的转义。

传统的语言现象隐喻观受到了理查兹和布莱克提出的“互动”隐喻观的挑战。到了 20 世纪 30 年代，理查兹发表了《修辞哲学》（*The Philosophy of Rhetoric*），首先提出了隐喻互动理论。理查兹认为，语言实质上是隐喻的，隐喻在语言中无所不在。传统理论只注意到少量的隐喻，将隐喻这个概念限定在很小的有限范围之中，以致把隐喻只看作是一种语言修饰，是语义的改变和词语的换置。然而，从根本上说，隐喻是概念之间的借贷和交流，是语境之间的交替。因此，隐喻首先是概念的，通过概念比较、借代、转换等心理加工，从而衍生语言中的隐喻。[①] 由此可见，理查兹是把隐喻从传统的修辞学中解放出来，提出人们在头脑中构成的概念隐喻先于语言隐喻的第一人。

后来，布莱克在理查兹的基础之上，发展和完善了“互动论”（interactive theory）。所谓“互动”，就是隐喻解读中的两个表面上互不关联的词义经过互相影响、互相启示、互相作用之后得出新的意义的过程。一个词语不仅仅是代替一个过去的可离散的印象，而是常见特征的综合。他们认为，我们在使用隐喻时将两个不同的“表象”带入一个互动的关联之中，这种关联由一个词或一个短语体现，其意义则是两个表象互动的结果。[②] 隐喻陈述性并不是对形式上的明喻或其他本义陈述的替代，它有自己独特的作用和成果[③]。在他们看来，“隐喻是一种新的意义的创生过程，是两个主词的词义相互作用的结果。因而他们对隐喻的研究突破了传统修辞学将此限制在词汇层次并将此看作是一种对比和意义替换的修辞现象的局限，把隐喻作为语义现象并放到了句子层次进行考察。”[④]

---

① Richards，I. A.：*The philosophy of rhetoric*. Oxford：Oxford University Press，1936.

② Richards，I. A.：*The philosophy of rhetoric*. Oxford：Oxford University Press，1936：48.

③ Black，M.: Metaphor. *Proceedings of the Aristotelian Society*，1954，55：286.

④ 束定芳：《隐喻学研究》，上海外语教育出版社 2000 年版，第 3~4 页。

尽管“互动论”是布莱克提出的最有影响的解释隐喻认知的理论，然而该理论也存在着非常突出的问题：过于抽象化。诸如“本体和喻体是怎样互动的？”和“在互动时相关的特征是如何选定的？”等细节问题均无法从“互动论”中找到答案。为了弥补这些缺陷，认知科学家们在“互动论”的基础上开始尝试着从认知的视角来解释隐喻理解。20 世纪 70 年代以来，认知科学家们越来越坚定地认为，隐喻不仅仅是语言的重要组成部分，而且是思维的重要组成部分，隐喻对于思维非常重要，比起本义语言来毫无逊色。认知科学对隐喻的这种观点从那时起渐渐开始浮出水面。他们觉得，我们应该平等对待本义表述和隐喻表述。1980 年，美国生成语义学家乔治·莱考夫和英国哲学家马克·特纳将研究隐喻的出发点从“表象”转变为“概念”，将隐喻研究的对象从语言层面转变为揭示人类思维规律的认知层面。这种对隐喻新的诠释在认知科学中得到了广泛的关注，由此引发了一些新的隐喻认知理论的提出。例如，奥特尼提出的“突显不平衡理论”（salience-imbalance theory）①，金特娜等人提出的“结构映射理论”（structure-mapping theory）②③④，格拉克斯伯格等人提出的“范畴包容理论”（class-inclusion theory）⑤⑥⑦⑧⑨，莱考夫和约翰逊提出的“概念隐喻理论”（conceptual metaphor theory）⑩⑪⑫ 以及福科尼耶

---

① Ortony, A.: Metaphor: a multidimensional problem. In A. Ortony (ed.), *Metaphor and thought*. Cambridge, England: Cambridge University Press, 1979.

Ortony, A.: Metaphor, language, and thought. In A. Ortony (ed.), *Metaphor and thought*. Cambridge, England: Cambridge University Press, 1993: 1~16.

② Gentner, D.: Structure-mapping: a theoretical framework of analogy. *Cognitive Sciences*, 1983, 7 (1): 155~170.

③ Gentner, D. & Markman, A.: Structure mapping in analogy and similarity. *American Psychologist*, 1997, 52 (1): 45~56.

④ Gentner, D. & Wolff, P.: Alignment in the processing of metaphor. *Journal of Memory and Language*, 1997, 37: 331~355.

⑤ Glucksberg, S. & Keysar, B.: Understand metaphorical comparisons: beyond similarity. *Psychological Review*, 1990, 97: 3~18.

⑥ Glucksberg, S. et al.: Metaphor understanding and accessing conceptual schema: reply to Gibbs (1992). *Psychological Review*, 1992, 99 (3): 578~581.

⑦ Glucksberg, S. et al.: Property attribution in metaphor comprehension. *Journal of Memory and Language*, 1997, 36 (1) 50~67.

⑧ Glucksberg, S. & McGlone M.S.: When love is not a journey: what metaphors mean. *Journal of Pragmatics*, 1999, 31(12) 1541~1558.

⑨ Glucksberg, S.: The psycholinguistics of metaphor. *Trends in Cognitive Sciences*, 2003, 7 (2): 92~96.

⑩ Lakoff, G. & Johnson, M.: *Metaphors we live by*. Chicago: The University of Chicago Press, 1980.

⑪ Lakoff, G.: *Women, fire, and dangerous things, what categories reveal about the mind*. Chicago: The University of Chicago Press, 1987.

⑫ Lakoff, G.: The contemporary theory of metaphor. In Ortony, Andrew (ed.), *Metaphor and Thought*. Cambridge: Cambridge University Press, 1993: 202~251.

和特纳提出的“概念整合理论”（conceptual blending / integration theory）[1][2][3]。这些理论的提出为从认知层面研究隐喻打下了理论基础。

一、突显不平衡理论

突显不平衡理论（salience-imbalance theory）是奥特尼 1979 年在对美国心理学家特韦尔斯基 1977 年提出的相似性对比模型（contrast model）[4] 改进的基础上提出来的。该理论认为，隐喻的理解是在找出本体和喻体之间的共同特性的基础上进行的。然而，二者之间的特征是不平衡的，喻体的特征处于高突显地位，本体的特征则处于低突显地位，原因之一是隐喻常被用来为一个先前不存在的概念提供特征，或加强原先未予以考虑的特征，这是隐喻理解的关键。例如，水手们常把自己的船只热情地叫做“她”，以软化船只固有的金属所带来的冷漠的感觉；如果把妇女叫做“战舰”，得到的是相反的刚毅的效果。同样，一个海盗可以充满感情地把自己的战斧看作是“忠实的女人”，但把自己的老婆看作“战斧”，绝无满怀感情之意。在这个基础上，褒义和贬义是一个不等同的问题。[5]

突显不平衡理论试图解决的是特征选择问题。该理论假定：隐喻涉及本体和喻体在特征上的比较，而这些特征在显著性上是不平衡的，这种不平衡的突显恰恰又是隐喻创造者希望强调的。例如：

1）My lawyer is a shark.（我的律师是鲨鱼。）

在以上隐喻中，隐喻创造者将“律师”比为“鲨鱼”，但是鲨鱼的“进攻性”显然比律师的“进攻性”要突显得多，因此鲨鱼的进攻特征被用来强调“我的律师”所具有的进攻性。由此，我们可以看出，该理论的主要目的是想解决隐喻比较中的不对称性问题。

该理论不但认为隐喻的本体和喻体是不对称的，而且认为大多数隐喻是具有方向性的。例如：隐喻“X is a Y”表达的意义并非是“Y is an X”，事实上，大多数隐喻都不能颠倒顺序。然而，这种方向性的限制并非是任意的，而是指向隐喻认知功能的中心，即指向某个概念最突显部分，而这些部分在传统概念范畴中并不那么突显。在绝大多数的

---

① Fauconnier，G. & Turner，M.：Conceptual integration networks. *Cognitive Science*，1998，22（2）：133~187.

② Fauconnier，G.：Compression and emergent structure. In Huang，S.（ed.），*Language and linguistics*. 2005，64：523~538.

③ Fauconnier，G. & Turner，M.：Rethinking metaphor. In Gibbs，R.（ed.），*Cambridge handbook of metaphor and thought*. Cambridge：Cambridge University Press，2006. http：//cogsci.ucsd.edu/~faucon/RethinkingMetaphor19f06.pdf.

④ Tversky，A.：Feature of similarity. *Psychological Review*，1977，84（4）：327~352.

⑤ 胡壮麟：《认知隐喻学》，北京大学出版社 2004 年版，第 32 页。

语境中，“我的律师是鲨鱼”比“我的鲨鱼是律师”更具合法性，更能够被人们所接受。奥特尼指出，人们也许会把高速公路描述成“蛇”以强调在高速公路上行驶的危险性。这一危险的意义高度地突显了“蛇”这一范畴的特性，但危险在“道路”这一概念范畴的特性中并不突显，因此，从后一范畴到前一范畴意义转移影响到这种突显性的提高。

尽管突显不平衡理论是在改进布莱克互动论的基础之上提出来的，然而它还是存在着不少问题。它没有详述比较是如何发生的，而且它对特性是如何突显的解释也过于抽象。但是在突显不平衡理论提出之后，隐喻认知理论开始一分为三，形成三类不同的理论体系，以不同的视角试图解决布莱克和奥特尼理论未能解决的问题。第一类是**类比理论**，如“结构映射理论”（structure-mapping theory）；第二类是**范畴理论**，如“范畴包容理论”（class-inclusion theory）；第三类是**概念隐喻理论**，如“管道隐喻理论”（conduit metaphor theory）、“概念隐喻理论”（conceptual metaphor theory）和“概念整合理论”（conceptual blending/integration theory）。以下分述这三类中最具代表性的四种理论。

二、结构映射理论

众所周知，类比是人类获得新知识和解决问题的重要心理机制。这一理论将类比的重点放在关系结构的转换上。结构映射理论（structure-mapping theory）就是根据人类这一心理机制由金特娜等人提出的。结构映射理论运用的是类比方式，更准确地说，是一种以类比过程来解释隐喻认知的理论。从这一角度出发，理论提出者称该理论为“结构映射理论”，因为隐喻理解涉及本体和喻体之间的映射过程。在金特娜的结构映射理论中，结构的映射优先于要素属性的映射。从喻体到本体的映射是特征间的相似性关系结构的映射而非单个特征的映射，即把喻体的结构关系映射到本体上。例如：

2）电池像水库。

当人们听到例2）的类比时，他们是如何得到意义的？按照特韦尔斯基的相似性对比模型，A与B之间的特性相交（A∩B）越大，它们之间的相似性就越大。特韦尔斯基认为，隐喻的理解就是评估本体和喻体之间的相似性，而相似性的大小则决定本体和喻体之间共有特征的匹配程度，相同特征越多就越相似。[①] 然而，该对比模型并不能很好地解释类比想象。类比的吻合似乎并不依赖于全部的特征重叠程度，并非所有特征都跟相交有关，只是一些特定的错位对类比起作用，或支持类比，或抵制类比。

---

① Tversky，A.：Feature of similarity. *Psychological Review*，1977，84（4）：327~352.

在“电池－水库”类比中，我们并不能够因为两者的形象而增强或削弱它们之间的相似性，两者之间类比的本质在于：两者都能够储存势能，释放能量，为系统供电。我们对这一类比感到相当满意，尽管普通电池在体积、形态、颜色和质量上都有别于一般的水库。金特娜在她的《结构映射：类比理论框架》(*Structure-mapping*：*a theoretical framework of analogy*）一文中还以图 1.1① 对“原子－太阳”之间的类比作了详细阐述，

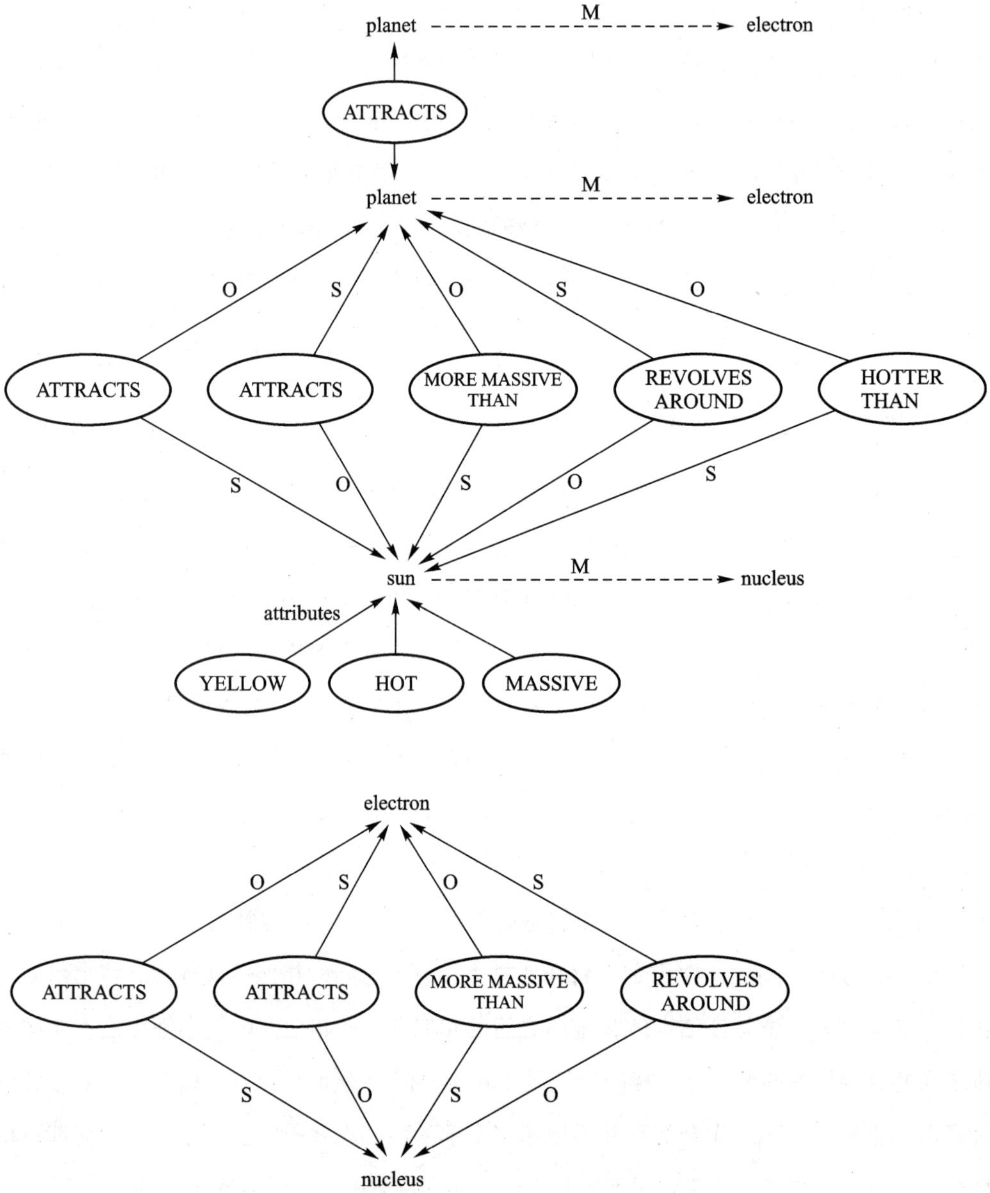

图 1.1　拉瑟福德类比的结构映射图：“原子像太阳系”

① Gentner，D.：Structure-mapping：a theoretical framework of analogy. *Cognitive Sciences*，1983，7（1）：155~170.

从中我们可以更加深刻地了解结构映射理论的本质。

结构映射理论和互动论或突显不平衡论一样，都是以类比的观点来解释隐喻认知的，但是其过程比前两种理论要复杂得多。较之前两种理论，它有三大优点：（1）只有那些最大程度共有相关结构的信息才在解释时被选择；（2）能解释相似但不相同的特征匹配问题：喻体和本体的相似但不相同的特征可以通过在相似关系结构中的共同作用而被放在相对应的位置上；（3）可以对不对称或不可逆问题作出解释。结构映射理论认为，隐喻理解是将喻体的结构关系映射到本体上，是单向的，所以颠倒位置会改变意义。为了验证该理论，金特娜等人采用启动范式实验进行验证，结果发现以喻体为启动词和以本体为启动词的隐喻句理解反应时差异不显著，而以本体加喻体为启动的隐喻句的理解差异显著，从而支持了结构映射理论。

三、范畴包容理论

格拉克斯伯格与他的合作研究者们1990年提出了阐释隐喻意义的范畴包容理论（class-inclusion theory）。范畴包容理论隶属范畴理论。范畴理论将隐喻看成是一种范畴陈述，特别是在范畴包容理论框架之下，隐喻被视为范畴包容的陈述，这些陈述将隐喻主体置入喻体例示的一个或多个特征的范畴之中。这一理论认为，隐喻理解并非是简单的含蓄明喻的理解过程，而是一种范畴包容陈述的理解过程，及属性归类的过程。格拉克斯伯格和凯萨尔指出，单纯的相似性不能说明隐喻性。隐喻不是隐含的明喻。隐喻的本体被置于有待确定的范畴中，它同时又是该范畴的原型式。在这一过程中，隐喻主体被置于一个可辨明的具体的范畴中，而喻体则是该范畴中的原型成员。他们认为，隐喻的本体和喻体组成临时范畴，由于没有恰当的现成词语来表达临时范畴，人们姑且以隐喻的喻体来借指上一层级的临时范畴及其特征，并把该特征归属到隐喻的本体的特征中，因此，隐喻的交际功能实际上是一种双重指代功能。①

他们认为，概念隐喻只有在一个隐喻被解释后才能识别。他们声称，动词隐喻并不仅仅是临时的特殊范畴的例示，它反映了隐喻构建的长期记忆中先前存在的概念映射。来自于认知语言学、哲学和心理学的各种不同证据支持这一说法。例如：

3）我的律师是鲨鱼。

这一隐喻便是将“我的律师”置入“进攻性”的范畴之中。在该范畴内，“鲨鱼”是

① Glucksberg，S. & Keysar，B.：Understand metaphorical comparisons：beyond similarity. *Psychological Review*，1990，97：3~18.

高突显或典型成员。在此，喻体“鲨鱼”指的是一种食肉性动物的抽象范畴，而非我们称之为“鲨鱼”这种动物的基本概念。人们可以利用隐喻喻体“鲨鱼”的抽象层面意义作为暗示，来表达人们有意表达的隐喻意义而非字面意义，[①] 即人们有意要表达的是“鲨鱼”的“进攻性”。

人们普遍认为，隐喻是两种不同事物的比较，一般的比较则是两种相同或者相似事物间的比较。两种比较的不同之处在于，前者可以用范畴包容的陈述来合理的解释，而后者则不能。例如：

4）Money，like a lens in a camera，can reflect people’s nature.（钱，如同照相机里的镜头，可以反映人的本性。）

5）A guitar is very much like a violin.（吉他很像小提琴。）

例4）是隐喻句，可以改写成“钱是照相机里的镜头”，而例5）是非隐喻句，则不能改写成“吉他是小提琴”。为什么不相似的事物可以通过范畴包容的陈述联系起来，而相似的事物却不行呢？按照范畴包容理论，可作如下解释：

1. 重新分类。隐喻必须被看成是对事物进行重新分类的过程。例如，隐喻“骆驼是沙漠之舟”，便是将骆驼进行重新分类的过程。按标准分类，骆驼应属于动物类，但施喻者却有意识地抛弃这种常规分类，而把它按照用途来重新分类。用范例既可以指代业已存在的范畴（如：死隐喻），也可用以创造新的属性范畴（attributive category）。创造属性范畴的最常用手段是用具有高度突显性的人或物来替代与之有共同属性的整个类别，因此，一般情况下隐喻的喻体是根据属性分类范畴中的典型来确定的。

2. 临时范畴。从分类学来看，隐喻的本体与喻体分属不同的范畴，但两者同属于包容两者的另外一个临时范畴。喻体是该范畴中的典型例证，在隐喻构建中，这一临时范畴中的显著特征被赋予了本体。例如：

6）My job is a jail.（我的工作是监狱。）

该隐喻句中，“监狱”代表的是令人不快的、非自愿的且难以摆脱的制约，这种制约还可以包含婚姻、学校等，但是“监狱”是该范畴中的典型事物，由此“监狱”的显著特征被赋予了本体“工作”，以此来说明这份工作有很强的制约性。格拉克斯伯格在给莱考夫的信中写道：“我们认为，人们能够判断，也能够推断，一些基本层次的实体具有隐喻范畴中的典型或象征性的特征，如‘监狱’就是象征‘约束’、‘不愉快’等境遇的

① Glucksberg，S. & Keysar，B.：Understand metaphorical comparisons：beyond similarity. *Psychological Review*，1990，97：3~18.

典型例子。”[①] 这样的范畴联系在一定意义上具有临时性，是作者或言者临时创造的，隐喻的独创性越强，其临时性也越强。

3. 命名需要。语言的一种普遍现象是用范畴具有典型性的成员名称来命名没有词汇表达形式的上义范畴（superordinate category）。例如，猫是同类动物中的典型，所以生物学家用“猫科”来指属于同一种类的动物，包括虎、豹等。人们发现或者发明某种新事物之后，想到的第一件事就是给它命名，但命名一般会遵循一定的规则，而不是语言声音的任意排列。具体而言，命名通过两种方式来实现：一是扩展词汇的语义范围；二是组合某些语素。[②] 例如，“山脚”中的“脚”指上义和下义两个范畴。

范畴包容理论能够反映隐喻理解的现实，即反映隐喻将本体和喻体在另一范畴中统一起来的事实，使该范畴的某个或多个典型特征（包括语义的和文化的特征）在这一统一过程中突显化。在隐喻理解中，喻体只体现其与本体有关的上义范畴，而不包含其本义范畴，因为本义的激活在理解过程中要受到抑制机制的阻止。[③] 上述理论假设已得到了实验研究的部分验证，这是格拉克斯伯格和凯萨尔对隐喻认知研究的最大贡献。

四、概念隐喻理论

莱考夫和约翰逊等人从人类认知层面，给予隐喻更为重要的地位，他们提出了概念隐喻理论（conceptual metaphor theory）。他们凭自身经验发现了一个巨大的、常规的日常概念隐喻（conceptual metaphor）系统，这个隐喻系统构成了我们的日常概念系统（conceptual system），包括大多数的抽象概念，而这个隐喻体系本身就隐藏在日常语言背后。这一巨大的隐喻系统的发现摧毁了传统的字面语言和修辞语言的分界。他们发现，隐喻可谓无处不在，无论在我们的语言或在思想中都有隐喻的影子。隐喻在我们的日常生活中俯拾即是，它不仅仅存在于语言中，而且存在于思维和行为中。我们平时进行思考和行为的日常概念系统，基本上都具有隐喻的本质。更重要的是，他们还提出，人类的概念系统就是建立在隐喻之上的。他们认为，我们日常语言中所见的隐喻，只是表层现象，在它们背后还存在着深藏于我们概念系统中的隐喻概念。这种“概念隐喻”的观点给隐喻理论带来了新的冲击。它突破了一直以来只将隐喻视为修辞手段，只停留在语

① Lakoff, G.: The Contemporary theory of metaphor. In Ortony, Andrew (ed.), *Metaphor and Thought*. Cambridge: Cambridge University Press, 1993: 202~251.

② Brown, R.: *Works and things*. Glencoe, IL: Free Press, 1958.

③ 杨小虎、郑树棠：《抑制机制与隐喻理解》，《外语教学与研究》2005 年第 4 期。

言层面研究隐喻的局限。此外，“概念隐喻”认为，隐喻存在于日常语言中，属于日常语言的一部分，但它不仅仅是日常语言的替代品，而是构筑我们日常语言的基石，是不可或缺的主要元素。语言上所见的隐喻只是它在进行跨范畴的映射运动（cross-domain mapping）中的表象。[①]

莱考夫认为，“隐喻不仅仅是语言问题，而且是思维和推理问题。语言是第二位的，映射是第一位的，因为映射不仅制约着始源域语言的应用，而且制约着目标域概念的推论模式。映射是常规性的，也即，映射是我们概念系统中的固定部分……这一隐喻观完全背离了隐喻只是语言表达的观点。如果隐喻只是一种语言表达，那么我们可以期待对不同隐喻做出的不同的言语表达。”[②] 然而，一个概念隐喻可用许多不同的言语进行表述。总而言之，语言中的隐喻是具体的、实在的、常见的。至于处于它们上层的“概念隐喻”，以及与它们相关的各种“映象”，则是抽象的、概念化的。简而言之，概念隐喻理论在很多方面都是对传统隐喻理论的革命。针对传统理论，他们根据经验提出了一套反驳传统理论的概念隐喻理论体系。

尽管概念隐喻理论在很大程度上与传统观点格格不入，但莱考夫认为，这决不是一种全新的理论，至少某些思想，诸如用具体概念来理解抽象概念的思想，已经具有很长的历史。尽管如此，学界一般认为 1980 年出版的莱考夫和约翰逊合著的《我们赖以生存的隐喻》（*Metaphors we live by*）真正确立了隐喻在认知中的地位，标志着认知观的隐喻研究全面开始。当然，莱考夫等人的研究是吸收了前人的成果，但其成果更系统、更全面。[③] 从那时以来，认知观的隐喻研究发展很快，日益深入。

概念隐喻理论认为，概念系统能派生出若干种日常语言的表达形式，隐喻就是借了解一个范畴（domain）的经验来认识另一个截然不同的范畴。隐喻等于一个由“始源域”（source domain）到“目标域”（target domain）的“映射”（mapping）。在这个模式内有各种不同的对应（correspondences），用以对照“始源域”和“目标域”。例如：

7）“LOVE IS A JOURNEY.”（爱情是旅程。）

在这一隐喻概念系统中，相对而言，爱人即旅途中的旅客，爱情的终点便是旅程的

---

① Lakoff, G.: The contemporary theory of metaphor. In Ortony, Andrew (ed.), *Metaphor and thought*. Cambridge: Cambridge University Press, 1993: 203.

② Lakoff, G.: The contemporary theory of metaphor. In Ortony, Andrew (ed.), *Metaphor and thought*. Cambridge: Cambridge University Press, 1993: 203.

③ 林书武：《隐喻研究的基本现状、焦点及趋势》，《外国语》2002 年第 1 期。

目的地，感情上的波折等犹如旅途中的障碍等等。[①] 吉布斯进一步发展了莱考夫的理论，认为对于新隐喻，如"Our love is a voyage to the bottom of the sea"（我们的爱是一趟去海底的旅行），"Our marriage was a rollercoast ride"（我们的婚姻是一段乘坐过山车的经历）等的理解，是以人类概念系统中的基本隐喻"爱情是旅程"为核心，采用了与其一致的本体和喻体来理解的，具体图示如下（图 1.2）：

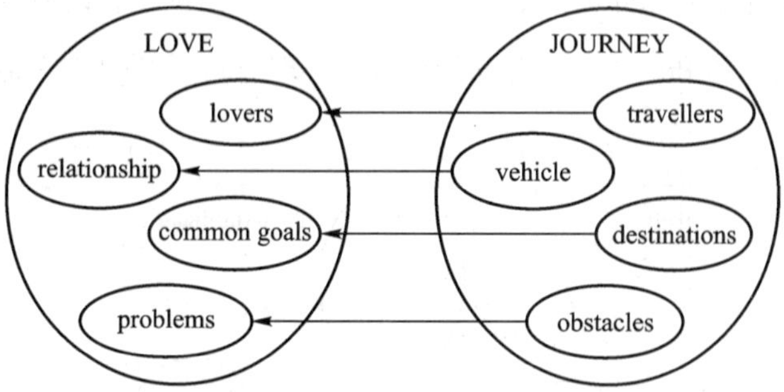

图 1.2 "爱情"和"旅程"两域之间假设的映射[②]

总之，概念隐喻在隐喻理解中有以下三种可能的作用方式：（1）概念隐喻与我们语言系统的其他部分一样，是无意识地、自动地进行加工的，在没有特别指出时是意识不到其隐喻性的；（2）概念隐喻可能是在概念－语义记忆中，依赖于一定的语境，在能激活基本隐喻话题的语境下被意识到的；（3）概念隐喻在任何语境下都是可以进达的，因此成为比喻语言瞬时理解的概念基础。

五、概念整合理论

在概念隐喻理论的基础之上，福科尼耶和特纳从 1997 年至 2006 年提出并完善了概念整合理论。概念整合理论之所以比概念隐喻理论更进了一步，有更强的解释力，是因为它具有动态的特点。基本的概念整合网络包含四个心理空间。其中两个称为输入空间（input spaces），即源空间和目标空间，并在两者之间建立跨空间的映现。跨空间映现创造或反映了两个输入空间所共享的更抽象的空间，即类属空间（generic space）。第四个空间是整合空间（blended space），是从输入空间中进行选择性的映现而来的，它以各种

① Lakoff，G.：The contemporary theory of metaphor. In Ortony，Andrew（ed.），*Metaphor and thought*. Cambridge：Cambridge University Press，1993：206~207.

② Glucksberg，S. & McGlone，M.S.：When love is not a journey：what metaphors mean. *Journal of Pragmatics*，1999，31（12）：1545.

方式形成两个输入空间所不具备的突现结构或层创结构（emergent structure），并可把这一结构映现回网络的其他空间中去。这四个空间彼此联系，相互作用产生层创结构；输入空间的对应（counterpart）联系由跨空间映射完成，输入空间的结构被选择性地投射到合成空间。合成空间通过组合、完善和扩展而不断发展。他们在 1998 年用他们建立的模型① 详细论证了各空间之间的相互关系与作用，如图 1.3 所示。概念整合涉及的四个心理空间是包含各种元素的部分集合（partial assemblies），由框架和认知模式构成，它们之间相互联接并随着思维和语篇的展开而做修改。心理空间可以用来模拟思维和语言中的动态映射。②

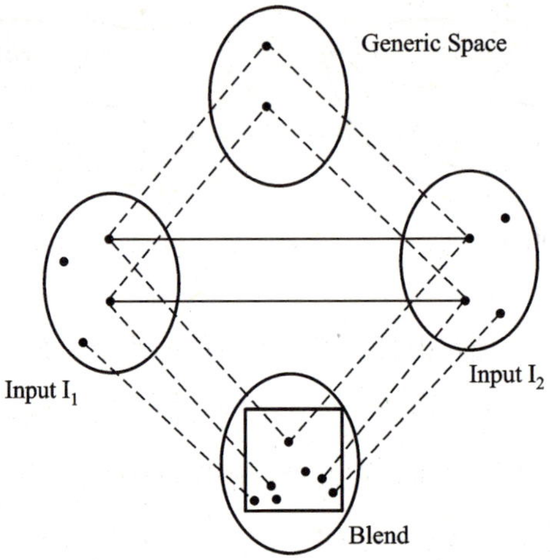

图 1.3　各空间之间的相互关系与作用模型图③

该模型表明，类属空间（generic space）向两个输入空间映射隐喻具有整合网络构建特征。它反映输入空间共同常见的更抽象的组织与结构，规定核心跨空间映射。输入空间的映射具有部分与选择的属性。当输入空间 1（Input I_1）与 2（Input I_2）部分地投射到合成空间（blend space）后，通过“组合”、“完善”和“扩展”三个彼此关联的心理认知过程的相互作用而产生层创结构。层创结构的产生过程便是意义的运算与产生过程。正因为如此，整个模型是个动态模型。例如：

8）This surgeon is a butcher.（这个外科医生是屠夫。）

隐喻例 8）可以用概念整合网络图作解释。（如图 1.4 所示）。这一隐喻强调了“这个

① Fauconnier，G. & Turner，M.：Conceptual integration networks. *Cognitive Science*，1998，22（2）：133~187.

② Fauconnier，G. & Turner，M. 1994. Conceptual projection and middle spaces. *UCSD Cognitive Science Technical Report*，9041.

③ Fauconnier，G. *Mappings in thought and language.* Cambridge：CUP，1997：151.

外科医生”的“笨拙”以及引起的令人不快的后果。但这一推理并不仅仅是从“butcher”（屠夫）的认知域直接映现到 “surgery”（外科医生）的认知域的过程。在整合网络中，两个输入空间只具有“切肉”和“外科手术”的部分结构，在类属空间的基础上相互映现，结果在两个输入空间中，一方面手术室、病人和外科医生与另一方面的屠夫的工具，其运作方法和切肉的方式相互映现，在整合空间中形成了层创结构，如图 1.4① 所示。

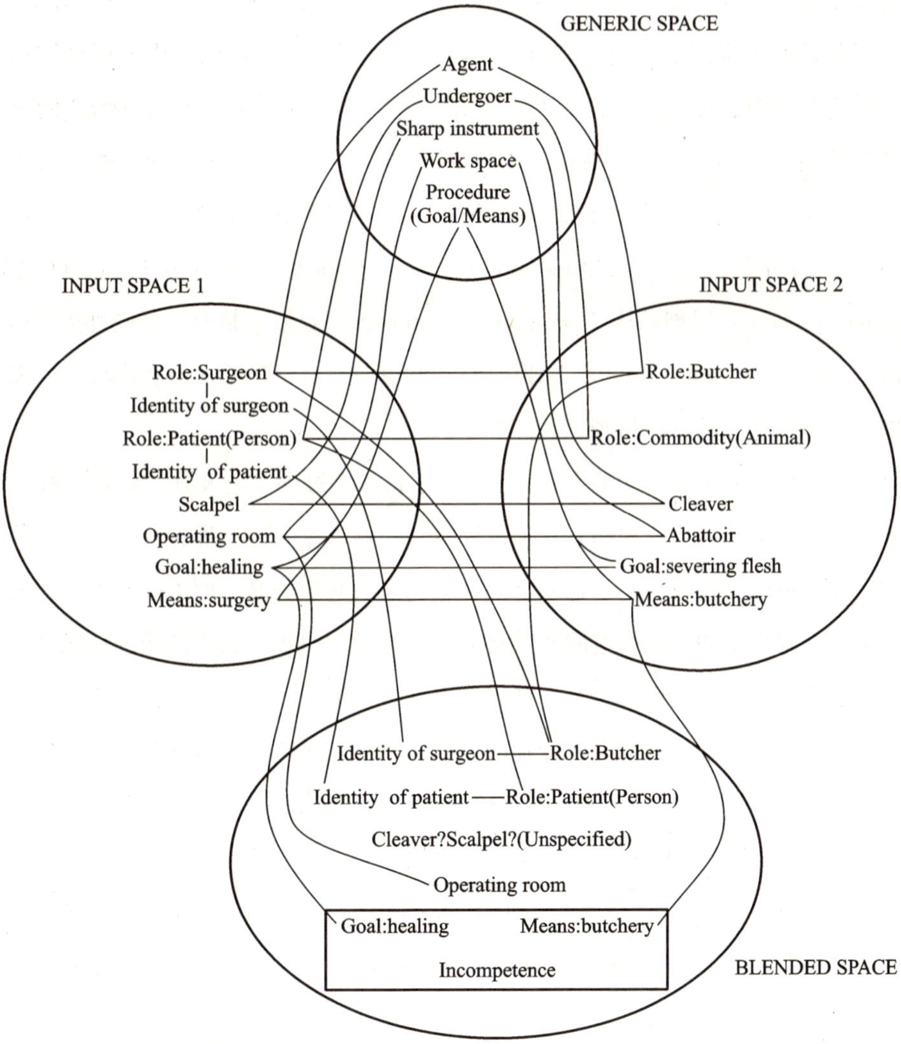

图 1.4 “外科大夫比作屠夫”概念整合网络图

① Grady, J. E. et al.: Blending and metaphor. In G. Steen & R. Gibbs (eds.), *Metaphor in cognitive linguistics*. Philadelphia: John Benjamins, 1997.

概念整合理论被看成是概念隐喻理论的进一步发展，因为前者可解释后者解释不了的现象。福科尼耶和特纳认为，几乎所有的隐喻和转喻都可用概念整合理论来解释[①]。特纳举了一个例子来说明：人们最近称股票市场为牛市（bull market），在这一市场中，投资者被称为牛，当市场出现疲软现象时，人们说“Everybody has their horns pulled in”（每个人都将牛角缩进）。在牛群活动的输入空间里，牛无法收回其牛角，而在金融的输入空间中，投资者没有牛角，但他们能收回其投资。在整合空间中，投资者成为具有可缩回牛角的牛。这一层创结构是无法直接通过始源域和目标域的隐喻映射获得的。隐喻不仅包括两个空间的映射或整合，也涉及很多空间，涉及网络中的层创结构。映射本身尽管非常明显确定，但解释不了网络中复杂的层创结构。[②]从最初跨空间映现及其所产生的最显著结果的研究视角，福科尼耶和特纳又从这一过程的各种不同的视角重新审视隐喻，来进行细节性概念整合研究。这些研究包括：整合网络（integration networks）、修补和塑造（cobbling and sculpting）、压缩（compression）、推论转移（inference transfer）、层创结构（emergent structure）以及概念整合的不同种类（various species of conceptual integration），因为他们认为隐喻映射、隐喻理论和隐喻分析都应该得到修正以涵括认知的永恒特征。

概念整合理论揭示了概念整合这一十分普遍的认知过程。它汲取了莱考夫和 约翰逊的认知语义学理论，如“意象图式”理论和概念隐喻理论。这一理论分析的是抽象的意义建构过程：跨空间映射是两个输入空间在结构上的对应关系，而不是某种具体的对应关系；类属空间反映的也是两空间所共有的抽象结构与组织；层创结构的形成是一个高度抽象的过程。它启发我们以语义、概念为出发点，透过语言形式挖掘语义结构。尽管合成空间理论十分抽象，但它有着较强的可操作性。它对认知过程的分析井井有条，细致入微，为我们分析概念的形成提供了一套新的方案。

除此之外，其他还有约翰·兰肖·奥斯汀和约翰·罗杰斯·塞尔的言语行为理论（speech act theory，1979）[③]，唐纳德·戴维森的无意义理论（no-meaning theory，1984）[④]，伊娃·费德·吉蒂的语义场理论（semantic-field theory，1987）[⑤]，拜平·尹达克亚的创造

① Fauconnier，G. & Turner，M.：Conceptual integration networks. *Cognitive Science*，1998，22（2）：133~187.

② Fauconnier，G. & Turner，M.：Blending as a central process of grammar. In Adele Goldberg（ed.），*Conceptual structure and discourse*，*and language*. Stanford：CSLI Publications，1996.

③ Searle，J. R.：*Expression and meaning*：*studies in the theory of speech acts*（*essay collection*）. Cambridge：Cambridge University Press，1979.

④ Davidson，D.：*Inquiries into truth and interpretation*. Oxford，England：Clarendon Press，1984.

⑤ Kittay，E. F.：*Metaphor*：*its cognitive force and linguistic structure*. New York：Oxford University Press，1987.

相似性理论（similarity-creating theory，1992）①，丹·斯帕伯和迪尔德丽·威尔逊的关联理论（relevance theory，1986，1995）②等，也都涉及了隐喻认知的研究，在此不作一一介绍。

第 2 节　隐喻认知神经机制的研究

到目前为止，尽管隐喻认知在现象经验的层面上已经有了全面和深入的研究，但是隐喻的生成、理解和表达的神经过程的研究仍然处于萌芽状态。隐喻认知的神经机制研究的一个重要趋势就是要了解心智的两个重要方面（语言和思维）是如何在脑的神经活动（结构和功能）中统一起来而成为言语思维的。在隐喻研究从修辞转向认知的同时，神经科学在研究手段上也突飞猛进地发展，使我们可以利用电生理的方法在线观察语言认知的神经机制。近年来，各种神经成像技术的出现为探究语言的大脑加工提供了有利的手段。脑影像技术的发展使得人们能够对脑的结构和功能进行可视的、实证的研究。利用事件相关电位（event-related potentials，ERP）、功能核磁共振（functional magnetic resonance imaging，fMRI）和正电子发射断层扫描（position emission tomography，PET）等技术，科学家可以检测到心智活动所引发的脑电、脑血流或其他信号的变化。通过这类技术，研究者不仅可以确定语言加工的特定脑区，而且能够了解言语思维的功能联结和神经回路。因此，转变视角，利用先进的脑功能成像技术重新审视隐喻认知不仅成为可能，而且成为现实。为了在大脑隐喻神经加工上验证已有的隐喻认知理论，更加深刻地认识隐喻思维的特殊性，近二十多年来，许多国外学者试图凭借不断改进的影像技术和分析方法来研究隐喻认知的神经机制，借助 ERP 或 fMRI 等技术做了一些有关隐喻理解方面的实验，同时探讨了隐喻认知神经加工方面的理论。然而，不同的脑成像的实验结果支持了不同的理论体系。归纳起来，当前隐喻认知的神经机制研究主要的关注点在以下三个方面：（1）隐喻理解的加工模式；（2）隐喻理解的加工顺序；（3）隐喻信息的加工脑区。

---

① Indurkhya，B.：Predictive analogy and cognition，in K.P. Jantke （ed.），*Analogical and inductive inference*，*lecture notes in artificial intelligence 642.* Berlin：Springer-Verlag，1992：214~231.

② Sperber，D. & Wilson，D.：*Relevance：communication and cognition.* Oxford：Blackwell Publishers，Ltd.，1995.

一、隐喻加工模式的神经机制研究

隐喻认知的神经机制研究的一个重要工作就是从神经活动的过程来检验业已提出的隐喻认知理论。对于一个隐喻表达而言，其隐喻意义不同于字面意义。那么，隐喻表达和非隐喻表达的心理加工究竟存在什么差别？在隐喻理解过程的神经机制研究中，学者们根据自己的实验目标和实验结果提出了不同的隐喻理解过程的神经加工理论。根据 M. D. 吉纳斯特和 V. 斯卡特－洛马（1999）的观点，隐喻大脑加工模式主要有两种理论："属性匹配法"（Attribute Matching Approach）和"概念隐喻观"（Conceptual Metaphors View）。①

（一）属性匹配法

"属性匹配法"由哈贝尔和奥博伊尔在 1995 年提出，该理论关注的是记忆中词与词属性之间的联系。在他们看来，隐喻的主体和喻体由各自不同的属性组成。②格拉克斯伯格（1991）和麦格龙（1996）认为，隐喻主体和喻体的属性分属不同的语义范畴。这些属性在不同的维度有不同的突显，在同一维度内分等级排列。当主体和喻体的属性部分重叠时，更准确地说，当喻体的突显属性重叠于主体隐晦的属性时，隐喻意义得到理解。例如：理解"钢铁意志"就是在"钢铁"和"意志"两词间找到共同属性"力量"，此处"力量"在喻体"钢铁"的属性中较为突显，而在主体"意志"的属性中较为隐晦。③

哈贝尔和奥博伊尔用反应时（response time，RT）做的词汇决定任务实验显示，与随意配对的词组相比，主体/喻体词组没有显示出对意义反应时的优势；而已知的意义关联的配对词组与随意配对的词组相比时，前者却显示出了对意义反应时的优势。他们认为，在动态加工中，隐喻理解涉及主体和喻体之间一种新的联系形式。④吉尔等人在 1980 年用基于隐喻意义联接的熟语做了一个语义联接任务的实验后发现，有隐喻意义联接的熟语的联接难于其他语义的联接。他们认为，没有特别关注就不能进入隐喻理解。⑤ 博

---

① Bonnaud，V.：Metaphorical and non-metaphorical links：a behavioral and ERP study in young and elderly adults. *Clinical Neurophysiology*，2002，32：258~268.

② Hubbell，J. A. & O'Boyle，M. W.：The effect of metaphorical and literal comprehension processes on lexical decision latency of sentence components. *J Psycholinguistic Res*，1995，24：269~287.

③ Bonnaud，V. et al.：Metaphorical and non-metaphorical links：a behavioral and ERP study in young and elderly adults. *Clinical Neurophysiology*，2002，32：258~268.

④ Bonnaud，V.：Metaphorical and non-metaphorical links：a behavioral and ERP study in young and elderly adults. *Clinical Neurophysiology*，2002，32：258~268.

⑤ Gil，R. et al.：A propos de certains aspects des perturbations sémantiques dans l'aphasie. *Neuropsychologia*，1980，18：721~725.

诺等人用ERP实验比较了年青人和老年人隐喻理解的情况后发现：年青人和老年人的比较表明，当判别隐喻关系时，老年被试比年青被试所犯的错误更少；[①]他们的实验结果与吉尔等人的实验结果吻合，与“属性匹配法”观点一致，即辨别隐喻意义的表达比辨别没有隐喻意义的表达更耗时，这说明理解隐喻意义需要词汇控制过程，说明隐喻在语义储存中有着特殊的地位。

（二）概念隐喻观

“概念隐喻观”以莱考夫[②③④]和吉布斯[⑤⑥⑦⑧⑨⑩⑪⑫⑬⑭]为代表，他们认为，隐喻是概念的，人类绝大部分的概念都是隐喻的，隐喻理解是联结主义的直接映射。理解隐喻只需要解喻者在两个不同的范畴间做一般对应。他们认为，隐喻理解牵涉到的是人脑的运动－感觉系统。人们用具体的、经验的概念去理解抽象的、陌生的概念，然而两者的推理过程相同，它们都是通过隐喻映射得到同样的推断结构。根据莱考夫的观点，隐喻中有三个可辨成分：主体、喻体和依据。例如，“钢铁意志”这一隐喻表达中，“意志”是主体，“钢铁”是喻体，联接主体和喻体的概念关联是依据。理解隐喻可以看成是隐喻依据获得的过程，像“意志”和“钢铁”这两个概念之间的联接完全不同于“意志”和“运动”之间的语义联接。日常的许多传统隐喻，本身就已经固化在人们的长期记忆里。他们认为，隐喻思维并非是反常思维，而是正常思维。例如：“爱”这一概念就不能独立于隐喻之外，没有传统的概念隐喻，没有吸引力、放电、磁场、结合、发疯、魅力等等隐喻对爱情的描述，

① Hubbell, J. A. & O' Boyle, M. W.: The effect of metaphorical and literal comprehension processes on lexical decision latency of sentence components. *J Psycholinguistic Res*, 1995, 24: 269~287.

② Lakoff, G. & Johnson, M.: *Metaphors we live by*. Chicago: The University of Chicago Press, 1980.

③ Lakoff, G.: The contemporary theory of metaphor. In Ortony, Andrew (ed.), *Metaphor and Thought*. Cambridge: Cambridge University Press, 1993: 202~251.

④ Lakoff, G. & Johnson, M.: *Philosophy in the Flesh*. New York: Basic Books, 1999.

⑤ Gibbs, Jr., R.W.: Categorization and metaphor understanding. *Psychological Review*, 1992, 99 (3): 572~577.

⑥ Gibbs, Jr., R.W.: *The poetics of mind, figurative thought, language and understanding*. Cambridge: Cambridge University Press, 1994.

⑦ Gibbs Jr., R.W.: Why many concepts are metaphorical. *Cognition*, 1996, 61: 309~319.

⑧ Gibbs Jr., R.W.: et al.: Metaphor in idiom comprehension. *Journal of Memory and Language*, 1997, 37: 141~154.

⑨ Gibbs Jr., R.W.: Making good psychology out of blending theory. *Cognitive Linguistics*, 2000, 11: 347~358.

⑩ Gibbs Jr., R.W.: Evaluating contemporary models of figurative language understanding. *Metaphor and Symbol*, 2001, 16 (3&4): 317~333.

⑪ Gibbs Jr., R.W.: Proverbial themes we live by. *Poetics*, 2001, 29: 167~188.

⑫ Gibbs Jr., R.W.: A new look at literal meaning in understanding what is said and implicated. *Journal of Pragmatics*, 2002, 34: 457~486.

⑬ Gibbs Jr., R.W.: Embodied experience and linguistic meaning. *Brain and Language*, 2003, 84: 1~15.

⑭ Gibbs Jr., R. W., Lima, P. L. C. & Francozo, E.: Metaphor is grounded in embodied experience. *Journal of Pragmatics*, 2004, 36: 1189~1210.

这一具有丰富内涵的概念留给我们的只能是一副骨骼。[①] 又由于熟悉度的影响，人们对于死隐喻（熟悉的隐喻）和新隐喻（不熟悉的隐喻）理解的方式也不尽相同，死隐喻已经完全概念化，基本上可以跟本义句一样理解，相对而言，新隐喻则不能。

据此，莱考夫认为，隐喻意义在任何语境中均可直接进入，均可自然理解，不需要专门关注[②]。因此，他们的理论预示，在ERP实验中，隐喻句联接所产生的N400不应该与本义句联接所产生的N400存在差异，即隐喻句联接所产生的N400应该与本义句联接所产生的N400相同，而假句联接所产生的N400应该大于本义句联接所产生的N400。

二、隐喻加工顺序的神经机制研究

如果说隐喻理解的加工模式理论是立体地看待隐喻加工，那么隐喻理解的加工顺序理论则侧重于隐喻的线性加工。在隐喻理解的加工顺序上存在着三种不同的理论：层次假说（hierarchical hypothesis 或 hierarchical approach）、平行假说（parallel hypothesis）和语境依赖假说（context-dependent hypothesis）。

（一）层次假说

"层次假说"，又称为三阶段方法，由赫伯特·H. 克拉克和彼得·路西在1975年提出[③]。这种理论认为，隐喻的字面意义先进入加工，意指的隐喻意义要等到大脑处理了字面意义，觉得与语境不适宜或不一致之后才可以通达，即大脑加工隐喻时先系统进入隐喻的字面意义加工层面，然后进入隐喻意义加工层面。这一假设的基本论点是：原先的表述被转换成了一种隐含的比喻。[④]很明显，这种转换只有当获得字面意义之后才可进行，而且，这种转换使得字面意义和隐喻意义在真值上互相排斥。例如："小明是猴子"（字面意义）为真时，"小明像猴子"必定为假。根据这一观点，受喻者必须摒弃字面意义之后才可进入隐喻意义理解。这一观点由于格赖斯（1957）[⑤] 和塞尔（1975）[⑥] 的语用学理论而得到强化，他们认为，隐喻意义是在不能找到恰当的话语字面意义所产生的结果。

---

① Lakoff，G. & Johnson，M.：*Philosophy in the flesh.* New York：Basic Books，1999：72.

② Bonnaud，V. et al.：Metaphorical and non-metaphorical links：a behavioral and ERP study in young and elderly adults. *Clinical Neurophysiology*，2002，32：258~268.

③ Clark，H. & Lucy，P. Understanding what is meant from what is said：a study in conversationally conveyed requests. *Journal of Verbal Learning and Verbal Behavior*，1975，14：56~72.

④ Pynte，J. et al.：The time-course of metaphor comprehension：an event-related potential study. *Brain and Language*，1996，55：293~316.

⑤ Grice，H. P.：Meaning. *The Philosophical Review*，1957，66：377~388.

⑥ Searle，J.：Indirect speech acts. In Davis，S.（ed.），*Pragmatics*，*a reader.* New York：Oxford University Press，1975：265~277.

很明显，要得到这种语义转换必须先得到字面意义。

有一些相关的实验证明了以上观点。例如：1980 年，吉尔等人在语义判断任务的 ERP 实验中，用搭配好的词来诊察失语症病人特有的语义域时发现，病人在需转换意义（隐喻意义联接）的条件下理解语句时比直接理解本义句（没有隐喻联接）时犯的错误更多，甚至隐喻表达是熟语的情况下，主体和喻体概念之间仍然保持着距离。[①] 1980 年，库塔斯和希利亚德在他们的 ERP 实验中显示，与前面句子或单词语义是相关的词相比，无关的词或不恰当的词发放出更大的 N400 成分[②]。之后，其他学者（Fischler，et al 1983；Holcomb 1988；Deacon，et al 1995）的实验也呈类似结果[③]，说明隐喻意义理解难于字面意义理解。然而，在可比条件下，也有许多实验证明隐喻加工时程与一般字面意义加工时程并未显示出重大差别。当然，时程差异并不一定意味着两者加工共属同一加工机制，因为不同加工机制可在同一时间内完成不同加工；同理，时程差异也不一定意味着两者加工一定分属不同加工机制。

（二）平行假说

"平行假说"由格拉克斯伯格等在 1982 年提出[④]。不同于三阶段模式，该假设认为，隐喻意义和字面意义可以平行进入加工，即隐喻意义和字面意义可以同时进入加工，因为隐喻句和本义句运用相同的"认知机制"（cognitive machinery）加工，即隐喻理解不需要分两步走，在理解隐喻意义时不一定要先排斥字面意义，即两种意义可以同时直接进入加工。这一理论与格拉克斯伯格和凯萨尔在 1990 年构建的模型[⑤]一致。他们认为，在隐喻加工中，原先的表述不会被转换。他们对"字面意义和隐喻意义在真值上互相排斥"的观点也提出质疑。在某些语境下，同一话语表述既可得出其字面意义，又可得出其隐喻意义，即两种意义均为真值。例如：

9）John is a magician.

例 9）既可意为"约翰的职业是魔术师"（字面意义），同时又可意为"约翰擅长于

① Gil，R. et al.：A propos de certains aspects des perturbations sémantiques dans l'aphasie. *Neuropsychologia*，1980，18：721~725.

② Kutas，M. & Hillyard，S.A.：Reading senseless sentences：brain potentials reflect semantic incongruity. *Science*，1980，207：203~205.

③ Pynte，J. et al.：The time-course of metaphor comprehension：an event-related potential study. *Brain and Language*，1996，55：293~316.

④ Glucksberg，S. et al.：On understanding speech：can people ignore metaphors? *Journal of Verbal Learning and Verbal Behavior*，1982，21：85~98.

⑤ Glucksberg，S. & Keysar，B.：Understand metaphorical comparisons：beyond similarity. *Psychological Review*，1990. 97：3~18.

管理钱财”（隐喻意义）。

凯萨尔在用上述类型语料的实验中发现，当两种意义都符合语境时，理解时程比只有一种意义适合语境的时程短①。由此可以得出，在隐喻理解过程中，排斥字面意义并不是必要步骤。显然，在该实验中，隐喻意义理解得益于相容的字面意义的存在。隐喻意义源于字面意义，或者可能源于可共用于诠释字面意义和隐喻意义的核心意义②。两种意义都能接受时，平行假说理论似乎能给予合理的解释。然而，如果字面意义与语境不符时又该如何解释？这时两种意义互惠共存的理论就很难站得住脚了。

（三）语境依赖假说

“语境依赖假说”认为，大脑在接受不匹配的字面意义之前，语境可以帮助发现隐喻意义。当语境相关时，只有隐喻意义进入加工，即在适当语境中，隐喻意义是唯一进入加工的语义。隐喻与其字面意义不同，它们只有在相关的上下文中才能被充分理解。如果有恰当的上下文，大脑可以忽略字面意义，直接加工隐喻意义；如果上下文不当，也可阻碍隐喻意义的解读。

格拉克斯伯格等③所做的实验结果强有力地支持了这一假说。在实验中，被试的任务是在隐喻句的字面意义、本义句和不含隐喻的假句之间作正误判断。当隐喻句呈现时，其字面意义总是不相宜的，因此所期待的回答应该为“错”，因为作答只须考虑字面意义而无视隐喻意义。例如：

10）All marriages are iceboxes.（所有的婚姻是冰箱。）

对于例 10）的字面意义回答应该为“错”，尽管其隐喻意义还是可以接受的。在判断这类句子时，被试与判断对照句一样，很快就将它们判断为字面意义错误。然而，在实验中，这类刺激句之前如加上简短支持语境，如在上一例句之前加上“People are cold”（人是冷淡的）时，被试对隐喻句的决策时间却长于对照句。干涉效应（interference effect）表明：语境很可能已经引发了对隐喻意义的搜索，所以字面意义才会受到排斥，在此，隐喻意义显然抵制了字面意义，干涉了判断字面意义的加工，即在字面意义加工过程完成之前，隐喻意义肯定已经被接受。

---

① Keysar，B.：On the functional equivalence of literal and metaphorical interpretations in discourse. *Journal of Memory and Language*，1989，28：375~385.

② Barsalou，L.W.：Context-independent and context-dependent information in concepts. *Memory and Cognition*，1982，1：82~93.

③ Glucksberg，S. et al.：On understanding speech：can people ignore metaphors? *Journal of Verbal Learning and Verbal Behavior*，1982，21：85~98.

平特等人用ERP做了实验，试图验证以上三种假说。他们的4个不同实验结果显示：隐喻表达比本义表达引发更大的N400波幅。这一结果说明隐喻的不恰当的字面意义在隐喻理解中确实难于一般的本义加工。所有的实验结果对照后显示，语境对隐喻理解有很大的影响，总的结果支持“语境依赖假说”，也支持“层次假说”。①

三、隐喻加工脑区的神经机制研究

神经生理学家加德纳认为②，解读隐喻的能力关系到个体的智能，这与大脑的某一区域有关，如该区受到伤害，智能发育会受到影响，隐喻智能也符合这个情况。③对于隐喻信息的大脑加工定位，各路专家众说纷纭，但根据ERP、fMRI等脑成像实验和从大脑损伤病人或正常人对隐喻理解的研究情况看，研究者对于隐喻认知的大脑神经机制在脑区分布上主要存在着“右脑说”、“左脑说”和“全脑说”。

（一）右脑说

学界一般认为，隐喻不同于普通语言，它涉及不同的神经机制，这一点已由大脑右半球的活动得到证明。右利手者的其他语言能力主要依赖于大脑左半球，但是隐喻，还有对幽默的理解能力，关键依赖于大脑右半球。“右脑说”认为，隐喻理解的大脑加工神经机制在右脑。目前大量研究者的PET测试、脑损伤实验、神经心理实验、fMRI实验和ERP实验结果都与右脑加工隐喻的理论吻合。另有大量证据表明右脑受损病人的隐喻解读能力极差。

博蒂尼等人在1994年报告，他们已找到大脑处理隐喻时被激活的部位。他和合作者们让被试看若干个隐喻句，让他们确定是否有意义。之后，再让他们看若干个本义句，并作答。他们发现右脑损伤的病人对隐喻解读能力很差，只能照句子的本义作答。例如：

11）Can you lend me a hand？（字面意义：“你能否借给我一只手？”；隐喻意义：“你是否能帮我一把？”）

他们会把以上隐喻句理解成说话者要求听话者拿出大盘上放着的一只手。另外，在布置被试作决定任务时，博蒂尼等人给他们做了PET扫描。他们发现，被试解读隐喻时大脑的某些部位被激活了，而被试对本义句作答时则没有这种情况。被激活的部分位于

---

① Pynte，J. et al.：The time-course of metaphor comprehension：an event-related potential study. *Brain and Language*，1996，55：293~316.

② Gardner，H.：*Frames of mind*. New York：Basic Books，1993.

Gardner，H.：*Intelligence reframed*. New York：Basic Books，1999.

③ 胡壮麟：《认知隐喻学》，北京大学出版社2004年版，第131页。

右脑额叶和**右脑楔前叶**。实际上，正常人在理解隐喻时，用 PET 测试，右脑也是特别活跃[①]。

现已有相当多的证据表明右脑受损者的隐喻解读能力极差[②]。温纳和加德纳 1977 年做的脑损伤实验[③]，博蒂尼和弗里斯等人 1994 年做的 PET 实验[④]，福斯特和韦斯珀 2000 年做的神经心理实验[⑤]，拉普等人 2001 年做的 fMRI 实验[⑥]，基尔舍等人 2001 年做的 fMRI 实验[⑦]，和索提罗等人 2005 年做的 ERP 实验[⑧]等都与右脑加工隐喻的理论吻合。亚历山大·迈克尔·拉普等人用 fMRI 实验比较阅读本义句和隐喻句时的脑血流激活的情况表明：隐喻加工时**右脑颞上回**（Tal x 44，Tal y–9，Tal z–5，BA 22）被激活；蒂萝 T. J. 基尔舍等人做的 fMRI 实验结果显示：句子中隐喻部分的加工导致了右脑几处 BOLD（blood oxygenation level dependent，血氧水平依赖）信号的变化，包括**右脑颞中回**和**右脑额叶**。

此外，还有大量证据表明右脑受损者的隐喻解读能力极差[⑨]。索提罗等人通过 ERP 实验，试图探索隐喻理解的关键阶段是否呈现出右脑优势，实验结果也支持右脑加工隐喻的观点。他们指出，在隐喻加工过程中至少在某一阶段右脑作出了重要贡献，并且特别强调了**右脑颞叶**对这一贡献所起的作用。[⑩]

（二）左脑说

"左脑说"认为隐喻理解的大脑加工神经机制在左脑。还是亚历山大·迈克尔·拉普等人，但是他们在 2004 年做出的实验结果却与他们先前的实验结果相悖。他们用新隐喻句（未被德语惯用法词典收入的隐喻表达）和本义句让被试躺在核磁共振仪中理解。例如：

12）Die Worte des Liebhabers sind Harfenklänge.（隐喻句：情人的话是竖琴的声音。）

---

① Bottini, G. et al.: The role of the right hemisphere in the interpretation of figurative aspects of language: a positron emission tomography activation study. *Brain*, 1994, 117 (2): 1241~1253.

② Littlemore, J.: The case of metaphoric intelligence: a reply. *The Weekly Column*, 2002, Tobin Worth.

③ Winner, E. & Gardner, H.: The comprehension of metaphor in brain-damaged patients. *Brain*, 1977, 100: 717~729.

④ Winner, E. & Gardner, H.: The Comprehension of metaphor in brain-damaged patients. *Brain*, 1977, 100: 717~729.

⑤ Faust, M. & Weisper, S.: Understanding metaphoric sentences in the two cerebral hemispheres. *Brain Cognition*, 2000, 43: 186~191.

⑥ Rapp, A.M. et al.: Brain activation during processing of metaphors—an eFMRI study. *NemoImage*, 2001, 13 (6): 591.

⑦ Kircher, T. T. J. et al.: Engagement of right temporal cortex during processing of linguistic context. *Neuropsychologia*, 2001, 39: 798~809.

⑧ Sotillo, M. et al.: Neural activity associated with metaphor comprehension: spatial analysis. *Neuroscience Letters*, 2005, 373: 5~9.

⑨ Littlemore, J.: The case of metaphoric intelligence: a reply. *The Weekly Column*, 2002, ELT *Newsletter*.

⑩ Sotillo, M. et al.: Neural activity associated with metaphor comprehension: spatial analysis. *Neuroscience Letters*, 2005, 373: 5~9.

13）Die Worte des Liebhabers sind Lügen.（本义句：情人的话是谎言。）

fMRI做出来的实验结果证明：跟阅读本义句相对，阅读隐喻句时展示出来的是**左侧额下回**（BA 45/47）、**左脑颞下回和颞中下回后部**（BA 20和BA 37脑回）的BOLD信号变化。他们认为，**左脑额下回**的激活可能反映了隐喻理解时的语义推断过程，这一结果与其他功能成像研究显示的左脑额下回参与单词与句子意义合并过程的结果一致。然而，他们的实验结果与“右脑说”完全相反，他们根据实验数据提出了重新评估右脑加工隐喻理解的理论。

另外，加州大学洛杉矶分校的维拉亚努尔·S. 拉马尚德兰及其同事在2005年也提出了左脑加工隐喻的假说。他们测试了四位左脑角回曾受损伤病人后声称：“尽管我们还不能最终得出结论：**左脑角回**是人类大脑的‘隐喻中心’，然而我们提出显性角回的进化对许多人类精萃能力（包括隐喻和其他抽象思维）的发展有着极大的帮助。”① 人类角回位于大脑触觉、听觉和视觉等信息加工的脑区汇合处，比其他灵长类动物更为发达。他们的测试过程如下：挑选四位有左脑角回受损史的病人，并让他们解释语句的隐喻义。这些志愿受试者英语都非常流利，脑部受伤之前也相当聪明。他们思维清晰，能够进行一般正常对话。但是当研究人员向他们呈现下列类型隐喻句时，被试者几乎总是按照字面意义理解。

14）The grass is always greener on the other side.（字面意义：草地总是那边绿。类似于汉语：那山总比这山高。隐喻意义：总是看人家比你好。）

15）reaching for the stars.（字面意义：上天摘星星。隐喻意义：想要获取得不到的东西。）

当研究人员进一步要求他们提供深层意义时，这些病人经常详细解说，甚至想出一些别出心裁的解释，但是这些解释完全跟原隐喻意义风马牛不相及。例如：

16）All that glitters is not gold.（字面意义：闪闪发光者，未必尽黄金。隐喻意义：不是表面漂亮的都是好东西。）

病人SJ把例16）解释为“买珠宝时要小心，因为商家会抢走你的钱”。

（三）全脑说

“全脑说”认为，不同的隐喻理解在不同的大脑区域加工，因为对于语言理解的完整的神经语言学模型，必须包括大脑左右半球表征和加工因子。柯特·伯吉斯和克里斯

① Ramachandran, V.S.: Brain region linked to metaphor comprehension. *Scientific American*, 2005, 5.

廷（1996）指出，对于修辞语，特别是对于隐喻的理解，是基于输入词信息的自下而上的语义激活和理解者对会话语用学理解所受的自上而下的限制之间动态的相互作用。他们认为，相关的语言现象（间接语言行为、推断、格言、幽默和一些诗体暗示）依赖于我们理解字面意义相同的机制。[①]例如：维维安 · C. 塔特等人 2002 年的 ERP 实验在 N400 处得到证据：新隐喻加工至少瞬间显示反常现象；隐喻意义加工在早期句法结构任务阶段不同于字面意义加工，在 N400 时段又不同于反常意义加工；在加工时程上，隐喻意义的加工晚于字面意义加工，先于反常意义加工。[②]

台湾学者安可思等人用汉语进行了 fMRI 实验[③]。他们用三种句子（传统隐喻句、反常隐喻句和本义句）做刺激材料让 8 位操汉语的本族学生理解。例如：

传统隐喻句（死隐喻句）：

17）这个理论架构非常松散。（IDEA IS A BUILDING. 在概念隐喻“理念是大楼”框架之下）

反常隐喻句（新隐喻句）：

18）他们的资本非常有节奏感。（BUSINESS IS A SONG. 在概念隐喻“商业是首歌”框架之下）

本义句：

19）他整天在图书馆里看书。

他们对比传统隐喻句、反常隐喻句和本义句理解时大脑激活的脑区之后发现：传统隐喻句比本义句理解在**右脑颞下回**的激活略有增加，反常隐喻句比本义句理解在**双侧额叶**和**颞叶**有更多的激活，反常隐喻句和传统隐喻句理解的比较显示出在**双侧额中回**、**中央前回**以及**右脑额上回**均有激活，**左脑额下回**和**梭形脑回**有激活区。左脑额叶和颞叶的激活可以用来说明基于传统语言区对反常隐喻信息加工的增强和补充，而右脑的激活则可表明神经网络对于反常隐喻理解时形成的脑区间远距离联接。

笔者认为，各方学者在做实验时，因为文化背景不同、实验任务不同、实验目的不同、所用语料不同、被试背景不同等造成了不同的实验结果。但是他们的实验结果从不同的

---

① Burgess，C. & Chiarello，C.：Neurocognitive mechanisms underlying metaphor comprehension and other figurative language. *Metaphor and Symbolic Activity*，1996，II（1）：67~84.

② Tartter，V. C. et al.：Novel metaphors appear anomalous at least momentarily：evidence from N400. *Brain and Language*，2002，80：488~509.

③ Ahrens，K. et al.：Functional MRI of conventional and anomalous metaphors in Mandarin Chinese. *Brain and Language*，2007，100（2）：163~171.

侧面反映了人类隐喻认知的过程：（1）隐喻理解，特别是对于新隐喻的理解，是一种创造性的思维过程，因此涉及右脑加工就不足为奇了；（2）隐喻的熟悉度对隐喻加工产生直接影响，人们对于熟悉程度高且已经概念化的隐喻理解，即对死隐喻或传统隐喻的理解，时程短且耗力小，因此理解此类隐喻与理解一般字面意义应该比较接近，在相同的脑区进行加工的可能性也较大；（3）隐喻理解非常依赖语境，在有相关语境的条件下，隐喻理解更加容易。这些实验结果给予我们一些非常重要的启示：在进行隐喻研究时不能一概而论，一定要进行分类研究。而且，我们可以借鉴这种研究方法进行汉语隐喻的神经机制研究。

第 3 节　基于神经语言学的隐喻认知机制研究方法

隐喻在语言中广泛存在，它是一种特殊的语言现象，其认知神经机制的研究归属神经语言学研究领域。神经语言学（neurolinguistics）是语言学的分支学科之一，是语言学与神经科学结合的产物。它研究产生、接收、分析和储存语言的神经机制，以及这一机制与语言的关系。它的目标是探索人类语言习得和掌握言语生成和理解时的神经基础和神经机制，并在此基础上解释、验证语言学的某些理论观点，促进语言学理论的建设，最终建立符合人类神经认知特点的语言学理论。①

一、语言神经机制研究的主要论点

史迪芬·平克指出："语言是人类通过高度结构化的声音组合，或通过符号、手势、体姿来交流思想的符号系统。过去 35 年的语言学和心理学的研究表明，所有语言都以复杂的、相同的计算结构为基础，生活于各种社会环境中的所有正常儿童都拥有这种结构。语言的认知神经科学的研究对象正是这种计算结构所依赖的神经系统。"②"神经语言学"术语的提出是在 20 世纪 70 年代，但神经语言学的研究起源一般以 1861 年布洛卡对患者"谭"的报道为标志。对语言神经基础的研究已经历经了近 150 年的历史，人类对语言的产生和理解的神经机制到目前为止已经有了一些初步的了解，当下学界对语言的神经机制主要流行的是以下两种观点。

---

① 梁丹丹：《中国神经语言学的回顾与前瞻》，《当代语言学》2004 年第 6 期。

② 平克：《认知神经科学》，沈政等译，上海教育出版社 1998 年版，第 535 页。

（一）定位论

人类很早就已注意到大脑与语言的关系。古埃及人曾经记录过由于脑部损伤而丧失语言功能的病症，也即现代人所称的失语症（aphasia）。然而，真正科学意义的研究则是从19世纪后半叶开始的。1861年，法国医生保罗·布洛卡（1824—1880）发现大脑皮层的一个专门区域（在左半球额下回后部）与言语的生成有关，该区域的损伤会导致患者发音断断续续，或者虽然能说下去，但不能组成表示一定内容的话语。1874年，德国生理学家卡尔·韦尼克（1848—1905）发现，大脑皮层的另一个区域（在左半球颞叶后部）控制着言语的接受和理解，这个区域受损的患者无法理解别人所说的话，甚至完全不能分辨语音。上述两个皮层区域，后来被分别以他们的名字命名为布洛卡区和韦尼克区。

因此，失语症的研究可以澄清言语中枢的形成、大脑两半球的分工、语言功能的定位等一系列问题。由于大多数人的言语中枢位于左半球，因此，言语障碍通常是由左半球的损伤引起的。特定脑区的损伤导致特定的语言障碍为我们提供了了解大脑语言神经机制的良机。有关这方面的工作，给人印象最深刻的是贝鲁奇及其同事对手语的研究。口头语言由听觉通道来感知，用声音来表达。手语则不同，它由视觉通道来感知，用手势来表达。尽管如此，与口头语言同样复杂的手势语言也定位于左半球。因而，左半球损伤后，聋人变得对手语失语，而右半球损伤则不产生手语缺陷。而且，左半球损伤所致的手语障碍可以是相当选择性的,要么累及手语的理解和语法,要么累及手语的流畅性。这种现象至少说明了以下三点：第一，左半球蕴藏着对语言的认知能力，这种能力与何种感觉模式或运动模式处理语言信息无关；第二，发声和听觉并非左半球出现语言能力的前提条件；第三，口头语言只代表着左半球所介导的众多认知功能之一。①

关于言语中枢的单侧化及成人左半球的语言优势，专家们已取得比较一致的看法。但是，对于具体的语言功能是否与大脑皮层的专门区域相对应这一问题，仍有争议。长期以来流行于学术界的“定位论”认为，特定的大脑皮层组织控制着具体的语言功能，某个脑区的障碍会引起某种与之相联系的语言功能的丧失，比如上述提到的布洛卡区和韦尼克区的损伤会分别影响到语言的表达功能和听觉的认知功能。此外，现代有不少学者还相信，语音、句法、词汇和语义都有与之对应的专门的神经机制。

（二）总体论

然而，纯粹的病例并不存在，一种较突出的症状总是伴随着另外一些轻微的症状，

---

① 李葆明：《语言与语言障碍》，见徐科主编：《神经生物学纲要》，科学出版社2000年版，第356页。

而且大部分失语症患者同时有理解和表达的问题，这一事实使得一部分学者对“定位论”产生了怀疑，并且提出了“总体论”。他们认为，人脑各部分组织之间存在着密切联系，因而语言功能是统一的，人脑任何部位的损伤都有可能影响到语言生成、表达、接受、理解各方面的功能。有人指出，凡是失语症患者都缺乏一种基本的语言能力——用符号构成命题的能力。脑的语言区远比传统的“定位论”描述的要复杂得多，而且参与语言信息加工的脑区也较布洛卡区和韦尼克区更为广泛。现代神经科学已经发现，除了许多皮层区外，部分丘脑和纹状体结构也参与了语言的加工过程。而在布洛卡区和韦尼克区内部，可能存在着功能特异化的区域，其大小可能相当于躯体感觉皮层区内的功能柱。看起来，通过失语症所确认的大面积的语言区，可能还包含了大量更精细的结构。①

现有的神经语言学教科书上都列出了被认为是具有特定输入-输出功能的分离脑区，如前面提及的布洛卡区主管话语生成，韦尼克区主管话语理解，以及这些脑区的损伤会造成的非常典型的症状等等。然而，这个已经存在了一个世纪的模型，不但缺少实验的支持，更未经受现代语言学和现代脑成像技术的验证。由于脑损伤对于语言能力的影响存在着个体差异，并且绝大多数病例跟教科书上所列的失语症分类都不能完全吻合，因而致力于科学研究的神经语言学家都拒绝全盘照搬这样的模型。现代神经科学家几乎一致认为，语言神经机制集中在左脑外侧裂周围，但怎样替换传统的说法还未达成一致的意见，因为语言学性质和语言大脑加工成分之间到目前为止还未发现清晰的解剖学对应关系。这可能是因为语言以某种形式“分布”在整个左半球，但下此结论也许为时尚早。语言计算可能发生在细胞、亚细胞或突触水平的微回路上，然而到目前为止，人类还不能在这个水平上进行人脑内的操作和记录。因此，可能存在一些当今技术条件无法发现和区分的分离的语言回路。它们的宏观大小、形状以及具体定位可能因人而异，可能具有高度皱褶和曲折的形状从而无法与脑损伤进行准确的吻合。这些回路中计算的可能是内部信息加工的一些子程序，而不是像词的命名或重复这样的外显行为任务。②

一般的教科书讨论的只是语言本体的认知成分。然而，人类语言（更普遍地来说，人类的交流）还具有重要的情感部分。这些成分包括音乐性的语调（语韵）和情感性的姿态。罗斯发现，语言的某些情感成分依赖于右半球的专门处理。与右半球损伤相关的语言情感成分丧失称为语韵缺失（aprosodia）。语韵处理在右半球的组织方式与语言的认知方面在左半球的组织方式似乎相对应。右半球前部损伤的患者无论是悲或是喜，讲

① 贝尔等：《神经科学：探索脑》，王建军主译，高等教育出版社 2004 年版，第 628 页。

② 平克：《认知神经科学》，沈政等译，上海教育出版社 1998 年版，第 536 页。

话时语调总是平板的；右半球后部损伤的患者则不能理解别人语言中的情感成分。[①]国内外学者对右脑参与语言加工方面也有不少研究。例如：国内有研究者研究汉语认知加工，得到一些特色结果，如默读汉字词的脑功能偏侧化成像研究结果显示，除左脑半球与汉字词加工密切相关外，右脑半球在汉字词加工中也有一定参与[②]；汉英双语脑活动区功能磁共振研究表明中英文“晚双语”者，两种语言激活的脑区不完全相同，说中文时激活的脑区要比说英文时广泛，其主要在右侧大脑半球[③]。国外对特殊语言损伤与正常对照组的脑激活的 fMRI 对比研究和非典型性语言大脑半球单侧性优势的 fMRI 研究等都显示：除传统认为的左脑语言区外，其他脑区对语言信息加工有着或多或少的参与。上述两种观点均有其正确的方面，但狭隘的定位论或极端的总体论对于进一步的研究都是不利的。

二、语言神经机制研究的主要方法和手段

人类之所以有语言，是因为人类的确拥有一个足以支持语言加工的精密的大脑。大脑皮层是运动、感觉、意识、情绪、语言、学习和记忆的高级中枢。离开大脑神经机制，人类语言就如同无源之水、无本之木。到目前为止，有关语言的神经机制的研究已经取得了一定成就。现代解剖学和生理学已经积累了大量有关人脑结构的知识，但是活的人脑究竟怎样行使自己的功能，仍是一个谜。了解这一过程的困难在于，人们无法打开活的人脑来直接进行研究。现代神经语言学目前广泛运用的方法主要有两种：一是病理学的方法，即观察大脑损伤对语言功能的影响；二是电生理学的方法，即通过生物电的测试来观察大脑在言语过程中的活动。

（一）病理学方法

病理学方法指的是通过观测脑损伤部位与行为障碍，推断二者之间的联系。最早用来研究脑内语言表征的方法是通过研究失语病人。失语症是由特定脑区损伤（通常是大脑皮层区域损伤，如血管破坏、创伤或肿瘤）所致的语言障碍。我国著名失语症专家高素荣对语言和失语症的定义是：“语言是通过应用符号达到交流的能力，包括对符号的运用（表达）和接受（理解）的能力。符号包括口头的和书面的符号（文字），还应包括姿势语言（手语或哑语、手势）。因大脑局灶病变致语言障碍即失语症。失语症是对交流符

① 李葆明：《语言与语言障碍》，见徐科主编：《神经生物学纲要》，科学出版社 2000 年版，第 357 页。
② 唐一源等：《默读汉字词的脑功能偏侧化成像研究》，《心理学报》2002 年第 4 期。
③ 赵小虎等：《汉英双语脑活动区功能磁共振研究》，《上海医学》2003 年第 S1 期。

号的运用和认识发生障碍，即语言的表达和理解能力丧失和受损。”[①]从1861年开始的失语症研究已有大量证据证明，左半脑特定区域的损伤可以导致言语表达和理解等方面某些功能的丧失。然而，特定脑区的损伤并不导致语言能力的全面减退，而是不同脑区的损伤引起不同形式的语言障碍。例如，某些失语症患者理解口头语言和书面语言均有困难（如：韦尼克失语症），另一些则难以通过写字或说话来表达思想（如：布洛卡失语症）。各类失语症由于脑损伤部位不同，表现的症状也各异，具体如表1.1所示。

表 1.1　失语症的临床特征[②]

	类型	命名	理解	复述	表达	损伤区域
1	布洛卡失语	受损	正常	困难	非流畅性，有语法错误	左额叶后下部运动联合皮层
2	韦尼克失语	受损	受损	困难	流畅性，无语法错误，有无意义表达	左颞叶后上部
3	传导性失语	受损	正常	困难	流畅性，无语法错误	左顶叶，弓状纤维素
4	完全性失语	受损	受损	困难	非流畅性，讲话很少	左额－颞－顶叶
5	命名性失语	受损	正常	正常	流畅性，无语法错误	左颞叶后下部或颞枕区
6	经皮层运动性失语	受损	正常	正常	非流畅性，有语法错误	左额叶内侧部或边界区前部
7	经皮层感觉性失语	受损	受损	正常	流畅性，无语法错误，有无意义表达	左顶叶内侧部或边界区后部
8	混合性跨皮层失语	受损	受损	正常	非流畅性，有语法错误	左额顶叶内侧部或整个边界区

不同的失语症会引起病人不同类别症状，例如：命名不能（anomia）、失认（agnosia）、失读（alexia）、失写（agraphia）、纯词哑/运动性语言不能（aphemia）、纯词聋（pure word deafness）等。通过观察患者的失语病症和脑损伤区域，我们可以在语言和大脑某个部位建立某种联系，从而寻找语言的大脑神经机制。

（二）电生理方法

电生理方法指的是无创性脑功能成像技术，可以分为脑结构和脑功能成像。计算机断层扫描术（computerized tomoguaphy，CT）和磁共振成像（magnetic resonance imaging，MRI）属于脑结构成像技术，可获得大脑解剖结构信息。脑功能成像技术能帮助人们获得脑组织生理状态信息，如新陈代谢、血流量、氧消耗、神经元活动等信息。脑功能成像技术是认知心理生理学研究的重要手段。脑电图（electroencephalogram，EEG）、事件相关电位（event-related potentials，ERP）、脑磁图（magnetoencephalography，MEG）、正

① 高素荣：《失语症》，北京医科大学中国协和医科大学联合出版社1993年版，第2页。

② 李葆明：《语言与语言障碍》，见徐科主编：《神经生物学纲要》，科学出版社2000年版，第359页。

电子发射断层摄影术（positron emission tomography，PET）、单光子发射计算机断层摄影术（single photon emission computed tomography，SPECT）、功能磁共振成像（functional MRI，fMRI）和功能红外线成像（functional near-infrared imaging，fNIRI）等技术通过对人脑的电磁、新陈代谢、血流量、氧消耗、神经元活动等的测量来研究如视觉、注意、记忆、语言等认知活动及其与相关脑机制的相互关系，其中，应用 ERP 和 fMRI 的所得到的研究成果尤其引人注目。①首先，这些功能成像技术可以检测正常被试认知加工过程中的大脑活动情况，不受脑损伤后功能代偿的影响。其次，ERP 等脑成像技术具有较高的时间分辨率，能够反映语言认知过程中几毫秒内神经电活动的改变，弥补脑损伤研究不能观察认知加工时间进程的缺陷。再次，fMRI 等脑成像技术可以同时显示不同脑区或某个神经网络各个部分的激活情况。这种方法超越了病理学的研究方法，因为病理学方法只能建立某个脑区与特定认知过程之间单一联系的局限，而电生理方法却能展现同一任务条件下大脑活动的全貌。

在过去的一二十年间，随着世界范围的脑研究热潮的兴起和无损伤性神经电生理和神经影像技术的使用，国外神经语言学研究在研究规模和研究深度上都得到了较大的发展，这一趋势正在继续。脑成像技术在很大程度上变革了语言认知研究领域。目前的每一种认知成像工具都有它的特点，同时也有其局限性，如表 1.2 所示。

表 1.2　几种主要现代脑成像手段对比

成像方法	成像依据	空间分辨率	时间分辨率	损伤性	成本
fMRI	血氧水平	高	较低	无	高
PET	氧代谢等	较高	低	微	高
MEG	磁信号	较低	高	无	高
EEG/ERP	电信号	低	高	无	较低

从表 1.2 可以看出，在各种脑功能成像方法中的，fMRI 具有高空间分辨率的优点，但是与电生理方法（比如 EEG/ERP，MEG 或记录脑细胞电活动）比较，fMRI 的时间分辨率比较低；尽管 EEG/ERP 等电生理方法具有高时间分辨率，但是它们的空间分辨率又较低。因此，为了获得高的空间分辨率和时间分辨率，人们希望能够将 fMRI 和 ERP 的方法结合起来。就这两种技术方法而言，虽然两种手段对各种认知过程的脑电激活非常敏感，但前者具有毫米级的空间分辨率，而时间分辨率仅达数百毫秒；相比之下，后者的高分辨率脑电技术虽然具有毫秒级的时间分辨率，而空间分辨率仅达厘米数量级。因

① 冯涛、张进辅：《认知心理生理学与无创性脑功能成像技术》，《心理科学》2006 年第 1 期。

此，我们在认知成像技术的发展中，应特别强调各种技术的结合，将 fMRI 等高空间分辨率技术用在认知加工的脑区定位上，将 ERP 等高时间分辨率技术用在时间迅速展开的认知事件上，在有限的财力下，形成技术上的特色。本研究试图尝试着采用神经电生理和脑成像技术，即 EEG/ERP 和 fMRI 结合的方法。探索隐喻这一特殊语义加工的大脑神经机制，利用 ERP 技术探讨汉语隐喻神经机制研究是本研究的第一步，因此本书中只涉及 ERP 实验，而 fMRI 等实验将在后续研究中进行。

目前，ERP 技术越来越广泛地被应用于心理、生理、临床、特因条件和功能评估等认知研究上，具体研究领域如表 1.3 所示。

表 1.3　ERP 应用研究领域

研究领域	具体研究方向
心理生理	注意、记忆、语言加工、知觉、意识等
临床应用	神经精神科、昏迷预后、辅助诊断等
特因条件	航空、航天、航海、恶劣环境条件等
功能评估	智能评估、音乐认知、能力、健康评估等

在认知神经科学中，研究者们常用事件相关电位（ERP）或称诱发电位，来记录对相同刺激的多次重复呈现所产生的脑电位变化的叠加平均值，以滤去噪声，得到与刺激相关的电信号，其信噪比与叠加次数的平方根成正比。对人脑产生的 ERP 有多种分类，但最初和较为全面的分类方法还是将 ERP 分为外源性诱发电位和内源性诱发电位（或外源性成分和内源性成分）。外源性诱发电位主要是指由于外界的刺激引发的电位变化，如视觉诱发电位、听觉诱发电位、躯体感觉诱发电位和运动诱发电位，是人脑对刺激产生的早成分，受刺激物理特性（强度、类型、频率等）的影响，如听觉 P50、N1、视觉 C1 和 P1 等；内源性诱发电位则是由于个体积极参与某项活动，特别是参与认知活动的情况下获得的诱发电位，因此也称为事件相关电位，它与人们的知觉或认知心理活动有关，与人们的注意、记忆、智能等加工过程密切相关，不受刺激的物理特性的影响，如 CNV、P300、N400 等。内源性成分为研究人类认知过程的大脑神经系统活动机制提供了有效的理论依据。[①]ERP 采用心理和生理指标相结合的测试方法，不仅可以给出信息输入与行为输出之间加工过程的信息，而且可以得到 ERP 各成分的潜伏期与幅值及其在头皮的分布，揭示神经细胞群活动机理，从而更准确、更有效地评价脑功能状态。

因此，我们完全可以借助该手段来探讨汉语隐喻的神经机制。更为可喜的是，ERP 成分是多维度的，可以从极性 P/N 波幅潜伏期和头皮分布等多个方面来描述，一般认为

① 赵仑：《ERP 实验教程》，天津社会科学院出版社 2004 年版，第 26 页。

潜伏期是神经活动与加工过程的速度和时间评价，而波幅反映大脑兴奋性的高低，脑地形图表明不同认知过程的脑内源，我们可以根据不同的成分来描述汉语隐喻认知的过程。

三、研究隐喻认知神经机制的主要方法及其局限性

说隐喻是一种特殊的语言现象至少说明了两点：（1）隐喻是一种语言现象，它具有与普通语言相同的加工方式，以区别于非语言加工；（2）隐喻又是一种语言中的特例，它具有本身的加工特异性，以区别于普通语言。无论从哪个角度看，适用于神经语言学研究的病理学方法和电生理方法都适用于隐喻认知神经机制的研究。但在运用神经语言学的两种方法研究隐喻时，要特别考虑隐喻特异性作用于认知主体所产生的效应，这些效应在实验时会对被试是否配合实验，实验数据是否有效可靠产生直接影响。

（一）脑损伤病人隐喻测试的局限性

尽管对局部脑损伤病人进行隐喻测试会发现该病人受累脑区与隐喻之间的认知关系，但是用脑损伤病人来研究隐喻认知的神经机制会受到很大的局限。首先，每个脑损伤病人都有其脑部受累的特异性，要找到病症、病灶、年龄、受教育程度、语料熟悉程度均匹配的病人本身就困难重重，因此某个病人的资料是否具有隐喻认知的代表性就很难把握。其次，脑部受损一般都会对病人的智力或语言表达能力产生影响，特别是失语症病人，我们不能根据其是否能用语言表达就判断他 / 她是否能够理解隐喻意义。例如，布洛卡失语病人即使对输入的语言能够理解也不能流利地表达出来，有时甚至根本不能表达。而且事件相关电位属于长潜伏期诱发电位，测试时一般要求被试者清醒，并在一定程度上配合认知任务参与其中。再次，我们的研究目的是了解正常人的隐喻认知过程，如果仅仅找脑损伤病人做被试，实验结果就会有失偏颇，除了隐喻理解对应脑区可能会有一些价值，对整个隐喻认知进程的探究没有太大的指导意义。

（二）正常被试隐喻测试的局限性

正常被试只适用于电生理方法。无创脑成像研究尽管非常适用于正常被试，但是目前的脑成像技术还没有发展到完全在自然语言环境中测试脑电活动或脑血流变化情况。例如，采用 ERP 技术研究语言认知，就要注意到收集一定数量（一般在 30 以上）结构相同或成分相同或难度相同的语料，因为事件相关电位很弱，必须有一定数量的相同事件的电位叠加才能从 EEG 中浮现出来供研究者观察，要做到语料的一致性，排除其他参数的影响，本身就是对自然语言理解的一种限制。尽管隐喻理解非常依赖语境，但是目前的脑电实验受到很多因素的限制，以至于做隐喻理解实验无法将语篇语境、情景语境

和文化语境涵括在实验语料之中。例如，用句子做实验语料必须考虑到句子的长度，即句子不能过长，否则水平眼动会产生斥反应，影响脑电数据的采集；另外也要考虑到所采用每组实验用句和对照句保持字数一致，结构一致。如此一来，隐喻的语篇语境、情景语境和文化语境便统统被排除在实验之外。当然，随着脑成像技术的不断进步和完善，人们肯定会越来越多地利用这种技术进行隐喻认知的神经机制的研究。

第2章　隐喻与思维

隐喻既是语言形式，又是思维方式，要研究隐喻认知，首先要弄清语言与思维的关系。语言是人们赖以从事复杂思维的最重要的工具，这一点在隐喻思维中表现得尤为突出。无论人们用什么方式思维，始终离不开思维的生物基础——大脑，大脑皮层的信息加工实际上是大脑神经网络中神经元簇的联接过程。隐喻思维模式是认知发展的高级阶段和人类重要认知方式。人们已知，隐喻认知有其特殊神经机制，它的生成和理解建立在神经元联接基础之上。由于隐喻思维所具的形象性、方向性、创造性、经济性和语境依赖性等特征，隐喻可用来体现人们的创造能力，帮助人们认识新生事物，标志人们的智慧水平。如今人们已经如此习惯于概念隐喻的思维方式，以至于隐喻成了人类思维得以组织和赖以发展的基础，也成了我们赖以生存的基础。

第1节　隐喻认知的神经基础

隐喻思维是重要的语言思维形式，对于隐喻认知加工机制的探讨是语言与思维研究中的一个热点。自20世纪80年代以来，国内外学者对隐喻的功能、记忆、生成、表征、理解等方面都有较为深刻的研究，且提出过各种理论模型，有些模型已经上升至心理实验层面，但涉及隐喻大脑神经机制层面的研究才刚刚起步，尚未形成规模。M. L. 施尼策和 M. A. 佩德拉指出，“当前大多数隐喻研究都是过程导向的，研究的都是隐喻的工作机制及其在交际中的功用问题，而不是隐喻的神经心理学特征。”[①]隐喻的创造和最后的解读都是在神经心理层面发生的，如果我们仅仅研究语言层面的隐喻的工作机制，而忽略隐喻认知的神经心理学特征，就不可能发现隐喻认知的真谛。那么，隐喻生成所涉及的概念互动，作为人类语言理解的一个认知过程，在神经元水平上又是如何体现的呢？要回答这个问题我们可借助认知科学中的联结主义理论。

一、联结主义理论

联结主义是现代认知科学发展中的两个重要方向之一[②]，其思想萌芽产生于 20 世纪 40 年代。直到 80 年代末，随着 D. E. 鲁梅尔哈特和 J. L. 麦克莱兰德合著的《并行分布加工》一书的出版，联结主义的认知研究范式才真正登上历史舞台，并逐渐占了上风。联结主义的指导性启示和灵感来自于大脑的神经网络。“它不是把认知解释成符号运算，而是看成一个网络（network）的整体活动。网络由类似于神经元的基本单元（units）或结点（nodes）构成，故也被称之为神经网络模型（neural network model）。网络是个动态的系统，单元彼此相互联接在一起，每个单元都有不同的活性（activation），既可以兴奋和抑制其他单元，也可以受到其他单元的兴奋和抑制。当网络有一初始的输入，其兴奋和抑制便在单元之间扩散，直到形成一个稳定的状态。这一模型也被称之为并行分布加工（parallel distributed processing），或简称为 PDP。”[③]由于联结主义所提出的神经网络模型与生物神经系统具有较高的类比度，因此，我们可以借助神经网络模型了解隐喻生成态在神经元水平上的表现。

在结构上，一个生物神经元细胞主要由细胞体（cell body）、轴突（axon）和树突（dendrites）等三部分构成。其中，轴突是输出装置，用于向外传输电脉冲；树突是接收装置，里面有接收各种神经化学递质的接收器，如图 2.1 所示：

神经元机能最大的特点是特异的信息传递和处理，且具有传递信息的绝缘体和极性。神经元的极性指的是信息的输入极和输出极，输入极是指信息的接收端——树突，输出极是指信息的输出端——轴突。树突和轴突分别向其靶方向的细胞生长并建立突触联系。

---

① Schnitzer, M. L. & Pedreira, M. A.: A neuropsychological theory of metaphor. *Language Sciences*, 2005, 27: 31~49.

② 注：另一个方向是符号主义。

③ 葛鲁嘉：《联结主义：认知过程的新解释和认知科学的新发展》，《心理科学》1994 年第 4 期。

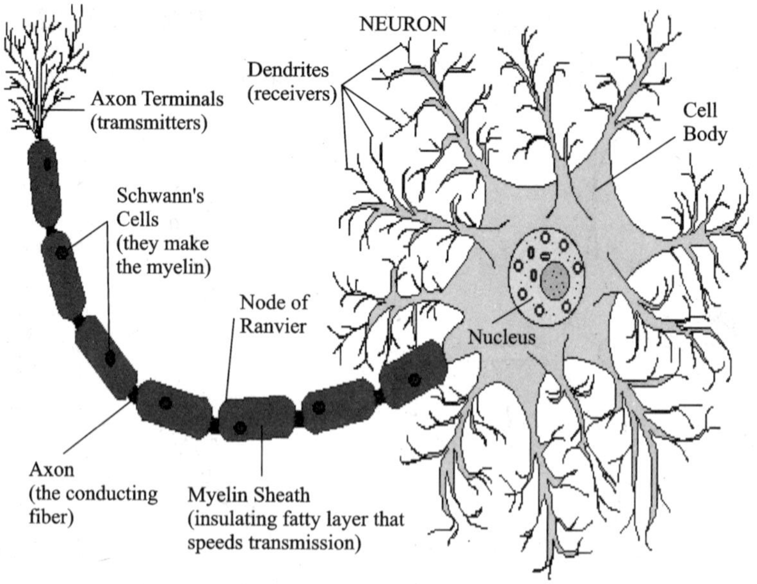

图 2.1　神经元结构图①

我们可以从电活性和化学活性两方面了解神经元的机能。前者是神经细胞膜的特性，决定神经元对刺激的反应、换能和传导，表现为在静息膜电位基础上产生的去极化、动作电位传导和复极化过程；后者参与神经元之间的信息传递，表现为神经递质的合成、运输、分泌和重吸收或灭活。②因此，当一个神经元细胞被激活时，电脉冲信号就会沿着轴突传导到轴突末梢（axon terminals）。轴突末梢就会释放出神经化学递质，其中有些起兴奋作用，有些起抑制作用。与该神经元的轴突末梢靠得很近的其他神经元的树突会接收这些神经化学递质。各树突上收集的电脉冲信号会在神经元细胞中汇集。当这些电脉冲信号累积起来达到或超出神经元细胞的激活阈值时，神经元细胞就会向外传送电脉冲信号。由此可见，生物神经元由输入、决策、输出等三个基本功能部分组成。

联结主义用"形式神经元（人工神经元）模拟了生物神经元的输入脉冲电平、决策函数、突触传导性改变（记忆）。从功能结构的角度出发，神经元可以有若干个输入，而输出只有一个，但是这个输出可以同时和许多其他神经元联接"③。在人工神经网络中，网络结点模拟生物神经元，多重联接权重（或强度）的加权乘法器模拟"轴突－突触－树突"结构，用来表示两个神经元相互作用的强度，加法器模拟树突的互联功能，阈限值模拟

① 引自：http：//www.enchantedlearning.com/subjects/anatomy/brain/Neuron.shtml.

② 孙久荣：《脑科学导论》，北京大学出版社 2001 年版，第 31 页。

③ 程琪龙：《认知语言学概论》，外语教学与研究出版社 2001 年版，第 73 页。

细胞内化学递质产生的开关放电特性，最终实现了对生物神经系统的模拟[①]。人工神经元与生物神经元之间的这种对应模拟关系可用图 2.2 表示：

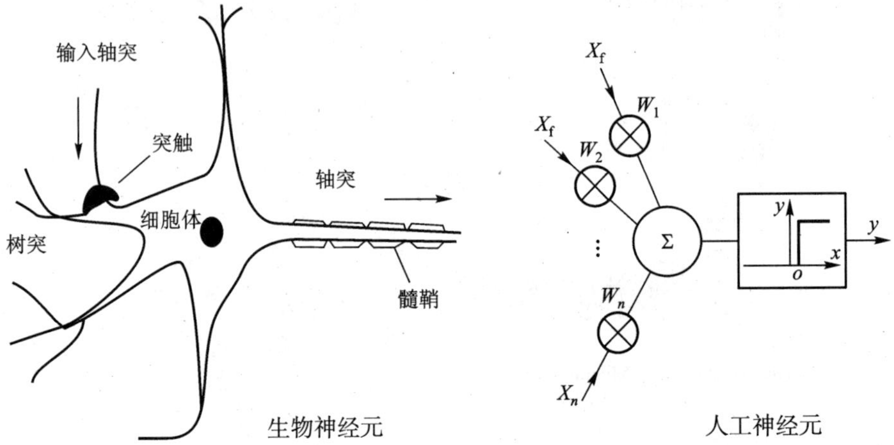

图 2.2　生物神经元与人工神经元的对应关系图[②]

神经元按照一定的操作周期接受输入信息，根据某种函数决定是否触发，这叫做激活规则[③]。该函数包括一个阈限值，刺激必须超过该阈限值神经元才能触发。假设某个神经元 N 的激活阈限值为 0.7（阈限值范围在 –1 到 1 之间），它从 A、B、C 三个神经元分别获得了强度为 0.5、0.8 和 0.3 的刺激，它与这三个神经元的联接强度用兴奋权重分别表示为：0.9、0.8、0.8；同时，神经元 N 又从 X、Y、Z 三个神经元分别获得了强度为 0.3、0.5 和 0.2 刺激，它与这三个神经元的抑制联接权重分别为：–0.5、–0.7 和 –0.9。根据神经元 N 的激活阈限值，这个神经元 N 就不会被激活，因为 $0.5\times0.9+0.8\times0.8+0.3\times0.8-0.3\times0.5-0.5\times0.7-0.2\times0.9=0.65$，该值小于神经元 N 的激活阈限值 0.7。神经元在学习过程中，代表突触联接强度的权重会发生变化。通过神经元的多次激活，相应的权重会有所增大，这样原来不能激活的神经元在多次学习后，也会很容易地被激活。

二、隐喻认知的神经网络

那么，神经网络模型是如何表征概念的呢？联结主义者认为，每个概念都由一组相互联接的神经元来表征，而且这组神经元又与很多其他神经元组相互联接，以表征这个概念的

① 王益文、张文新：《联结主义神经网络及其在心理学中的应用》，《心理学动态》2001 年第 4 期。

② Gurney，K.：*Computers and symbols vesus nets and neurons.* UCL Press，2000.

③ 王益文、张文新：《联结主义神经网络及其在心理学中的应用》，《心理学动态》2001 年第 4 期。

不同方面[1]。他们以水果概念为例,来阐释神经元网络是如何表征水果概念的,如表2.1所示。

表 2.1　水果概念——神经网络

神经元序号	1	2	3	4	5
香蕉概念	1	0	0	1	0
葡萄概念	1	1	0	0	1
苹果概念	1	0	0	0	1
香梨概念	1	1	0	0	1
西瓜概念	1	0	1	0	1

表2.1中的第一排序号代表五个神经元，这五个神经元构成的网络用于表征水果概念。表格左边的第一列，是每个水果概念的清单。表格内的“0”和“1”分别代表神经元的抑制或激活状态。由于每个水果概念都与神经元簇的一种特定的神经元激活类型相对应，所以香蕉概念就用神经元激活类型10010来表征，葡萄概念就用神经元激活类型11001来表征，以此类推。意思是说，在5个神经元中，如果1号和4号神经元激活，那么我们就激活了香蕉这个概念。

但是如果我们要分析隐喻生成所涉及的两个概念域之间的互动关系，我们就必须考虑一个神经网络与另一个神经网络是如何建立联系的，考虑这两个神经网络联接后怎样在意义上建立层创结构，考虑喻体的哪些特征会在神经网络中得到激活并投射到本体之上。[2]以水果概念神经网络和水果名称神经网络的相互激活为例，可解释为什么当我们想起一种水果的时候，会想到它的名字。为简便起见，这里只选取了香蕉这个水果概念。假设有四个神经元共同组成了一个神经网络以表征水果的名称，它们与水果概念神经元的联接强度见表2.2所示：

表 2.2　水果概念神经元与水果名称神经元的联接强度

神经元序号	1	2	3	4	5
香蕉概念	1	0	0	1	0
与水果名称网络中1号神经元的联接强度	0.1	0.2	0.3	0.4	0.2
与水果名称网络中2号神经元的联接强度	0.3	0.2	0.1	0.1	0.1
与水果名称网络中3号神经元的联接强度	0.1	0.3	0.1	0.4	0.2
与水果名称网络中4号神经元的联接强度	0.2	0.1	0.2	0.2	0.2

根据表2.2，已知香蕉概念的表征是水果概念神经元网络中1号、4号神经元激活，那么2号、3号和5号神经元就不参与香蕉概念网络与水果名称网络的联接。下面我们就以提

① Schnitzer, M. L. & Pedreira, M. A.: A neuropsychological theory of metaphor. *Language Sciences*, 2005, 27: 31~49.

② Schnitzer, M. L. & Pedreira, M. A.: A neuropsychological theory of metaphor. *Language Sciences*, 2005, 27: 31~49.

取水果概念神经元网络中的1号、4号神经元与水果名称网络的联接关系为例（表2.3）。

表2.3　香蕉概念网络与水果名称神经元的联接

	BNC1	BNC4	阈限值
FNN1联接强度	0.1	0.4	0.4
FNN2联接强度	0.3	0.1	0.5
FNN3联接强度	0.1	0.4	0.5
FNN4联接强度	0.2	0.2	0.6

注：BNC代表香蕉概念神经元，FNN代表水果名称神经元（下同）

表2.3中，第2列、第3列的数据来自表2.2，第3列数据是各水果名称神经元的激活阈限值。现在假定，神经元BNC1和BNC4输出刺激的强度均为1，那么我们就可以得到水果名称神经元网络的相应激活模式，如表2.4所示：

表2.4　香蕉概念在水果名称神经元网络中的相应激活模式

	BNC1	BNC4	总和	阈限值	神经元激活
FNN1联接强度	0.1	0.4	0.5	0.4	1
FNN2联接强度	0.3	0.1	0.4	0.5	0
FNN3联接强度	0.1	0.4	0.5	0.5	1
FNN4联接强度	0.2	0.2	0.4	0.6	0

表2.4中，第3列是水果名称各神经元所接收到的刺激总和。当这个总和大于或等于相应神经元的阈限值时，该神经元就被激活，否则就处于抑制状态。那么我们就可以看到，香蕉概念在水果名称神经元网络中的相应激活模式为：1010。也就是说，当香蕉概念被激活，并对水果名称神经元网络输出强度为1的刺激时，水果名称神经元网络中的1号和3号神经元被激活，2号和4号神经元抑制，那么我们就会想起香蕉的名称。虽然这是一个非常简单和粗略的模拟，但是我们可以从中大致了解两个概念域之间在神经元水平上是如何互动的。

从联结主义角度看，隐喻生成过程中，隐喻表达引导了解喻者在两个原来都已存在但彼此分离的神经元网络之间建立起了联接，从而实现在一个概念域的基础上引入另一个概念域。当然，隐喻理解与一般的范畴归属判断在神经网络的活动上会有所不同。例如，在“牛是哺乳动物”这个范畴归属判断中，哺乳动物的概念网络可以全部激活；而“律师是狐狸”这样一个隐喻加工中，狐狸的概念网络只是局部被激活，其他部分被抑制。“狐狸”一词的词典定义是“哺乳动物，外形略像狼，面部较长，耳朵三角形，尾巴长，毛通常赤黄色。性狡猾多疑，昼伏夜出，吃野鼠、鸟类、家禽等。”[①]在“律师是狐狸”这

①《现代汉语词典》，商务印书馆2006年版，第574页。

一隐喻中，喻体“狐狸”所拥有的这么多特性中，只有“狡猾”这一特性被映射到了本体“律师”身上，即只有跟“狡猾”意义有关的神经元的激活数量达到了阈值，并联接到“律师”概念域中，生成一个新的有关律师的特性，才能使认知主体对该隐喻做出“律师像狐狸那样狡猾”的解释。从中我们看到，隐喻认知是在大脑神经元活动的基础上进行的。要搞清楚隐喻与思维两者之间的关系，我们首先应该搞清楚语言与思维的关系。

第 2 节　语言与思维的关系

语言是人脑的重要功能，是自然界进化到人脑这一高度复杂的物质的产物。语言在人类交往、社会发展、个体认知和人格的发展中都有重要作用。正因为这样，语言成为多学科研究的对象①。语言和思维的关系是语言学家、心理学家、哲学家、神经科学家甚至是人工智能计算机专家关注的问题，但是到目前为止人们还无法给出一个圆满的、无懈可击的说法。本着这一现状，笔者试图从探讨语言思维和非语言思维的角度来认识语言和思维之间的关系，这不仅有利于了解语言，也有利于了解思维，而且可以更进一步了解人类认知本身。对于语言和思维的关系，历史上曾经存在两种观点：“等同说”和“分离说”。苏联心理学家维果斯基②指出：“以往关于思维与语言的研究表明，从古至今提出的所有理论不外乎两个方面：一个方面是思维与语言的同一（identification）或联合（fusion）。另一方面则是同样绝对的、几乎是形而上学的分离（disjunction）和隔离（segregation）。无论是用纯粹的方式表示上述两种极端理论中的任何一种理论，还是把两者接合起来，使之成为一种中间立场，都处在两极之间轴的某一点上，一切关于思维与语言的理论都跳不出这一圈子。”

一、语言与思维“等同说”

“等同说”认为，语言与思维是合而为一、不可分离的，即没有语言的思维和没有思维的语言都是不存在的。“等同说”最早可追溯到柏拉图。他认为，思维如同一种会话，当心在思考的时候，它就是对自己说话，判断就如讲出来的陈述，只是无声地对自己发出而已。美国行为主义创始人、心理学家华生继承了柏拉图的观点，认为思维和语言是

---

① 彭聃龄：《汉语信息加工及其神经机制的研究——20 年研究工作的回顾》，《当代语言学》2004 年第 4 期。

② 维果斯基：《思维与语言》，李维译，浙江教育出版社 1997 年版，第 2 页。

同一事物，语言是出声的思维，思维是无声的语言。另外还有两种相似的理论：一是“语言决定论”，代表人物是美国描写语言学家萨皮尔和沃尔夫，他们认为，语言决定思维，语言不同，思维也不同，认为学习一种语言无非是学会用该语言来思维；二是“思维依赖语言论”，代表人物是苏联心理学家卢利亚，这一学派认为，语言和思维有密切关系，人类的思想依赖于语言，离开了语言，逻辑思维是不存在的①。

当下国内语言学界主要流行的也是这种观点，认为语言是思维的基础，思维离不开语言。叶蜚声和徐通锵在他们合著的《语言学纲要》中便提出，“不管用本族语思维也好，还是用外族语思维也好，一个人在思维的时候总得运用一种语言。……可见思维离不开语言，必须在语言材料的基础上进行。”②其他国内知名语言学家也持类似观点：“语言是形成思想的工具。没有语言的巩固，思维无法定形，思想通过语言而现实化。正是在这个意义上说，没有语言就没有思维。”③“语言是思维的窗口，思维是通过语言来体现。”④“思维借助语言进行，是人类特有的一种精神活动。⑤”他们认为，语言和思维相互依存，共同发展。认为，应将语言与思维视做同一体的两种表现形式或两种功能形态，即语言是思维的外化（表现在人体之外），思维是语言的内化（运行在人体之内），二者同时发生，同时运动，互为表里，没有语言的思维与没有思维的语言都是不存在的。⑥他们的观点实际上是简单地把思维过程等同于语言加工过程。

二、语言与思维“分离说”

“分离说”认为，语言与思维是分离的，思维可独立于语言之外。思想独立于语言的理论是以瑞士心理学家皮亚杰为代表的日内瓦学派在20世纪60年代确立了发生认识论以后提出的。皮亚杰认为，语言在动作内化为表象和思维方面确实起主要作用，但不是唯一的，起作用的还有图画、造型、动作模仿、意向、手势、身势等符号系统，不过语言是这些符号系统中最佳的；一旦语言符号系统遇到障碍，其他符号系统也能使思维达到较高水平；逻辑运算的源泉远比语言深刻得多，因为逻辑运算起源于动作及其协调，逻辑运算的规律蕴含在人类动作协调的规律之中，这种协调控制着包括语言在内的所有

---

① 卢明森：《思维奥秘探索》，北京农业大学出版社1994年版，第116~120页。

② 叶蜚声、徐通锵：《语言学纲要》，北京大学出版社1997年版，第14页。

③ 王德春：《语言学概论》，上海外语教育出版社1997年版，第14页。

④ 王维贤：《现代汉语语法理论研究》，语文出版社1997年版，第246页。

⑤ 引自：《现代汉语规范词典》，外语教学与研究出版社2004年版，第1234页。

⑥ 赵德远：《关于语言与思维的哲学思考》，《解放军外国语学院学报》2001年第1期。

活动[1]。按照皮亚杰、格赖斯[2]、福德[3]、塞尔[4]的说法，语言的功能就是帮助人们交流思想，语言并非思维所不可缺少的东西，语言无非是移植在认知上面以表达独立于语言之外的思维。当前国内外相当数量的学者也持这种观点，他们之所以认为思维不同于语言，原因主要有两点：首先，语言是多义的、含糊的、模棱两可的，而思维是确定的、清晰的、没有歧义的。这又可分三个方面来说明。第一，语言的同义性使语言可以有不同的表达法来表示同一个思想，如：

20）中国首位航天员 ⇔ 杨利伟；中国国旗 ⇔ 五星红旗；中国首都 ⇔ 北京；陈瑶 ⇔ 漂亮姑娘 ⇔ 大三学生 ⇔ 未婚女子 ⇔ 我的室友……

这些同义词在篇章中形成语义连锁链，但在大脑信息库中是同一个概念。

第二，语言的指示功能不能直接反射思维，语言只能在话语或篇章中才有明确的意义，如：

21）打死一个小偷

22）打死这个小偷

以上两个句子中的"小偷"可以同指一个人，也可以不是，确切意思要根据语境才可判断，但说话人在思维时是明确特指某个人的。

第三，语言的不同词性可以产生歧义，如：

23）He likes exciting cats.

"Exciting" 既可作动词（现在分词）也可作形容词。由此，例 23）既可理解为"他喜欢逗猫玩"，也可理解为"他喜欢动人的猫"。

其次，思维是具逻辑性的。逻辑形式的特点是准确性、单义性、确定性和完整性，而丰富多彩的自然语言则带有模糊性、多义性、灵活性和简略性的特点[5]。逻辑是严密的，而语言不总是严密的，有时缺乏逻辑性，例如：

24）Ralph 是一头大象，大象生活在非洲。（并非所有大象都生活在非洲！）

25）"吃食堂"、"吃大碗"、"救火"、"救灾"、"养病"等等表述都是不合逻辑的。

语言的任意性导致语言的模糊性和非逻辑性。这种观点似乎比"等同说"更有道理，但如果走到极端，即把语言和思维完全分离，就会否认语言和思维存在着紧密的关系，

---

① Piaget，J.：*The language and thought of the child.* New York：Routledge and Kegan Paul，1926：231.

② Grice，H. P.：Meaning. *The Philosophical Review*，1957，66（3）：377~388.

③ Fodor，J.：*The language of thought.* Cambridge，MA：Havard University Press，1975：198.

④ Searle，J.：*Intentionality.* Cambridge：Cambridge University Press，1983：180.

⑤ 黄华新：《逻辑与自然语言理解》，吉林人民出版社 2000 年版，第 36 页。

就会排斥有关语言与思维之间内在关系的研究。

三、正确的语言与思维观

尽管从种系和个体发生的角度看，以上两种观点都有其正确的一面，但从认知的发展过程看，思维和语言既有各自独立发展的阶段，也有紧密联系的时期。因此，到目前为止，关于语言与思维的关系，国内外一些学者已放弃语言与思维“等同说”和“分离说”这两种极端的观点，而承认既存在不可脱离语言的思维（语言思维），也存在可脱离语言的思维（非语言思维）。维果斯基认为：“通过思维和言语的发生学（genetic）研究，我们所揭示的最重要的事实就是思维和言语的关系经历了很多变化。思维的进展并不是与语言的进展同步的。它们的两条发展曲线（growth curves）是相交的（cross），而且是不断相交的。这两条曲线可能会变成直线，而且齐头并进，甚至有时会合成一条线，但是它们总是会分开的。这个规律对种系（phylogeny）和个体发生（ontogeny）都是适用的。”①我国心理语言学家桂诗春指出：“语言的起源与思维并非同时。从种系发展与个体发展来看，语言发展中存在非思维阶段，思维发展中存在非语言阶段。但是语言和思维一经产生后却又常常互相作用和影响，互相推进和制约。在很多情况下，语言和思维直接联系，但也确实存在语言与思维分离的生理和心理现象。”②笔者赞成这一观点，即语言和思维关系紧密但可以分离。尽管语言思维是思维的主要形式之一，且语言和思维在很多时候有着密不可分的关系，但是语言并不等于思维，思维先于语言，大于语言，快于语言，两者之间的关系可用图 2.3 表示。

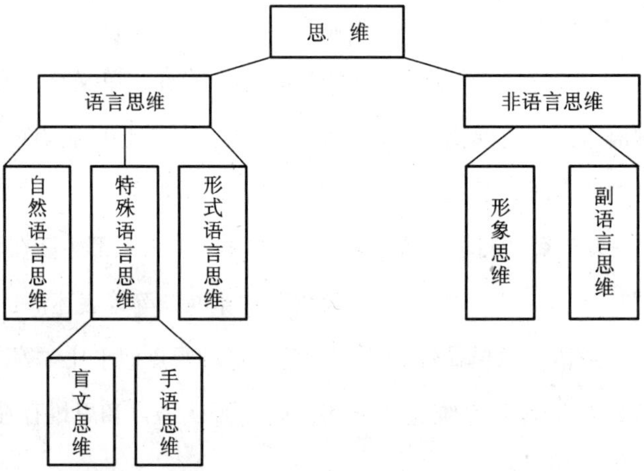

图 2.3　思维与语言的关系图③

① 维果斯基：《思维与语言》（*Thought and lanuage*，1961），李维译，浙江教育出版社 1997 年版，第 37 页。

② 桂诗春：《新编心理语言学》，上海外语教育出版社 2000 年版，第 621~622 页。

③ 王小潞、李恒威、唐孝威：《语言思维与非语言思维》，《浙江大学学报（人文社会科学版）》2006 年第 3 期。

思维是一种意识行为，它以表象、意念的形式存在于脑的高级活动中，它可以对客观事物进行反映，也可以构成主观意念进行幻想，但这种行为不一定用语言进行，理由如下：（1）人脑在接受语言之前就有思维活动，就能够思维；（2）聋哑人没有自然语言语音知识，听不到正常人的自然语言交流，但他们也能思维；（3）失语症者失去了语言的能力仍就能够思维；（4）一些高等动物身上出现的初级思维能力也跟语言没有关系。如果语言和思维是直接对应的，那么以上现象就无法得到解释。因此，思维和语言并非是同一事物的两个不同侧面，它们是两种不同的东西，既紧密联系又可分离。人们可以借助多种方式来表现自己的思维，语言是其中最重要的方式，但不是唯一的方式。

人们可以用语言把头脑中所想的东西转换为语言符号进行自我表白或传播给他人，也可以用一些非语言方式，如表情、动作、线条、图画、数字等表现思维。有些思维非得通过语言才能完成，有些则不。思维的基础是概念，概念是一组物体或事件的心理表征，这一表征可以是抽象的东西（如“真理”或“正义”的概念），也可以是具体的事物。概念可以用形象和文字来表达，但是形象和文字并不等同于概念[①]。思维源于概念的处理，但是文字和形象不仅用来表达思维，并且扩展工作记忆中的思维。思维的过程是大脑对概念的处理过程，这当中可能涉及语言，也可能不涉及语言，但无论是具体思维还是抽象思维都涉及语言思维和非语言思维。

第3节　语言思维的大脑神经机制

既然语言是人类思维的一种主要形式，我们就一定能够在人体中找到语言思维的神经机制。神经语言学研究的就是语言生成和理解的脑机制，这是揭示人脑高级功能秘密的一条重要途径。许多现代的语言学理论都已经认可了人脑是语言的生物基础的观点，认为语言信息的处理过程是人脑神经元之间互相联接、互相作用的过程。那么，语言又是怎样和人脑联系在一起？我们学过的词汇究竟储存在脑的哪一部分？一个人会两种以及两种以上语言，它们是否分别储存在脑的不同区域？人的语言系统一定就在左脑吗？某人因中风失去说话能力，他 / 她能再次学会说话吗？阅读从左到右语言（如英语）的人跟阅读从右到左语言（如阿拉伯语）的人思维相同吗？阅读像汉语和日语这样的象形

① Kosslyn，S.M. & Rosenberg，R. S.：*Psychology：the brain，the person，the world.* Beijing：Peking University Press，2003：324.

文字，思维会跟阅读法语、德语等罗马文字一样吗？诵读困难者和正常人的脑结构一样吗？隐喻理解跟一般语言理解有相同的神经机制吗？……尽管人们已经开始注意这一系列问题，并且在语言结构体系中探讨这些问题，然而我们对人脑语言认知之谜至今仍未破解。现代科学已经了解，人脑的主要功能是认知，语言利用了人们的一般认知器官，语言认知是建立在这些器官之上的。脑是脑功能活动的物质基础，如果离开活的脑，就不可能有脑功能活动①，因此语言认知从根本上来说离不开人类思维本体——人脑。

一、大脑：语言理解与生成的本体

语言是人类独有的高级功能，是在人类神经系统，特别是大脑皮质高度发达的基础上产生和发展起来的。人脑是高度发展的组织，它的主要功能是处理信息。人脑接受内、外环境的信息，根据这些信息通过调控保持内环境的稳定，并指导自身行动，达到适应和作出有利于肌体生存的反应（见图 2.4）②。

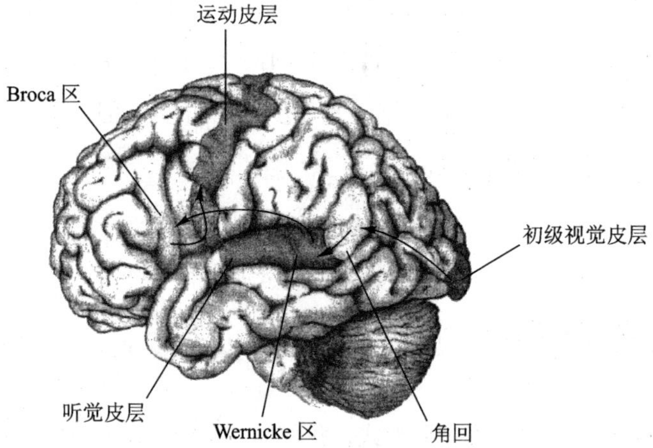

图 2.4　Wernicke-Geschwind 语言加工模型图③

人必须有自身的语言本体才可以接收和处理语言信息。现代神经科学告诉我们，大脑就是这样一个语言理解和生成的本体。人脑中加工语言的分析器、感受器、效应器及其相关的神经通路是和语言关系最为密切的解剖学基础。美国语言学家乔姆斯基的普遍语法，意指大脑的内部语言句法线路图，在过去近半个世纪里像智力风暴席卷全球，开启了进化论尚未解决的复杂问题的大讨论，促使对人类的语言能力的理解进了一大步。

① 唐孝威：《脑功能原理》，浙江大学出版社 2002 年版，第 34 页。
② 黄秉宪：《脑的高级功能与神经网络》，科学出版社 2000 年版，第 8 页。
③ Bear 等：《神经科学：探索脑》，高等教育出版社 2004 年版，第 619 页。

他的语言习得装置 LAD（language acquisition device）理论认为，以语言 L 为原材料输入，在输出端可得到描写语言 L 的语法 G。如图 2.5 所示：

图 2.5　乔姆斯基的语言习得过程图[①]

根据乔姆斯基的理论，人类具有语言能力（linguistic competence）。2000 年乔姆斯基又推出一个新词 I–language，指人所具有的一种内在本质（an internal property of an individual）。2002 年，乔姆斯基再一次指出："人类天赋的一部分是特殊的'语言器官'，即语言能力（FL）。"[②]如果乔姆斯基的假设正确，如果语言确是一种具有本身规则和结构的特殊能力，如果一个人生来就具有特殊的语言学习能力 LAD，那么我们可以期待在人的大脑结构中找到某些相应的痕迹。然而，任何的假设应有理据，任何有关语言理解或生成的假设不应有悖于已知大脑神经活动的事实，不应与有关大脑语言活动的生物实验和观察相矛盾。现代科技已经向我们显示：人的大脑不是一锅粥，它是一个在结构上和功能上都能明确区分的复杂的有机体。我们可以把这里的习得装置 LAD 看成是存在于人脑中接受语言的神经网络。人在出生时，大脑已经预先在特定区域设计好了接受或生成语言的程序。从某种角度看，这种程序是自我编制的，是人类特有的。

大脑中各种功能的区分是令人惊讶的，某些功能区明确地显示了人脑是语言理解与生成的原始区域。在没有现代先进脑功能成像技术之前，各类失语症就是最有力的说明。失语症指的是由于病灶性脑损伤而引起的各种语言紊乱。值得注意的是，这些病灶性损伤并没有引起语言能力的全面衰退，它们对语言能力的破坏是有选择性的[③]。早在 1825 年，博利奥特就作了关于语言与大脑关系的论述，他认为言语的表达能力丧失常与脑前部或额叶有关[④]。1836 年，戴克斯也明确指出大脑左半球与语言有关[⑤]。19 世纪 60 年代法国神经解剖学家、外科医生保罗·布洛卡共收集了 8 例丧失言语能力的病例，均为大脑左半球病变，其中最为著名的病人被称为"谭"，因为 [tæn] 是他在发病的 21 年里唯一能发的声音。患者死后，布洛卡对他进行了尸体解剖。脑的病理解剖发现，病人大脑左

① 冯志伟：《现代语言学流派》，陕西人民出版社 1999 年版，第 264 页。

② Chomsky，N.：Language and the Brain.（*Linguistic Sciences*），2002（1）.

③ 桂诗春：《语言与大脑》，《国外语言学》1992 年第 3 期。

④ Bouillaud F.：Recherches cliniques propes à demontrer la perte de la parole correspond a la lesion des lobules antérieurs du cerveau et à confirmer l'opinion de M. Gall sur le siège de l'organe du langage articulè. *Archives Générales de Medicine*，1925，8：24~45.

⑤ Kandel，E.：In search of memory：the emergence of a new science of mind. http：//erickandel.blogspot.com.

前额叶有损伤，这块损伤组织和病人的失语病史有对应关系，由此脑的这块区域被命名为布洛卡区(Broca's area)。那些这一脑区受损的人，尽管他们的大脑在受损前有语言能力，然而受损后便无法将文字按正确的顺序组合产出。13 年后，德国神经学家卡尔·韦尼克又发现了和理解言语有关的言语感受中枢，该区域后命名为韦尼克区（Wernicke's area）。一般认为，韦尼克是第一个清楚地了解到在形成复杂活动中脑各部分之间联系的重要性的人物。韦尼克坚持，复杂的活动是依靠与初级活动和感觉活动有关的少数功能区之间的联系而获得的。因此，皮质间联系中断为语言障碍的主要原因。不同大脑局部损伤可引起语言不同方面的功能障碍，相反不同失语类型与一定的大脑局灶病变有关①。由语言能力和脑损伤的对应关系可得出，语言的生成和加工是基于我们赖以生存的大脑之上的。

二、语言：通过大脑认知加工

DNA 的"美丽的双螺旋结构"发现者，诺贝尔医学生理奖得主——詹姆斯·沃森把大脑描述为"人类的大脑是宇宙中我们迄今为止发现的最为复杂的东西"。我们的大脑是无与伦比的信息处理器。整个大脑皮层结构是高度一致的，这一点表明，在感知和注意中表现的神经表征和处理的形式在其他认知过程中也可能起着重要作用。大脑对语言的认知加工是人脑认知的一部分，大脑对语言的认知过程是大脑对语言信息的加工处理过程。在过去几十年里，语言学家和心理学家们获得了有关语言表征和处理的大量的知识，因此，现有的知识可作为神经表征和处理的约定形式去指导语言处理方面的研究。大脑是一台非常复杂的语言并行处理器，有巨大的并行处理信息的能力。神经语言学目前的研究证据表明，神经元在其中起了关键的作用②。

在人脑语言信息处理过程中，神经元扮演了非常重要的角色，它们具有对语言信息强大的连通并行处理的能力，可以瞬间对外部的刺激在认知个体心理词典中以概念形式进行语言信息检索，并对刺激作出反应。一个神经元的激活可以连通无数个神经元，瞬间对外部语言进行处理并作出反应。脑内有数量巨大的（10^{11}~10^{12} 个）神经元及更多的（10^{15}~10^{16} 个）突触联接，它们构成脑的整体网络③。神经元簇的层次性联合编码假设认为，

① 高素荣：《失语症》，北京医科大学中国协和医科大学联合出版社 1993 年版，第 6 页。

② Stemmer，B. and Schönle，P.W.：Neuropragmatics in the 21st century. *Brain and Language*，2000，71（1）：233~236.

③ Cajal S.：*New ideas on the structure of the nervous system in man and vertebranes.* Cambridge：MIT Press，1990.
Sherrington，C. S.：The central nervous system. In Foster M.（ed.），*A text book of physiology.* 7th ed. Vol. 3. London：MacMillan，1897.
唐孝威：《脑功能原理》，浙江大学出版社 2002 年版，第 34 页。

神经编码的基本单位是神经元簇，一个神经元簇由一群功能及定位都比较接近或相关的神经元构成；……每个神经元簇有选择性的专一的特征表达，对该特征刺激反应最强烈，而对其他刺激的反应随该刺激和最优刺激间的差距增长而减弱；参与编码的神经元簇具有层次性或等级性，即存在编码抽象概念的神经元簇及编码具体特征的神经元簇；神经元簇编码的基本性知识层次性联合表征，及不同层次的神经元簇可以被绑定在一起共同表达复杂刺激①。

内部语言系统是由大脑神经元构成的关系网络。关系网络的描述就是内部语言系统的描述，关系网络的信息处理就是语言系统的认知操作；操作的输入输出是语言现象，语言在大脑内的加工处理，及神经元的联接活动，是脑的认知活动。所以关系网络的静态描述和动态过程描述，形象地解释了语言认知能力和操作。认知科学的中心假设是：对思维最恰当的理解是将其视为心智中的表征结构以及在这些结构上进行操作的计算程序。联结主义者提出了关于表征和计算的新颖见解，将神经元及其联接比作数据结构而将神经元的激活和激励比作算法②。脑的整体结构使大脑能够有效地收集信息并精巧地处理信息。各种感官，眼、耳、鼻、舌、身成为专门收集各类信息的机构。各种感官由接受器将反映不同类型环境信息的物理或化学信号，都转换成神经电脉冲信号。这种统一的电信号传入中枢，为进行信息的综合处理准备了条件③。大脑通过感官系统与外部语言现象联系，即通过听（听觉通道）、看（视觉通道）、接触（触觉通道）输入语言信息，然后通过神经元激活内部语言系统中的语词意义——概念，对外部语言现象进行认知解释，最后经过语音器官或肢体将语言符号（言语或文字）输出人体。

三、整个大脑都参与了语言活动

至此，我们会以为语言也许就是和布洛卡区和韦尼克区有关，然而，当一个人的布洛卡区或韦尼克区受到损坏时，他失去的只是跟这两个区域相关的语言能力，他并没有失去全部的语言能力。当然，布洛卡区和韦尼克区对语言生成和理解起着重要作用，然而到目前为止人们还没有发现，大脑区域和脑功能之间确实存在着完全一对一的对应关系。如果我们把布洛卡区视为语言生成的主要区域，把韦尼克区看成语言理解的主要区域，是否等于说，某个地方因交通事故造成赛车，这个地方就应被看成交通网络的中枢？

① 唐孝威：《脑功能原理》，浙江大学出版社 2002 年版，第 42 页。

② Thagard，P：*How scientists explain disease*. Princeton：Princeton University Press，1999：9.

③ 黄秉宪：《脑的高级功能与神经网络》，科学出版社 2000 年版，第 8 页。

布洛卡声称“我们用左脑说话”。大多数人是右利手，这似乎对应了这一事实，即对绝大多数人来说，大脑的左半球是具有语言思维优势的半球，而左脑恰恰又控制着身体的右半部。然而我们也知道，有些人是左撇子，这是否因为这些人的右脑具有语言思维优势？也不尽然！这些人中有的具有右脑优势，有的却没有。因此，利手和半球优势之间没有必然的联系。很多基本功能确实可以在大脑中找到相应的支配区域，然而有理由认为像语言这样高度复杂的技能，被人类如此灵活地在各个领域使用着，不可能被约束在一个甚至几个离散的区域内。在语言活动时，左右两半球进行一定的相互作用，使言语活动达到完美境界①。

大脑皮层可以整合身体内外感觉等信息，以产生意识。这种整合最终集中在皮层的联合区，它包括三大不同功能区，其一是前额联合皮层功能区，其主要功能为认知、运动、注意、语言和个性；其二是边缘联合皮层功能区，其主要功能为情感与记忆等；其三是顶－颞－枕联合皮层功能区，其主要功能为各种感觉与语言等。另外，大脑的两个半脑有相对的功能差异，如左半球在理智、言辞和抽象思维方面占优势；而右半球在知觉、情感、非言辞、艺术思维等方面占优势。然而，两个半脑并不是像开关似的干活，一边开了，另一边就关了。对我们所做的每一件事情它们几乎都是分工协作的。具体做某件事时可能左脑或右脑会比另一半更活跃，但仍不能肯定哪些功能被限定在特定区域里。以前，神经科学家认为，两个半脑对我们如何行为，如何理解世界分别起着不同的作用。现在，我们了解到，大脑的功能区的划分并不是绝对的，不少功能是在不同脑区共同实现的。因此，在神经科学的发展中，一直存在着“脑功能分区定位说”与“大脑整体说”的分歧，直到认知神经科学的创始人之一、哈佛大学心理学教授斯蒂芬·M. 考斯林对这场争论作了一个完整总结，人们对这个问题的认识才逐步统一起来。考斯林认为“早期定位主义的错误在于试图将行为和知觉定位在大脑皮层的单一部位。任何特定的行为和知觉都是由多个脑区支持的，定位在大脑的多个部分。……任何复杂功能都不是由单一脑区实现的。所以在这个意义上，整体论者是正确的。……但是实现这些功能的简单过程，却是定位在特定脑区。从这个意义上说，定位主义者是正确的。”②认知神经科学对大脑的认知功能和脑区关系的基本假设是：复杂的脑功能可以被分解为更为简单和普通的过程；这些简单过程的发生区域可以从解剖学上定位，并可相对独立地加以研究。而像语言思维这样的复杂脑功能，通常则由多个脑功能区联合完成，即使完成一个简单的语言

① 王德春等：《神经语言学》，上海外语教育出版社 1997 年版，第 35 页。

② 罗跃嘉主编：《认知神经科学教程》，北京大学出版社 2006 年版，第 9 页。

加工任务也需要大脑两个半球同时协作运作。

人们曾一度认为只有左半脑介入语言活动，大脑的右半部只是一个“寂静的脑区”。然而，这一“寂静的脑区”也以其关键的方式对语言生成和理解起着作用。现在人们越来越清晰地认识到右脑在人类语言活动中所起的作用：右脑似乎主要负责有诗歌特征的语言和仪式类言语，控制诸如背熟的诗歌或熟记的歌曲的吟诵或吟唱，语调、重音和幽默感也需要右脑的参与。事实上，通过脑功能成像，现代科技已经能让研究人员相信，右脑也有与布洛卡区和韦尼克区相对应的区域分别对语言的先后顺序和语义进行加工处理。最新的大脑研究表明，我们用整个大脑在说话①。语言生成和处理涉及大脑皮层中进行复杂交互作用的特殊区域，这些复杂的交互作用使得大脑能够理解抽象的概念并用这些概念进行交际活动。运动皮层通过脑干首先刺激这一过程以发出可让人听到的声音；运动皮层周围的区域，被称为运动皮层补充区，有排列和整理声音的功能；大脑额叶的布洛卡区负责语言元素输出的顺序。正如伊丽莎白·贝茨指出的那样：就算某些器官对特定语言生成加工起到更多的作用，语言知识还是分布在整个大脑②。

对于语言的大脑信息加工，除了人们已熟知的布洛卡区和韦尼克区分别代表运动性语言区和感觉性语言区外，近年来，还发现处理语言脑区的进一步分化：专门负责专有名词的区域在颞极，普通名词的代表区在内侧颞叶，而动词的专门表示区则在左前部（见图 2.6）。另一方面，由于人脑神经元间的联系是可塑的，这些皮层的信息的代表区又不是完全预先确定，而是因使用不断变化的。大量的动物脑细胞电极记录和人脑的图像研究表明，脑内信息的表达区不是固定不变的，而是处于动态过程中③。

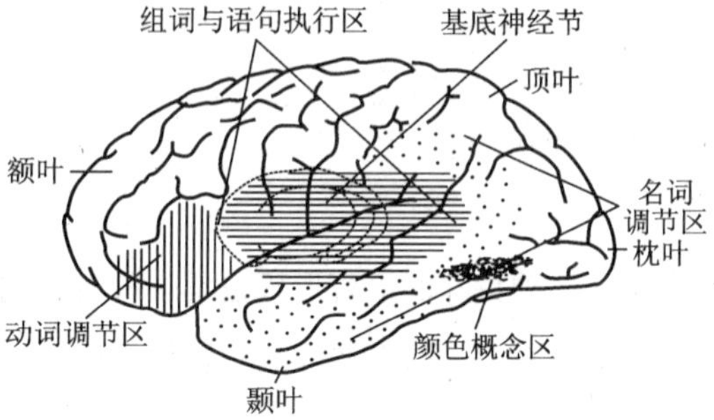

图 2.6　大脑左半球言语思维功能设想图④

① Calvin，W. H. & Ojemann，G. A.：*Inside the brain.* NAL；1980.

② Bates，E.：Language development. *Current Opinion in Neurobiology*，1992，2（2）：180~185.

③ 黄秉宪：《脑的高级功能与神经网络》，科学出版社 2000 年版，第 10 页。

④ 黄秉宪：《脑的高级功能与神经网络》，科学出版社 2000 年版，第 11 页。

近年来，人们用脑电图记录（EEG）技术、事件相关脑电位（ERP）技术、功能磁共振成像（fMRI）技术和正电子发射断层扫描（PET）等技术来探讨大脑中的语言功能，这些技术一直在不断地发展更新。我们不但能够越来越详细地看到大脑中不停留的血流变化——大脑中血流最快的区域活动最活跃，而且能够越来越准确地看到脑电波轨迹，越来越多地了解脑电波是怎样对正确或错误的陈述、不合文法的语句或假句等做出反应，越来越清楚地看到脑电活动是怎样根据被试所看到的和所听到的名词或动词产生相应的脑电变化，又怎样根据颜色词或数量词在不同的脑区作出反应。

此外，不同的语言因所需技能不同也可能对大脑的语言认知活动产生影响，如汉语较注重话题，英语更关注句法，法语讲究的是词尾的正确性……大脑的语言活动也许像一个大城市的活动，城市的有机构成使得生活在那儿的人们能够得到他们生活必需品。语言也许就是以这种方式，以某种序列分散在大脑的各个区域，在受到外部语言或其他内外刺激时，大脑由自身的神经元簇瞬间把相关的概念联接起来，对刺激做出语言或非语言的反应。美国哲学家和心理学之父詹姆士认为，“大脑中任何一个部位的电发放都必须伴随所有其他部位紧张度的变化。”①我们不能想象一个复杂的活动，如一辆汽车的生产，只是在一个地方就能完成的，一辆汽车的装配需要上千个从不同地方生产出来的零件。语言活动比汽车装配要复杂得多，我们不能说所有的语言只是集中在大脑的某一个特定的地方，更不能断定某一个具体的词就在某一个大脑区域。然而，我们可以断定，语言输入输出以及语言思维所涉及的部分脑区活动比其他脑区的语言活动要多得多，而所有的语言生成和加工处理活动需要整个大脑的参与。

第 4 节　隐喻在思维中的地位

上文已经论述，隐喻既是一种特殊的语言形式也是一种特异的思维模式，它具有不同于普通语言的语义结构和解读方式，即有特殊的心智加工模式。隐喻在语言中表现为以一事物比喻或指代他事物，在思维中以一个概念域映射其他概念域。基于隐喻在语言和思维中的特殊地位，我们说隐喻既是语言的又是思维的。隐喻语言产生于隐喻思维。隐喻思维使人们能够容易、便捷、轻松地去认识复杂、抽象、生疏的新事物。因此，隐

---

① 里德：《从灵魂到心理》，李丽译，三联书店 2001 年版，第 223~224 页。

喻思维具有普通语言思维不可替代的核心地位。

一、隐喻语言与隐喻思维

传统上，隐喻被视为语言表达中的一种重要的修辞现象，语言和思维被分列在两个范畴体系中研究。隐喻被视为具有明显修辞特性的语言现象的原因有二：（1）隐喻被视为一种语言现象，是语言表达中的一种修饰，一种词语转义；（2）隐喻表达了一种语义异常。然而，仔细思量，后一观点中已经蕴涵了隐喻同时是一个思维过程，因为如果没有一个思维过程的创造性，就不可能出现词语转义或语义异常。来自认知语言学的广泛的证据表明，隐喻是人类的一种基本的思维方式，无论是形象思维还是抽象思维，大部分是隐喻的。这样，隐喻现象就将语言和思维这两个范畴紧密关联起来。认知语言学的这一发现完全超越了隐喻传统上仅被视为语言表达中的一种重要的修辞现象的观点。当代认知语言学的研究充分表明，隐喻是人类的一种基本的思维认知方式，是表面借助语言的形式表示深层次命题的一种思维活动。因此，隐喻既是修辞的也是认知的，它集中地体现了人类特有言语思维这种认知方式。

莱考夫和约翰逊认为，隐喻首先是思维问题，隐喻语言只是派生的①。这就是说，隐喻性语言只是隐喻性思维的外在表现之一。隐喻归根到底是一种思维方式，其本质是以另一件事和经验来理解和经历这件事或经验。隐喻之所以重要是因为它与人类思维运作方式极为相似，人类思维离不开隐喻。人类的思考最基本的操作是隐喻性的，语言的表意方法、概念的形成都与隐喻的运作机制相似。此外，人类的思维过程也是隐喻式的，隐喻思维使得人类把存在的东西看作喻依去意指那些难以表达的或不存在的或无形的喻旨。关于隐喻是一种思维现象，国内外学者已经做过大量的论述。互动理论认为，隐喻的主要作用不在于对新事物的命名。该理论的最主要功绩就在于确定了隐喻的主要作用不是对语言形式的修饰，而是帮助思维②。理查兹在他的关于“隐喻”的名篇中提到思维与隐喻的联系时指出：“思维是隐喻性的，并且其过程是比较性的，而语言中的隐喻就源于此。如果我们想改善隐喻理论的话，这一点是不可或缺的。为此，我们必须更加注意我们拥有的思维能力，虽然我们以前也曾经想到过这一点。我们必须更多地从我们这个现有的能力（思维）出发来进行科学的讨论；我们必须更加深入地反思我们已经绞尽脑汁思考过的问题；我们还必须把我们一直保持沉默的知识（unser stillschweigendes

① Lakoff，G.，& Johnson，M.：*Metaphors we live by*. Chicago：The University of Chicago Press，1980：7.

② 冯晓虎：《隐喻——思维的基础 篇章的框架》，对外经济贸易大学出版社 2004 年版，第 30 页。

Wissen）升华为显性的区别（explizite Unterscheidungen）。”①

语言隐喻实际上是概念隐喻在语言中的体现。这就是说，我们首先是在概念上将一个范畴隐喻化为另一个范畴，然后才有语言中将一个词语隐喻化为另一词语的现象。比如，“高”本来是表达与“低”相对的、突现于一个平面的空间概念，它具有鲜明的上下对比特征。当人们把这一空间范畴中的特征隐喻化为速度领域中的对比特征时便有了“高速度”的概念，而隐喻化为科技范畴中的对比特征时便有了“高科技”的概念。没有概念上对“高”的语义转化或隐喻化，便没有“高速公路”、“高峰会议”、“高能物理”、“高速度”、“高科技”、“高投入”、“高收益”、“高水平”、“高血压”、“高档次”、“高分子”、“高端”、“高考”、“高手”等新概念以及它们在语言中的表达。今天，我们习以为常的语言表达形式，如“针眼”、“扶手椅”、“山脚”等表达实际上都经历了一个先出现概念隐喻化，然后在表达形式上通过语言隐喻而扩展词义的过程。随着时间的推移和频繁的使用，这些词语已被接纳成常用词汇或本义之一。因此，一代人的隐喻是另一代人的常规表达。②

二、隐喻在思维中的核心地位

隐喻的普遍性决定了隐喻在思维中拥有普通语言思维不可替代的核心地位。人脑的思维包括对客观世界感知、分类和概念化等一系列神经元活动，那么语言又是怎样反映这样的思维活动呢？自 1980 年以来，越来越多的语言学家试图阐明语言的这一功能，结果发现，精确的、客观的、紧扣字面意义的描述不能给予思维活动以正确的定义。根据乔治·莱考夫和马克·约翰逊的观点，最基本的对于地点、运动、力量、路径、物体和容器的切身体验是理解类似生活、爱情、数学和所有其他抽象概念的信息源泉③。他们在考察了大量英语语料的基础之上发现，我们赖以生存的一些基本概念，如时间、地点、爱情、争论、生命等，都是以隐喻的方式系统建构的。换言之，隐喻已经被看成是人类的一种基本的思维方式，抽象概念基本是隐喻的。除此之外，人们为了更简便地认识新事物，也常常用熟悉的东西去描述不熟悉的东西，因而，许多具体的、形象的概念也是隐喻的。隐喻是普遍的。隐喻既是语言现象也是思维现象——隐喻是一种普遍的言语思维现象。在人类日常的言语思维活动中，隐喻无处不在。一些重要的研究隐喻的认知科学家如莱考夫和约翰逊等甚至将“抽象概念大都是隐喻的”这个思想视为认知科学的三

---

① Richards，I. A.：*The philosophy of rhetoric*. Oxford：Oxford University Press，1936：35.

② 胡壮麟：《语言·认知·隐喻》，《现代外语》1997 年第 4 期。

③ Lakoff，G. & Johnson，M.：*Metaphors we live by*. Chicago：The University of Chicago Press，1980：115.

个重要发现之一[①]。他们认为，隐喻是人类生存的基本的言语思维方式[②]。事实上，我们在选取 ERP 实验语料时也发现，人们在表述形象概念时也很喜欢用隐喻，很多普通的概念也是隐喻的（见附录 1 和 2）。

隐喻的认知含量超越普通语言。在隐喻与思维有关并且能够联系两个不同事物这两个方面，布莱克的观点与理查兹完全一致，虽然他不再提“事物”，而代之以“表象”：“当他（指理查兹）说读者被迫将两个表象‘联系’起来时，他的话是有根据的。隐喻的谜底和秘密正是在这个‘联系’里面。就连我们说两个‘共同起作用’（zusammenwirkende）的表象‘互动’（Interaktion）时（或者谈到它们的‘相互映照’或是‘合作’时），其本身就是使用一个隐喻来强调一个标准读者对一个鲜活隐喻做出反应时的那种动态的角度。”[③]两个表象的联系赋予隐喻“认知含量”（kognitiven Gehalt），而正是这个“认知含量”把隐喻从语言形式的层面提高到思维的层面，隐喻也就此成为一个“认知的工具”[④]，成为我们人类在思维中感觉和掌握生命的一个支点。正因为如此，马克斯·布莱克认为，隐喻无法像替代理论学派认为的那样可以原汁原味地“译回”到那个“自有的表述”，因为隐喻创造了新的、那个所谓“自有的表述”所无法表述的东西。[⑤]布莱克进一步指出：“设想一下，我们准备用‘普通的语言’来表示一个互动隐喻中的认知含量。我们也许可以成功地将这两个对象之间的一系列重要的关联确定下来……但是由此得到的那一系列的字面陈述（wörtliche Aussagen）却并不具备原来隐喻所拥有的那种传递信息和启发心灵的力量。……我认为一系列观点中最重要的一个是，在这种情况下出现的损失是认知含量的损失；字面陈述最重要的缺陷倒不在于它们或者复杂得令人精疲力竭，或者直白得寡淡无味（从文体学上来看也很成问题）；所以翻译隐喻注定要失败，因为翻译无法提供与隐喻一样的认识力。”[⑥]

从探讨隐喻可发现思想的本源和思维的真谛。隐喻不仅可以指语言中的隐喻表达手段，而且可以指产生隐喻语言的认知基础，即人们根据已知事物认识另一事物的这种认知方式。隐喻从传统修辞学的研究对象逐渐成为众多认知科学，如哲学、语言学、心理

① Lakoff, G. & Johnson, M.: *Philosophy in the flesh.* New York: Basic Books, 1999: 3.

② 胡壮麟:《语言·认知·隐喻》,《现代外语》1997 年第 4 期。

③ Black, M.: Die metapher. In Anselm Haverkamp (ed.), *Theorie der metapher.* Darmstadt: Wissenschaftliche Buchgesellschaft, 1983: 70.

④ Black, M.: More about metaphor. *Dialectica*, 1977, 31: 408.

⑤ 冯晓虎:《隐喻——思维的基础 篇章的框架》，对外经济贸易大学出版社 2004 年版，第 33~34 页。

⑥ Black, M.: Die metapher. In Anselm Haverkamp (ed.), *Theorie der metapher.* Darmstadt: Wissenschaftliche Buchgesellschaft, 1983: 78.

学、神经科学、计算机科学等学科的研究对象，这些学科从不同的角度对隐喻的研究说明人们越来越深切地意识到隐喻在人类认知和社会活动中不可低估的作用，因为在所有的语言现象中，隐喻是最让人费解的意义之谜。正如考恩所言，隐喻“渗透了语言活动的全部领域并且具有丰富的思想历程，它在现代思想中获得了空前的重要性，它从话语的修饰边缘地位过渡到了对人类的理解本身理解的中心地位”。[①]人的认知能力影响到对隐喻的创造使用。反之，隐喻的创造使用对人的认知能力也会有积极作用。隐喻不仅仅是语言的装饰，还含有显著意义的认知表达。[②]隐喻的研究逐渐趋向于隐喻对人类思维的核心作用的研究。里德的生态说（现实说）表明：隐喻起源于对世界感知信息的共鸣[③]。对隐喻的探讨实际上就是对思想本身的起源的探讨，因为，从理论上而言，人类社会的语言使用者都能运用隐喻。然而，真正要了解这种作用，了解产生作用的机制，避开思维的生物学机制便无从谈起。

第5节　隐喻思维的基本特征

隐喻由两个概念域构成，对于它的理解涉及两个概念域之间的映射。正因为隐喻思维是两个域之间相呼映射过程，因此它与形式逻辑的思维过程是不同的。隐喻思维是联想的、跳跃的、发散的、以语义为中心的，并具有情境和文化的特异性。与启蒙运动将人类的思维视为冰冷理性（cool reason）的观念相反，思维的隐喻性表明人类的思维过程富有情感、意象、想象等修辞色彩。隐喻思维具有形象性、方向性、创造性、经济性和语境依赖性等五大特征。

一、隐喻思维的形象性

隐喻思维与形象思维密切相关，隐喻是沟通形象概念和抽象概念的一座“理智之桥”，人类的认知过程总是从具体到抽象，从简单到复杂，从已知到未知渐次发展的。保罗·利科描绘隐喻思维的形象性时指出，隐喻融概念与图像于一体……概念与图像的这种联系带给我们一种恍然大悟、一种见识或一种认识，将我们习以为常的感觉、概念或事件

① 利科：《活的隐喻》，汪堂家译，上海译文出版社2004年版，第6页。
② 胡壮麟：《认知隐喻学》，北京大学出版社2004年版，第11页。
③ 里德：《从灵魂到心理》，李丽译，三联书店2001年版。

置于一束全新的光线之下[①]。在日常生活中，人们往往参照有形的、具体的和熟知的概念来传达无形的、抽象的或是创新的思想，这一过程正是隐喻的认知过程。隐喻的实质在于，我们用一种熟知的、具体的对象和境况隐喻地去谈论另一种生疏的、抽象的东西的图像，为的是力图把握它和理解它。简言之，隐喻思维是形象的，隐喻思维过程是一个由形象见抽象、由具体推复杂、由已知到未知的过程。

认知语言学强调，我们直觉地、本能地运用隐喻来理解心智、感情和其他所有的抽象概念。这样的概念隐喻具身于人体，植根于人的大脑，由它生成各种隐喻表达式，使我们对于心智这样看不见摸不着的概念产生意义。例如，我们可以“看见希望”，“解放思想”，“抓住机遇”。我们可以用形象的、具体的、熟悉的物体去比喻或指代抽象的、生疏的或外延较大难以表述清楚的概念。我们可以说：

26）人生是舞台。/知识是灯塔。/爱情是玫瑰。/恋爱是咖啡。/时间是金钱。/效率是生命。

在这些句子中，A 项的抽象概念“人生”、“知识”、“爱情”、“恋爱”、“时间”和“效率”分别用“舞台”、“灯塔”、“玫瑰”、“咖啡”、“金钱”和“生命”这些具体的概念来比喻。既然是具体的就是有形的，因此我们可以借用后者去形象地认识前者。

我们还可以说：

27）山峦裹银装。/草原披绿装。/成绩亮红灯。/积蓄打水漂。/整治留尾巴。/空手套白狼。

如果说前一组隐喻例句中的 B 项给予我们的是静态的形象，那么后一组隐喻例句中的 B 项呈现给我们的是一幅幅动感的画面，因为这些“NP + VP”结构的隐喻句中的动词本身就含有隐喻意义。如果没有这样的隐喻表达，我们很难形象地、简洁地表述普通概念，更难将抽象概念表达清楚。如果我们否认隐喻的功效，我们也许会歪曲对抽象概念理解的本质。

二、隐喻思维的方向性

隐喻思维是有方向的。一般的隐喻思维是一种正向思维，即 B 项到 A 项的映射。如对于“张三是驴”的理解我们一般不作“驴是张三”的反推。这句话的理解是将隐喻中喻体“驴”的主要特征转移到本体“张三”身上，其推导过程可用以下逻辑式表示：

① 利科：《活的隐喻》，汪堂家译，上海译文出版社 2004 年版，第 261 页。

① 张三是驴。　　A（a）

② 张三是驴⇒张三像驴。　　（隐喻还原为明喻）

③ 张三像驴。　　$\exists x(F(x)\wedge(a\backsim x))$

④ 驴是很笨的。　　$(\forall x(F(x)\rightarrow G(x))$

⑤ 张三是很笨的。　　$(a\backsim x)$

⑥ 张三这个人是很笨的。　　Ba

用图 2.7 可表示为：

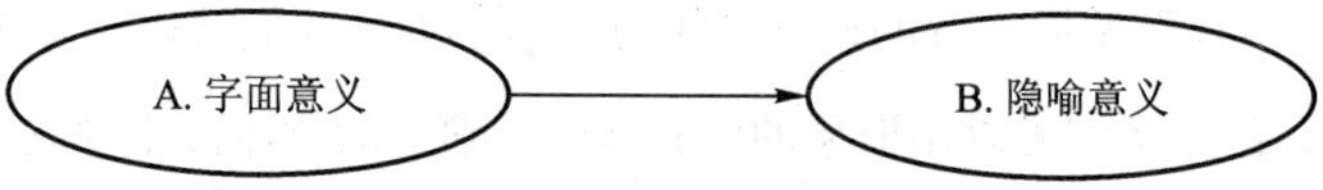

图 2.7　隐喻正向思维图

但是，隐喻的映射过程是向周围相关概念发射寻求匹配的过程，并不一定都是单向的，有时它可以向多个方向发射寻求匹配，因此隐喻思维属于发散性思维。语言发散性思维的特点是富于变通性和灵活性，即在一定条件下，听话人的思维能够机动灵活地转移到各个不同的方向搜索相关语义。思维是具逻辑性的，而丰富多彩的自然语言则是多义性的，隐喻尤为如此。由于隐喻有多元的语义指向，单靠正向思维是难以达到语义解读的目的的。大脑理解隐喻深层次的隐含意义的过程是语言的发散性的思维过程，这是一个大脑神经网络对某一隐喻刺激并行加工过程，受刺激的中心神经元向四周相关神经元散发联接，经过筛选，最后定向联接的过程。通常一个隐喻至少有一个隐含意义，有的甚至含有二个、三个甚至四个以上的隐含意义。如我们可从上例“张三是驴”的隐喻中推出“张三很笨”这一隐含意义。我们还可以从以下隐喻中，根据喻体的特征推出数个隐含意义：

28）张三是老虎。（张三很强壮；张三很勇猛；张三很凶……）

29）张三是老鼠。（张三很瘦小；张三长得贼头贼脑；张三会偷东西……）

30）张三是猴子。（张三很瘦；张三脑子很灵活；张三动作很敏捷……）

31）张三是猪。（张三很胖；张三很懒；张三很笨……）

以上隐喻的语义联接向各个有相关概念的方向散发（见图 2.8），在神经语义网络中寻求认知主体主观认为最适合语境的匹配，然后定向进行语义联接。

虽然话语之义并不等同于承载该话语的句子意义，但听者从某个句义出发，借助语

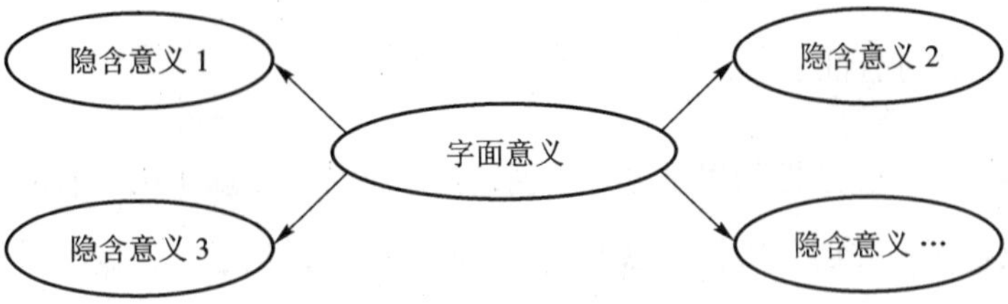

图 2.8　隐喻发散思维图

用原则和认知语境信息，经过语用推理可得到话语所表达的命题①。承载隐喻的句子，在表面层次上体现了本体和喻体的直接对应关系，但往往不是说话者要表现的真正的命题。说话者在隐喻表达中只是在本体和喻体之间建立了一种联系，言下之意要靠听话者通过联想进行正确的语义对接，才能了解说话者的用意，找出真正的命题。因此，隐喻的意义理解过程实际上就是听话者将隐喻中喻体的主要特征转移到本体上并由此重新认识本体的过程②。既然如此，隐喻也可作反向思维，可根据语用条件作反义的理解。福科尼耶和特纳举的“克林顿与泰坦尼克号”（见第 3 章第 54 例）的例子所用的比喻就是明显的例证，因为虚拟语气句的语义本身就是反向推出的。如图 2.9 所示：

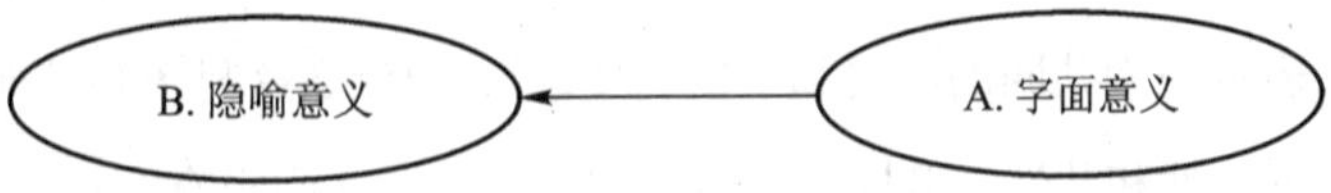

图 2.9　隐喻反向思维图

隐喻的特点是意义的转移，它从字面意义映射到某一个隐含意义。因为隐喻的意义总是体现说话人 / 施喻者的意义，因此听话人 / 受喻者在解读施喻者的意义时，必须通过想象、类比、推理等联想手段，在可供选择的隐含意义中根据语境挑选其中某一个特定的隐含意义，以求得听话者 / 受喻者（隐喻认知主体）自认为的话语与语境之间的最佳关联。由此看来，对隐喻的理解推理过程是一种多向的思维过程，在通达至理解意义之前，必须从数个可供选择的隐含意义中进行筛选，根据语境，最后确定理解意义。一个好的隐喻是人类经验的高度概括，不在于一人一事一论。概括程度高的隐喻，可依读者众多的经验分别作出不同的释读，可以在时间的长河中永远漂流，具有不朽的生命力。③因此，对于这样的隐喻的解读或推导过程必须经过数个语境条件的筛选，最后到符合语境且解喻人认为合适的理解意义。

① 蒋严、潘海华：《形式语义学引论》，中国社会科学出版社 1998 年版，第 3 页。
② 束定芳：《论隐喻的理解过程及其特点》，《外语教学与研究》2000 年第 4 期。
③ 胡壮麟：《隐喻与文体》，《外语研究》2000 年第 2 期。

三、隐喻思维的创造性

隐喻思维是一种创造性的思维方式。创造性思维是指重新组织已有的知识经验，提出新的方案或程序，并创造出新的思维成果。前文已经讨论过，人们习惯于利用隐喻手段以此事物来描述他事物，用具体事物描述抽象事物，用熟悉的事物描述陌生的事物，这一过程本身就是一种创造思维过程。隐喻的生成和理解都起码涉及两个认知域的活动。认知不同于感觉范畴，它包括高层次的心理活动，如用推理、选择、判断、想象等手段重新组织和整合概念等过程。随着认知能力的不断发展，人的认知不再局限于对事物物理和功能特性的认识，而是具有了联想性和创造性，这种联想性和创造性便是从不同的事物中发现其共有的特性，更加全面深刻地认识该事物。以下例子可以说明这种创造性。

1949年，美国境内印第安人奥吉布瓦族的7个部落联名给美国总统写信，要求归还他们在苏必利尔湖上的捕鱼权。由于他们没有书面语或由于语言不通，他们就用一幅画来表达他们的意愿，信中他们画了7种鸟兽图，分别代表7个部落，为首的部落居于盟主的地位，盟主的心和眼和其他6个部落的心和眼分别用线相连，另一根线把盟主的眼与湖泊连起来，表示他们共同的心愿和一致的要求。[①]为什么这封图画信能被理解，说明人类认知模式的创造性和共性。共同的心愿和“心连心”之间没有客观上的任何相似性，而是认知主体通过联想将二者联系了起来。这种联想是创造性的、隐喻式的。完全基于物理特性的相似是不能产生隐喻的。亚里士多德曾经说过，隐喻的创造性依赖于从不同的事物中发现共性。[②]

隐喻语言的创造性源于语言的生成性。人们能够理解从没听到过的话，能够说出别人或自己从前从未说过的话。我们可以说无限不同的句子，但所使用的语言词汇系统和规则系统却是有限的。语言的创造性或生成性来自于思维的创造性或生成性，没有创造性思维，词汇系统或词汇规则不可能自动地组织起来产生新的概念或词汇。透过隐喻，我们可以瞥见语言与思维的内在关联。隐喻的重要性不仅在于可以扩展语言的词汇系统，其更本质方面是在认知方面有助于我们组织思维，构建、扩展和改善我们的概念系统。我们对世界的认识是由概念构成的，而概念隐喻可以说是创造新概念的重要途径。隐喻不仅仅是一种意义转换，更是一种意义创造，它通过将普通语词再概念化而形成新的概念，从而达到为各学科理论和日常用语引进新的概念或术语、传达新的认知内容等目的。

---

① 王钢：《普通语言学》，湖南教育出版社1988年版。

② 赵艳芳：《认知的发展与隐喻》，《外语与外语教学》1998年第10期。

隐喻的创造性表现于隐喻认知的联想手段。创造性思维是人类思维高度发展的表现，它离不开联想。一个概念或事物与另一个概念或事物本来毫不相干，但通过联想，可创造出丰富的隐喻关联。隐喻是维持和培养人的想象力的有力工具，因为它让人在联想中学会联想，它扩展着语词的空间，拓展着意义的场域。束定芳认为，思想是想象性的①。想象本身就是一种创造，想象是认知主体的自我创造力在认知活动中的运用，隐喻认知依赖的就是这样的创造力，这是隐喻认知和创造性的契合。乔治·莱考夫和马克·约翰逊认为，隐喻具有创造相似性（creating similarity）的功能②。科学发现常常借助和依赖这种功能：通过形象化的概念描述抽象概念，以已知喻未知，以熟悉涵陌生。

四、隐喻思维的经济性

隐喻思维是人们经济使用语言的经典范例，人们在创造隐喻和使用隐喻时都体现了隐喻思维的经济性。人们在日常生活中频繁地使用隐喻，因为人类行为的内在逻辑总是遵循“省力原则”，这一原则在具体的语言实践中就表现为表达的经济性。关联理论的基本思想是：人类的交际行为遵循经济原则，即交际中人们总希望以最少的努力，去获取最佳的交际效果③。隐喻不仅是形成新词汇和新概念的一种经济的方式，而且是交流表达时的一种经济方式。隐喻思维的经济性主要涵盖两个方面：隐喻式命名和隐喻式陈述。隐喻式命名虽然并不比其他命名方式更省力，但由于其形象、生动、易记的特点而减少了使用者的投入，从而实现了命名活动的经济性；隐喻式陈述借助预设、衍推等表达形式，可以使特定话语的信息量激增。隐喻式命名和隐喻式陈述均体现了思维和表达的经济性原则。④隐喻思维广泛存在于命名和陈述这两种既有联系又有区别的语言思维活动中。

（一）命名的经济性

在科学理论的陈述中，为了传达新的知识内容或提出新的概念范畴，需要一定的语言构架作为基础性载体。但是，如果每传达一个新的理论或表述一个新的概念都要创造出一个传统词汇表中原本没有的新词汇，这将导致人类语言系统无限度地膨胀和复杂化，以致达到无法认知、记忆和使用的程度。因此，在命名活动中，人们尽可能地遵循经济原则。如果人们为一个事物取的名称越简单易记，则投入的努力总量就越小，思维活动

① 束定芳：《隐喻学研究》，上海外语教育出版社 2000 年版，第 97 页。

② Lakoff，G. & Johnson，M.：*Metaphors we live by*. Chicago：The University of Chicago Press，1980：147.

③ 何自然、冉永平：《关联理论——认知语用学基础》，《现代外语》1998 年第 3 期。

④ 黄华新、徐慈华：《隐喻表达与经济性原则》，《浙江大学学报（人文社会科学版）》2006 年第 3 期。

就越经济省力，与此同时，命名者又要照顾到使用者的省力要求以实现语言的交际目的。由此看来，使用传统语言系统中业已存在的词汇元素，扩大其外延范围来隐喻地表述这些新的概念就不失为一种经济而有效的选择。

根据语言学中的“经济原则”，即用最少的编码传达最大的信息量，在不产生歧义的前提下尽量用简单明了的词语来表述一个概念，或者用另外的一个相近的物体来代替，这样新隐喻自然而然就产生了。隐喻就是以通过一类事物来理解和体验另一类事物的方式和认知过程。例如，在 LOVE IS A JOURNEY（爱情是旅程）的概念隐喻框架下，人们用容易掌握并已熟悉的旅行知识来认识爱情这一较为抽象的概念。人们将“爱情”视为“旅程”，因此就出现了以下的隐喻表达。

32）在爱情的十字路口。

33）我们的爱情触礁了。

34）爱情没有回头路可走。

35）他们出轨了。

36）这对情人分道扬镳了。

37）刚结婚，我们前面的路还很长。

38）情长路更长。

39）五十年来，这对夫妇走的是一条漫长、颠簸的道路。

在概念体系深处，隐喻把认知主体相关的旅行知识联系起来，更清晰地、深刻地、明了地认识了爱情。又如，对于新兴的信息科技产业的命名中，有诸如以下与电脑应用相关的命名：

40）电脑、视窗、桌面、页面、菜单、文件夹、回收站、网络、网址、主页、网虫、软件、病毒、防火墙、剪切、粘贴、拷贝

这些都是以隐喻的方式简单明了地借用已有的、熟悉的并能形象地表达其功能的名称赋予新的概念简洁而生动名称。因为这些名称原来所表征的概念跟新的概念在内涵上有相似性，人们只是在原有的词汇内涵上延伸和扩大新的外延，所以人们不必再去学习新的词汇。这些用隐喻方法扩展的名词，不仅容易学，便于记，而且用起来也非常得心应手。认知心理学的大量研究成果有力地支持了这种假设。在记忆研究方面，心理学家们提出的组织加工理论和双重编码理论可以很好地解释隐喻式命名为什么更易于记忆①。

---

① 黄华新、徐慈华：《隐喻表达与经济性原则》，《浙江大学学报（人文社会科学版）》2006 年第 3 期。

（二）陈述的经济性

隐喻是一种用具体的或熟悉的概念去组织抽象的或陌生的概念的认知机制。在基本隐喻结构“A是B”中，词项B所指称的或所拥有的特性往往是具体的或我们熟悉的事物，而词项A指称的或我们想知道的特性则常常是抽象的或我们陌生的事物。因此，词项B的义素集合要比词项A大得多，其复杂性也远远高于A。即使词项A抑制了一部分来自词项B的义素投射，词项B的义素集合中仍然有大量的义素可以系统地投射到词项A中。格拉克斯伯格和麦格龙的范畴包容理论（class-inclusion theory）（参见第一章第一节）认为，隐喻“A是B”是一种范畴归属性断言，喻体具有双重指称，除字面指称外，还指称上一层级的归属性范畴①。例如：

41）老张是头头。/巩俐是大腕。/同窗是手足。/学徒是新手。/师傅是熟手。

42）教师是蜡烛。/顾客是上帝。/智慧是钥匙。/改革是春风。/家乡是热土。

例41）各隐喻句的喻体归纳了人体某部分属性的典型特征，并将该特征投射到本体上；例42）各隐喻句的喻体在A项和B项共同构成的临时范畴中代表了该层创结构的典型特征。因此，这样的经济性陈述使受喻者很容易通过喻体理解本体。在理解隐喻过程中，隐喻认知主体可借助喻体确定归属性范畴，然后将该范畴的一些属性或一组属性投射到本体上。这与逐项罗列范畴的属性相比无疑要省力许多。②

以“超女”为例，表2.5中，A项的借代的喻体比B项的直白陈述要简洁、易记。“玉米”和“李宇春迷”在字面意义上已完全不同，但通过谐音联想，此处的“玉米”联接到李宇春身上就有了其特定的含义——“李宇春迷”。当时创造这一隐喻的人从表面上看只是想缩减词语，但如果缩减成字面不成意思的“宇迷”，尽管可以经过补充之后直接理解，但就不会像“玉米”那样富于新意，容易记忆，便于推广。

表2.5 “超女”隐喻表达和非隐喻表达对照

A	B
玉米	李宇春迷
凉粉	张靓颖的fans（迷）
盒饭	何洁的fans（迷）

以上例子证明了人们在日常生活中已习惯于以隐喻的方式简单清晰地表达那些需做烦琐解释的概念。不仅如此，通过隐喻方法传达的新的经验或知识内容也更易于隐喻受

① Glucksberg, S. & McGlone M.S.: When love is not a journey: what metaphors mean. *Journal of Pragmatics*, 1999, 31(12) 1541~1558.

② 黄华新、徐慈华：《隐喻表达与经济性原则》，《浙江大学学报（人文社会科学版）》2006年第3期。

众的认知、理解与把握。事实上，在科学实践中我们往往遵从一种“保守”原则和“简化”原则，即尽量用熟悉的理论来说明新现象和用最少的规律来说明更多的现象，整个科学系统据此都可以看作是一种简洁的语言形式和方便的概念体系或概念结构。

五、隐喻思维的语境依赖性

理解隐喻极大地依赖于语境，不同的语境会使同样的隐喻产生不同的理解。隐喻意义的产生是在隐喻的两个概念域映射过程当中。在这期间，究竟在始源域中选择或突显哪些蕴涵意义投射到目标域上极大地依赖于语境。很多语言学家认为，隐喻本质上是一种语用现象，它的识别需要语境提供的线索。如果引入语境、合作原则等因素，那么一个隐喻陈述的衍推就会更加丰富，其推理的过程也将更加复杂。语境可分主观语境和客观语境。主观语境指认知主体（受喻者）对隐喻的熟悉程度、年龄和文化层次等影响隐喻认知的主观因素，而客观语境指影响隐喻理解的隐喻上下文、情景和文化背景等客观因素。以往的语用学尽管也考虑到了语言理解中交际者在语言理解中的作用，然而，这一领域的学者，如索振羽①，何自然、陈新仁②等，习惯于将交际者仅仅作为一个与语境中上下语篇、历史、文化，社会等并列的成分来考察，忽略了交际者作为认知主体主观能动性的重要作用。但实际上，隐喻认知首先依赖的便是认知主体对于特定隐喻的熟悉度。

语言形式是交际情景的一个组成部分，它只有在交际情景中才能显示它的功能。不存在什么纯客观的语言自身的本义，而只有在特定的情境中间，针对特定说话者和听话者及特定意图的意义。我们想明白一个词的意义，就必须明白它的应用。所以，隐喻的意义呈现的不一定是句法－语义单位“句子”的特性，也许是一个表述的特性。有了表述才可能有交际情境，而只有交际情境才能决定一个表述是否是隐喻性的。假如，一个认知主体对某一隐喻不熟悉，从未听到过该隐喻表达，那么，哪怕该认知主体智商再高，施喻者隐喻用得再恰当，再符合语境，受喻者也只能感到茫然。仍以“超女”为例，2005 年夏天以来，“超女”竞赛受到了全国亿万观众，特别是年青人的关注，因此，他们对于“玉米”、“凉粉”、“盒饭”这样的借代式的隐喻表达是习以为常的，在谈论“超女”时，一般不会先想到“玉米”、“凉粉”、“盒饭”的字面意义，再去理解其隐喻意义。然而，对于不喜欢这档节目的观众（以老年观众居多），如果某一认知主体从未听到过以上隐喻表达，当他 / 她第一次听人们在谈论“玉米”、“凉粉”、“盒饭”时肯定会表现得无动于衷，

① 索振羽：《语用学教程》，北京大学出版社 2000 年版，第 23 页。

② 何自然、陈新仁：《当代语用学》，外语教学与研究出版社 2004 年版，第 109 页。

因为他 / 她根本不知道这些隐喻的指代意义。

隐喻思维的语境依赖性还可以从认知语境的建构整合过程来论述。每一次言语交际都涉及认知语境的建构整合过程。朱钦利亚指出，“就某种意义而言，人们广泛地认同许多认知过程是由语境决定的，认知过程取决于一个由环境或（语境）组成的变量集合。推理通常是基于全部知识库的子集而完成的，我们决不会考虑我们知道的所有知识，而仅仅是一个非常小的子集，这是我们基本的直觉知识。”①对于认知语境的建构，黄华新和胡霞用图 2.10 展示了其整合过程：

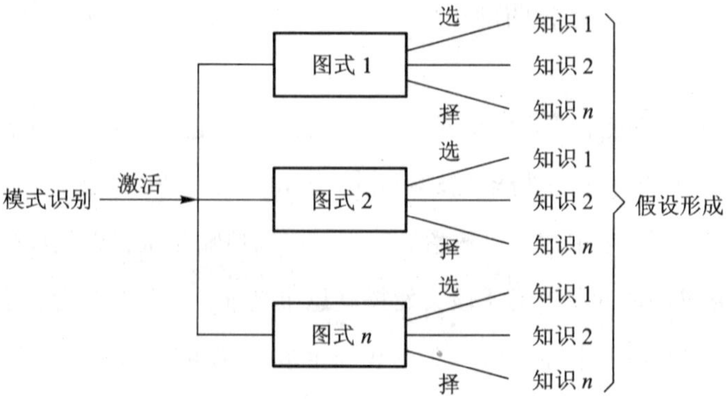

图 2.10 认知语境的建构整合过程②

模式识别激活了 n 个图式之后，有可能不会马上进行知识选择，而是由这 n 个图式又激活 n' 个图式再进行知识选择。因此，从认知语境的建构整合过程来看，日常交际中的每一次简单对话似乎都需要涉及许多认知运作程序，而事实上，因为图式与命题之间的习惯性共现，交际双方对这些复杂的过程却没有直接的知觉，认知语境实际上是一种“缺省语境”，这种缺省是人们通常情况下的默认与规约。正如菲什 1980 年描述的那样，“当有人叫我们思考一个句子，其语境未受到具体说明时，我们将会自动地在我们经常遇到的这种语境中听这个句子。”③这是一种自觉的无意识的行为。“莱考夫认为，在对话的瞬间，我们不可能这么快地通过意识知觉来接受并处理这样复杂的程序。因此，这样的处理程序是隐藏在认知意识之下的，我们的思维依赖于这种无意识的模型。”④一般的言语思维如此，隐喻思维更为如此。隐喻理解对于语境极其敏感。例如，有的喻体

① Bouquet，P. et al.：Theories and uses of context in knowledge representation and reasoning. *Journal of Pragmatics*，2003，35：455~484.

② 黄华新、胡霞：《认知语境的建构性探讨》，《现代外语》2004 年第 3 期。

③ Akman，V.：Rethinking context as a social construct. *Journal of Pragmatics*，2000，32：746.

④ 蔡曙山：《经验在认知中的作用》，《科学中国人》2003 年第 12 期。

具有多层含义，这就需要依靠语境来确定隐喻的意义，如“那家伙是一只虎”，究竟是说“他很凶残”，还是“他很强悍”，“他劲头十足”，还是“他是一员虎将”，“一个劲敌”，不同的人会有不同的解释，这完全取决于语境，[①]取决于言者和听者对“那家伙”的了解，取决于他们对“那家伙”的默认与规约。隐喻思维对于主客观语境的依赖性本文在第三章第六节还有详细论述。

第 6 节　隐喻思维的基本功能

隐喻除了其修辞功能、语言学功能、诗学功能之外，它最显著和最突出的功能是认知功能，即体现人们思维水平的功能。隐喻不是词、句的单纯替代或比较，而是思维相互作用的产物。它能以已知喻未知，以熟悉喻生疏，以简单喻复杂，以具体喻抽象，以通俗喻科学，从而形成一种抽象思维手段，发挥其思维功能。[②]由于隐喻的这些特征，隐喻不仅可以体现人们的创造能力，帮助人们认识新生事物，还可以用来标志人们的智慧水平。

一、体现人们的创造能力

隐喻的使用，隐喻的理解，本质上就是一种创造性的活动，是人们创造能力的体现。R. S. 琼斯在阐述隐喻在科学研究中的重要作用时说：“……比喻是产生创造性的很好手段，没有了拟人、对比和比喻，我们几乎不能思考，实际上比喻在科学中的应用比我们所想象的要普遍得多。……不使用比喻，将无法进行科学创造，所有的创造性工作都使用了比喻。”[③]隐喻不仅是文学、艺术创造中重要的思想表达方式，也是科学发现的“助产士”。不仅社会科学理论模式的建立依赖比喻、借代等方式，自然科学的理论模式基本上也是一种比喻或隐喻方式。

科学史的很多实例揭示出科学发现与隐喻思维有关，很多科学概念和理论模型本身就是借助隐喻表达的。德国化学家弗里德里希·凯库勒梦到一条蛇咬住自己的尾巴，从而凭直觉理解了苯分子的环状结构。其他类似的例子比比皆是：达·芬奇在铃声与石头入水时发出的声音之间建立联系，得出了“声音以波的形式传播”的结论；亚历山大·

① 王寅、李弘：《中西隐喻对比及隐喻工作机制分析》，《解放军外国语学院学报》2003 年第 2 期。
② 林肖瑜：《隐喻的抽象思维功能》，《现代外语》1994 年第 4 期。
③ 姚小平：《物理世界和语言世界》，《外语教学与研究》1999 年第 3 期。

格雷厄姆·贝尔把耳朵的内部结构比做一块极薄且能够振动的钢片，并由此发明了电话；塞廖尔·莫尔斯在设法制造出强大得足以跨越大洲大洋的电报信号的问题上一筹莫展时，从马车在驿站换马中获得灵感，由更换马匹的驿站想到了电报信号的中继站，于是找到了解决问题的办法：每隔一段距离就把电报信号放大……

使用隐喻是日常语言交流的普遍现象。对于扎根于语言世界的人来说，隐喻能力的发展与人的认知能力的发展相依相伴，人的生动想象与丰富情感不但可以通过隐喻来体现，而且可以借助隐喻而孕育。在《活的隐喻》中，保罗·利科就曾试图给我们阐述一个基本的观念：隐喻不仅提供信息，而且传达真理。隐喻不但动人情感，而且引人想象，甚至给人以出自本源的真实。①隐喻创造的普遍性在以下中央气象台每天播报的天气预报中可见一斑：

43）暴雨今天会偃旗息鼓。

44）雨雪明天将停下捣乱的步伐。

45）大雪使东北地区率先进入冬天。

46）沙尘暴在北京的天气舞台上来现身。

47）高温将夏天发挥得淋漓尽致。

48）南方一直持续着阳光的主题。

49）今天，20 度以上的天气并不是浓墨重彩，今后几天气温会节节攀升。

50）今天晚上，大范围的降雨过程会拉开序幕。

……

有时甚至整段天气预报都是用隐喻来描述。例如：

51）在东北地区，冷空气已经开始**走马上任**，雨雪在局部地区**频频亮剑**；华北地区还是以晴和多云的天气**唱主角**；然而在江南则是**另一副面孔**，长江以南地区都**加入了**阴雨天气**的行列**。

52）这两天的雨雪**将根据地转移到**了西北地区，明后天还将**袭击**东北地区，会把东三省**收入囊中**。

任何一种语言的词汇相对于纷繁复杂的客观世界和人类丰富的内心世界而言都是极其贫乏的。为了有效地进行交流，人们必须借用其他词汇来表达相同或相似的意思。隐喻修辞具有深潜的创造性，它能够以一种类似顿悟的跳跃方式发现并把握真理，并总是

① 利科：《活的隐喻》，汪堂家译，上海译文出版社 2004 年版，第 260~262。

超出自身而指向他物，这种创造模式使人类也超出自身而趋向更高的存在。中央气象台的这种播报气象的方式一扫天气预报程式化贫乏单调的播报方式，不仅体现了播音员的创造能力，也使听众有耳目一新的感觉。由于播音员对于隐喻准确、创造性的运用，使得听众更能形象化地认识气候，了解天气变化。

认知语言学的建构论认为，隐喻在语言中起着重要的作用，话语的隐喻意义和字面意义没有什么根本区别，意义是要建构的，而非直接感知的，语言的使用和理解本质上就是一种创造性活动。建构论原为皮亚杰心理学中的一个概念，大意是说认识主体与认识客体之间的相互作用，建构成认识。其中涉及有机体的自我调节，适应机制，以及客体被同化到主体的图式等复杂的过程①②。隐喻理论借助建构论中的主客体相互作用的观点，形成自己的相互作用说，用以解释隐喻的形成。由此，我们可以看到隐喻的构建和理解本身就是一个创造过程。

二、帮助人们认识新生事物

隐喻可以帮助我们组织抽象思维，创造新的概念，为我们提供看待事物的新视角。隐喻式思维有助于人类不断丰富和扩展其认知概念系统。人们对隐喻——不论是死隐喻还是新隐喻——的广泛使用，有力地见证了人类发现新经验和熟悉事物之间的相似性这种深刻的天赋，由此新事物被归结到已经建立的概念特征下而轻而易举地被人们掌握。不管怎样，人们确实倾向于使用熟悉的关系系统作为在智慧上借以同化起初陌生的经验领域的模型。通常，现有的语言没有适宜的词汇来表达新生事物，日常语词只传达我们已经知道的东西，通过隐喻我们才能最好地把握新鲜的东西，因而人们常常采用隐喻化手段用熟悉的事物来描述新生事物，认识新生事物。

所谓的新生事物在科技领域涌现最多、最快。在科学研究中，现有的词汇和语义还不足以确切表达科学家的思维以及他们的新发现或新发明，所以科学需要隐喻来充实它的语言。例如：科学家在初获科学发现时需要借助形象化的语言来描绘新形象、新概念，或用熟悉的、具体的形象比较、对照新的发现，由已知推测、比拟未知，使之尽量有效地为普通老百姓所接受。上文提到的德国化学家弗里德里希·凯库勒关于苯环结构（the ring structure of benzene）概念的形成，便是来自蛇的形象隐喻。这种结构之所以被称为苯环（benzene ring），因为他想象构成苯的原子扭动、翻转的动作，活像咬住尾巴的蛇，

① 皮亚杰：《发生认识论原理》，王宪钿等译，商务印书馆 1995 年版，第 96~106 页。

② 袁毓林：《认知科学背景上的语言研究》，《国外语言学》1996 年第 2 期。

便联想到苯分子的形状可能就是如此，而非仅是原子链的形状，由此可见，隐喻能将似非而是的论点（paradox）具体表达出来。前文提到的计算机科学中的“病毒”、“菜单”、“鼠标”等术语也都靠的是隐喻化手段。

因为隐喻思维是生动和新奇的，因此理解隐喻必须超越字面意义，用喻体的新视角去看待本体，这中间不仅涉及对字面意义的解读，更重要的是要发挥想象力，对喻体投射到本体的特征作出符合语境的联想，才能对隐喻意义做出正确的解读。越是新隐喻，越是要发挥想象力。爱因斯坦说，“想象力比知识更重要”，而隐喻理解靠的正是这种重要的联想和想象能力，它是创造性思维的一种基本形式。实际上，“猜”就是一种隐喻思维。语言中的隐喻现象首先是思维产生了隐喻概念，然后才有语言中将一个词语隐喻化为另一词语的现象。当人们要认识和描写以前未知的事物，而原有的概念已不能反映新的事物、原有的语言符号已不能表达新的概念时，人们往往依赖已经知道的概念及表达方式以加深对不熟悉事物的认识和了解。这个由简单到复杂、由具体到抽象、由熟悉到陌生、由一个事物到另一事物，发挥人的想象和联想，将两个貌似毫不相干的概念或事物作不寻常联系的过程就是隐喻的核心。

著名华裔科学家杨振宁在比较中西方教育传统时曾说，中式教学强调系统学习，“知之为知之，不知为不知”，而后才做学问；西式教学却鼓励学生小题大做，多作隐喻式联想和假设，而后才来推理验证。由此，隐喻思维在西方传统教育中的地位可略见一斑，也正是由于教育的传播使其在西方发挥了颇具魔幻的“点石成金”的效用。①他的话充分体现了用隐喻认识“不知”的功能，以隐喻的方式通过相似性类比要比通过死记硬背去认识新事物容易得多。人脑不仅可以借用具体的形象来理解新事物，而且可利用熟悉的概念帮助记忆。总之，隐喻已成为我们认识新事物，表达新事物不可缺少和替代的手段。

三、标志人们的智慧水平

隐喻可用来标志人们的智慧水平，因为我们在使用隐喻的时候并非只是揭示两个喻部之间现存的相似性，而是通过隐喻性思维将两个喻部联系起来。人类的认知能力就是根植于这种通过隐喻将两个事物联系起来的能力之中。理查兹指出，“我们要进一步探讨一下，在思维过程中，当我们简单生硬地把两个分属不同经验范畴的实物放到一起时，到底发生了什么。所发生的最重要的事——除了造成一般的困惑与紧张之外——就是

---

① http：//www.xaedu.sn.cn/cms/data/html/doc/2004-04/06/36710/index.html.

我们的思维立刻努力试图将它们联系起来。理解力是一个联系事物的器官，它的工作方式就是建立联系，而且它可以将两个任意的事物以无数不同的方式联系起来。至于它选用哪种方式，则视整体或目标的不同而异。虽然有时我们可能会看不到理解活动的目标所在，但它从不无目标地行动。在做每一个解释时我们都在完成着联系……”[①]在这样的联系中，人们表现出了自己的智慧水平。换言之，智慧水平越高就越能够寻找两个不同喻部之间的共性，看出它们之间的相似性，从而将两个喻部联系在一起，反之亦然。这种将两个喻部联系在一起的能力，即映射所需的联想能力，可以从隐喻理解、隐喻应用和隐喻创造三个方面来看。

隐喻，尤其是新隐喻，并非人人都可以理解。还没拥有隐喻创造能力（如儿童）或失去了隐喻理解能力的人（如失语症患者）是不能或者至少只能部分地理解隐喻的，让他们应用隐喻或创造隐喻就更困难了。隐喻的特性决定隐喻至少拥有两个层面的结构，两个或两个以上的意义，一个字面意义，一个或多个隐喻意义。没有隐喻创造能力或失去隐喻理解能力的人只能理解语言的字面意义，理解不了深层次的隐喻意义。他们缺乏的是联想的能力，不知道隐喻的作用是借他物喻此物。从布劳内尔 1990 年和他的同事所做的书面记录中，我们可以了解到右脑损伤的病人是无法理解多重语义的词汇的。布劳内尔说笑话给右脑损伤病人听，然后让他们在给定选项中挑选构成笑话的关键选项。例如，“一位女士正在冲澡。突然，门铃响了。她大声喊道，‘谁在那儿？’一位男士回应‘Blind man’（瞎子 / 送百叶窗的人）。嗯，她可是个心地善良的女人，因此她赤身裸体地冲出淋浴间去开房门。”讲到这里，他要求病人从以下五个选项中挑选合适的妙语：

53）A. 男士说，“你能否赏给一个瞎子一点零钱？”

B. 男士说，“我的导盲犬 10 岁了。”

C. 男士说，“我真的喜欢去听交响乐。”

D. 瞎子往女士脸上扔了一块馅饼。

E. 男士说，“女士，我应该把这些百叶窗搁在哪儿？”

右脑受损病人趋向于选择令人惊讶的但不用推理的结果，如选项 D。当然正确选项应该是 E，因为只有此选项才能达到幽默的效果，才可算得上是妙语。右脑损伤的病人不能从话语的表层意思“瞎子”向话语的深层意思“送百叶窗的人”进行语义链接，他

① Richards，I. A.：*The philosophy of rhetoric*. Oxford：Oxford University Press，1936：48.

们失去了将两个喻部联系在一起的能力，因此他们就不能理解隐喻的语义指向。①

隐喻不仅是简单的语言现象，而且是一种认知现象；隐喻性语言的语义特征为我们洞察人类思维方式提供了一条途径；隐喻的语义反常性反映在隐喻在语义逻辑上的矛盾性，它体现了思维的创新性；隐喻的语义多维性是指语义所指的不确定性，它体现了思维的发散性。因此，并非人人都有驾驭隐喻的能力。一般而言，一个人天赋越高，想象能力越丰富，他对隐喻的敏感度就越高。他不仅能够很容易地接受人家使用的隐喻，而且能够主动自觉地应用所学到的隐喻性较高的新隐喻。不同的隐喻性语言在隐喻性程度上是有差别的，隐喻使用越频繁，其隐喻性新鲜程度则越低，常规性程度就越高，它体现了人类思维的规约化的过程。人们可用隐喻来表达没有专门词汇对应的事物和思想。如果一个人使用隐喻化语言表达手段的能力越强，他就越能够形象化地将抽象的概念、不熟悉的事物或难于理解的东西表达出来，那么他的思维范围会更广阔，思维方式会更灵活，他的智慧水平也就越高。

亚里士多德就把“比喻”看作天才的一个标志。他认为，善于运用隐喻这一言语艺术的人是天才。他这里的“运用隐喻”其实意指的是“创造隐喻”。他有一句经常被引用的名言“… the greatest thing by far is to be a master of metaphor”（最伟大的成就莫过于做一个隐喻大师），将隐喻提高到了极致的地位。他认为，如果相异的东西从某种角度看上去确实是相似的，那么，它们从其他角度看上去可能也是相似的。那些能够在两种不同类事物之间发现相似之处并把它们联系起来的人是具有特殊才能的人，他必定具有丰富想象力和超常的联想力。因此，一个能够任意创造隐喻、敏捷理解隐喻、自如运用隐喻的人绝对是一个思维敏锐、具有洞察力、能够进行反向思维和创造性思维的人。

① Kosslyn，S.M. & Rosenberg，R. S.：*Psychology：the brain，the person，the world.* Beijing：Peking University Press，2003：307.

第 3 章　隐喻的理解机制

隐喻究竟是怎样理解的？它跟本义语言理解究竟区别何在？隐喻的基本语义结构决定了隐喻思维的特殊性。当代学者对隐喻理解各持不同见解，最具代表性的是以塞尔为首的“两步加工模型”与莱考夫和约翰逊为首的“一步加工模型”。笔者在比较他们的观点的基础上提出隐喻心理加工的“动态过渡模型”。无论是两步加工模型还是一步加工模型，隐喻理解都涉及两个不同概念域之间的映射。如果说神经元簇联接是隐喻认知的生物基础，那么联想便是隐喻认知的心理基础。由此推断，联想是隐喻认知过程中跨域映射的心理映射机制，是从本体到喻体的语义联接方式；当然无论何种加工方式都受到隐喻理解时主客观因素的制约。

第 1 节　隐喻的基本结构

隐喻思维的特殊性是由隐喻的基本语义结构决定的。隐喻的语言层面并非表达隐喻的真正含义，因此，隐喻句同时包含字面意义和隐喻意义。从隐喻思维的角度看，隐喻由两个概念域构成，隐喻思维便是两个概念域之间的意义映射，即在两个表面上看似完全不同的概念之间建立联系。

一、隐喻构成的两个概念域

语言思维活动过程是以“言语——一般信息”或“言语——修辞信息”为思维活动形式展开的。修辞或非修辞“言语信息”的主要功能是把来自“心理反射”的心理活动成果传递给“言语形式”，使它转换成“言语表层”，完成心理活动和言语信息转换的全过程，从而获得言语交流信息。隐喻认知强调本体与喻体之间的距离，隐喻之所以特殊，就在于它能在两种截然不同的事物之间建立联系，即将输入大脑的“言语信息”进行概念上的映射匹配，在心理上完成两种截然不同的事物间共性的整合。上一章已论述，所谓隐喻就是在两个概念域或两个事物类之间建立某种联系，以传达新的思想，突出某个意图或造成奇异效果等，其本质是通过一类事物或经验来理解另一类事物或体验另一类经验。由此可推出，隐喻认知是由始源域（source domain）到目标域（target domain）的映射构成。隐喻就是将始源域的图式结构以某种方式映射到目标域之上，让我们通过始源域的结构来构建和理解目标域。博诺指出：“隐喻是这样的一种表达，一个词的意义由另一个词的意义转移而来，两词之间经暗含的比较所联接。”[①]既然这两个意义之间是依靠隐含的比较联接在一起，隐含意义就不等于字面意义。

无论是什么样的比喻方法，无论其中一项是否在字面中出现，被比喻（A）和比喻（B）的两部分总是存在的，不同的语言学家用不同的术语来指代 A 项和 B 项，常见的说法有（表 3.1）：

表 3.1　隐喻中被比喻项和比喻项表达法

主体 A 项	喻体 B 项
主题 / 主体（topic）	载体 / 喻体（vehicle）
题旨（tenor）	依据（ground）
主要主词（principal subject）	次要主词（secondary subject）
框架（frame）	隐喻焦点（the focus of the metaphor）
（被陈述的）目标（target）	（主体的）始源（source）

表面上看，这只是理论家们玩弄名词的把戏，但实际上，这决不是术语之争，它显示着一种隐喻研究从表层进入深层研究的深刻变化。理查兹把 A 项称为“主题 / 主体”（topic）或“题旨”（tenor），把 B 项叫做“载体 / 喻体”（vehicle）或“依据”（ground）[②]，他所要强调的是隐喻中词项的“冲突”所表示的概念之间的

① Bonnaud，V.et al.：Metaphorical and non-metaphorical links：a behavioral and ERP study in young and elderly adults. *Clinical Neurophysiology*，2002，32：258~268.

② Richards，I. A.：*The philosophy of rhetoric*. Oxford：Oxford University Press，1936.

不相容。布莱克把A项称作“主要主词”(principal subject),把B项叫做“次要主词”(secondary subject),前者也被称为“框架”(frame),后者称为“隐喻焦点”(the focus of the metaphor)①。虽然布莱克的命名平淡无奇,然而重要的是,他对隐喻成因的分析在相当大的程度上发展了理查兹等人提出的相互作用说。莱考夫和约翰逊把A项称为“(被陈述的)目标”(target),B项叫做“(主体的)始源”(source)。他们在谈到什么是隐喻这一问题时说,人们借助一个概念域结构去理解另一个不同的概念域结构,这就是隐喻过程②。这就是说,隐喻不仅仅是语言现象,更重要的是一种跨概念的认知过程。目前占主导地位的隐喻认知理论一般都强调隐喻认知从始源域向目标域的映射过程。连《牛津国际语言学百科全书》“隐喻”条项中也采用了类似观点:“目标概念领域是作隐喻理解的领域,始源概念领域是用其去比喻地理解目标的领域。概念隐喻就是这两部分的映现。”

二、两个概念域之间的共性联接

隐喻思维是两个概念域之间的共性联接。从语言形式上来看,隐喻的结构并不复杂。隐喻可以是一个词、一个词组或一个句子。隐喻的基本句形是“A是B”,它的一般形式是名词词组+动词词组。隐喻的形式虽然简单,其内容却相当复杂,可以用各种各样的方法来分析。隐喻的基本式“A是B”中的A和B是两个分项,推而广之,一切隐喻都有两个项。③试以隐喻“张三是老虎”为例,被描写的对象“张三”是该隐喻句的A项,用来描写对象的词项“老虎”是它的B项,隐喻思维是寻找“张三”和“老虎”之间的共性。有时A项不直接出现,例如:谚语“雷声大,雨点小”,也可视为隐喻,这里只有比喻的始源,比喻的目标在这里并未出现,而是指人们理解到的意思“声势大,行动小”,这两者有“造势大,结果小”的共性。又如福科尼耶和特纳在解释“概念整合理论”时举的例子:

54) If Clinton were the Titanic, the iceberg would sink.(如果克林顿是泰坦尼克号,冰山会沉没。)

根据我们共有的背景知识:历史上“泰坦尼克号”实际触冰山而沉没;对于克林顿与白宫见习生莱温斯基的性绯闻,特别检察官肯尼思·斯塔的企图以失败告终,可知克林顿这艘“泰坦尼克号”非但没有沉没,反而把斯塔这座冰山碾平。在这“反其意而用之”

① Black, M.: Die metapher. In Anselm Haverkamp (ed.), *Theorie der metapher.* Darmstadt: Wissenschaftliche Buchgesellschaft, 1983, 55~79.

② Lakoff, G. & Johnson, M.: *Metaphors we live by.* Chicago: The University of Chicago Press, 1980: 56.

③ 林书武:《国外隐喻研究综述》,《外语教学与研究》1997年第1期。

的隐喻里，从表面上看，似乎"泰坦尼克号"是始源，克林顿是目标；但实际上整个句子都是比喻的始源，目标指的是虚拟语气的比喻结果，即克林顿比冰山还牛，冰山可以撞沉"泰坦尼克号"但是撞不沉克林顿，同样目标没有在该隐喻句中出现。

对隐喻两项所做的分析，较早涉及认知领域概念的是理查兹。他在《修辞学的哲学》一书中说："当人们使用隐喻时，就把表示两个不同事物（事物被一个词或短语支撑着）的思想放在一起，这两个思想活跃地相互作用，其结果就是隐喻的意义。这是简明扼要的概述。"[①] 又说，隐喻"基本上是思想之间的借用和交际，是语境之间的交易"[②]。主要是从理查兹开始，对隐喻两项的研究逐渐向认知领域发展。吉蒂分析隐喻的两项时，认为这两项是隐喻的两个内容域。她认为，隐喻的关键特点是意义的转移，这种转移可以看作是一个变化过程，即从一个内容域结构变成另一个内容域结构[③]。隐喻认知的理论无论是类比理论，范畴理论，还是概念隐喻理论，都涉及两个域之间的联系，都是从一个域到另一个域的投射、映射、整合或替代，这就是隐喻认知加工过程。

第 2 节　隐喻的加工模型

目前，学界已经在语言层面对隐喻基本达成共识，认为隐喻是两个域之间的映射关系，其理解过程是一个语义域到另一个语义域的投射。然而，在隐喻加工研究中，学界还存在着分歧，其主要分歧在于对隐喻的理解过程到底是分两步走还是直接一步到位。以语言哲学家塞尔为代表的学者坚持隐喻的"两步加工模型"假设，他们认为，隐喻加工要分两步走，只有在加工字面意义的基础上才可加工隐喻意义；而以认知语义学家莱考夫为代表的学者反对这一看法，他们认为，隐喻加工跟本义加工一样可以一步到位，他们坚持大多数隐喻的"一步加工模型"的观点。笔者认为，隐喻认知方式和脑的运作方式密切相关，因此不管是哪一种模型都应该经得起大脑神经网络信息加工的验证。

众所周知，语言认知（当然也包括隐喻认知）的物质基础是大脑。这种投射在脑神经层面到底怎样进行？由于缺乏大量可靠数据的支撑，学界仍然存在着较大分歧。根据哈伯兰特，大脑的信息加工有串行加工和并行加工方式。脑内信息的串行加工方式是指

---

① Richards，I. A.：*The philosophy of rhetoric*. Oxford：Oxford University Press，1936：93.

② Richards，I. A.：*The philosophy of rhetoric*. Oxford：Oxford University Press，1936：94.

③ 林书武：《〈隐喻：其认知力与语言结构〉评介》，《外语教学与研究》1994 年第 4 期。

信息在脑内一个接一个的线性加工。脑内信息的并行加工方式，是对信息并行地进行加工，即在同一时刻，脑内有多个项目通过多条并行的通路，同时传递和加工。[①]总体而言，大脑对于隐喻的加工过程较之本义语言要复杂，因为隐喻至少包含两个以上意义。隐喻在脑内究竟是串行加工或并行加工到现在为止还没有十分确凿的证据。根据神经网络理论和连通主义理论，加之脑电实验和经验，并行加工过程理论似乎更符合隐喻大脑加工过程。

“一步加工模型”和“两步加工模型”都有其正确的一面，但也有其片面的一面，因为从历时的角度看，隐喻认知是一个从两步加工到一步加工的过渡，即从两步加工开始，逐渐逼近一步加工的发展过程。在隐喻认知的不同阶段，隐喻的加工模型不同。在隐喻认知的初始阶段，即某一新隐喻刚出现时，或认知主体首次碰到该隐喻表达时，隐喻理解可以用“两步加工模型”解释；而在隐喻认知的成熟阶段，或认知主体已经非常熟悉某隐喻表达时，“一步加工模型”也许更接近于大脑加工模式。这两种加工模型实际上是在不同的隐喻认知条件下运行的，事实上隐喻认知是一个动态过渡过程。因此，笔者在介绍前两种隐喻加工模型的基础上提出隐喻加工的“动态过渡模型”。

一、两步加工模型

按纯匹配说的特征比较论，隐喻理解应该分两步加工：（1）先按字面意义理解隐喻；（2）字面意义讲不通时再按隐喻关系来解释。这一观点跟大多数哲学家的看法一致，他们认为，修辞语言是对常规语言的戏弄，是由字面意义引出的把戏。他们认为，理解隐喻跟理解其他修辞一样，是常规语言第二层次（深层次）的加工。语言哲学家塞尔指出，隐喻只是以迂回的方式来表达字面意义[②]。根据塞尔对隐喻的认知模型，所有的话语都先进入字面意义加工，只有当大脑在语言信息加工时无法在语言表达式上获取字面意义时，话语的理解才进入特殊的非字面意义加工阶段，进行语义的转义解码。从塞尔的观点推衍出来的隐喻加工方式表明，隐喻表达最终被解构成对字面意义的解释，隐喻意义理解首先要经过本义理解这一关，这意味着隐喻句的理解应慢于本义句的理解。2001 年，罗勒描绘了塞尔的隐喻理解模型，如图 3.1 所示：

① 唐孝威：《梦的本质》，吉林人民出版社 2005 年版，第 82 页。

② Searle，J.：Metaphor. In Ortony，Andrew （ed.），*Metaphor and thought*. Cambridge：Cambridge University Press，1993：83~111.

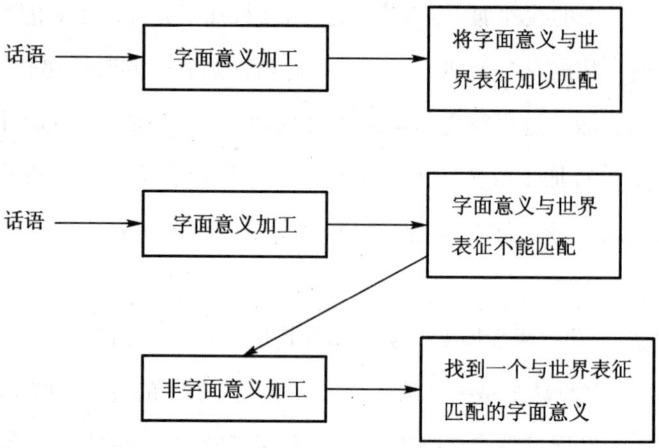

图 3.1　塞尔（1979）的隐喻理解流程模型图①

该模型是根据格赖斯②和塞尔③的言语行为理论发展起来的，常被称为隐喻理解的标准理论。其基本精神是听话人 / 受喻者在接触隐喻时，首先注意到的是说话人 / 施喻者有意违背格赖斯的质量准则、说的话有悖于字面意义，听话人 / 受喻者一经发现隐喻意义与常规意义不符时，便会推导其非本义解释，寻找相应的隐喻意义。这样操作的结果是：人们理解隐喻较本义费时，其间听话人 / 受喻者需要时间寻找性质上与本义不一致的隐喻匹配意义。表面上看，这一模型符合人类自然语言加工过程，因为它符合我们对语言理解的常规看法。然而，只注意字面意义和修辞意义的区别会从根本上混淆语言在大脑加工时注意加工和自动加工过程的区别。按照这一认知模型，字面意义加工是一种自动加工过程，而隐喻意义的理解则需要专门的注意加工，因为隐喻理解与一般的范畴归属判断在神经网络的活动上会有所不同。例如，以下两句话尽管属于同一句式，但加工模式是不同的。

55）牛是哺乳动物。（本义句）

56）律师是狐狸。（隐喻句）

在例 55）“牛是哺乳动物”这个范畴归属判断中，“哺乳动物”的概念网络可以全部激活，因此从字面意义上就可以直接理解。如图 3.2 所示：

---

① Rohrer，T.：The cognitive science of metaphor from philosophy to neuroscience. *Theoria et Historia Scientiarum*，2001，6（1）：27~42.

② Grice，H. P.：Logic and conversation. In Cole，P & Morgan，J. L.（eds.），*Syntax and semantics：speech acts*. Volume 3. New York：Academic，1975：41~58.

③ Searle，J. R.：Expression and meaning：*studies in the theory of speech acts*（Essay Collection）. Cambridge：Cambridge University Press，1979.

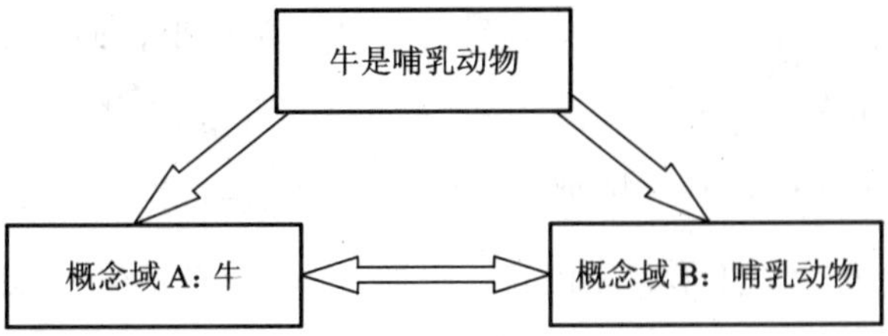

图 3.2　字面意义加工模型图

然而，在例 56）“律师是狐狸”这样一个隐喻加工中，人们不能直接从喻体“狐狸”的字面意义上获得施喻者所要表达的意义，解喻者只能从“狐狸”的字面意义出发，在“律师”和“狐狸”之间寻求相似性，因此，狐狸的概念网络只是局部选择性地被激活，其他部分被抑制。具体而言，“狡猾”的特性被突现，而其他的特性被掩盖，加工步骤见图 3.3 所示：

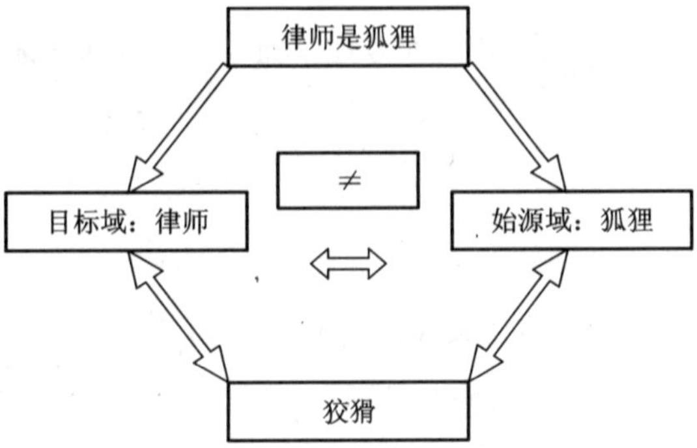

图 3.3　隐喻意义加工模型图

具体衍推过程可用图 3.4 表示：

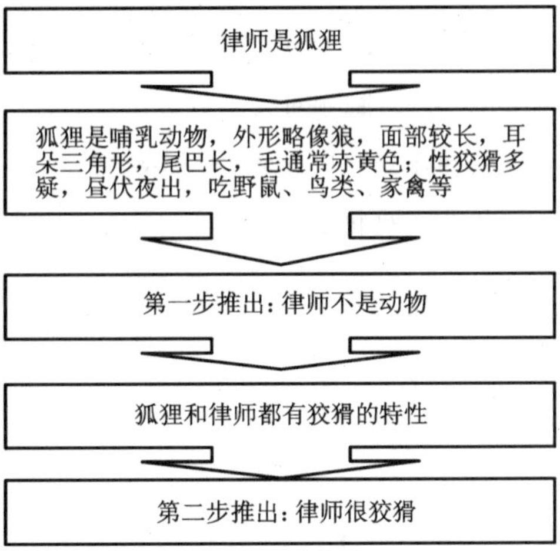

图 3.4 “律师是狐狸”的加工过程图

“狐狸”一词的词典定义是“哺乳动物，外形略像狼，面部较长，耳朵三角形，尾巴长，毛通常赤黄色。性狡猾多疑，昼伏夜出，吃野鼠、鸟类、家禽等。”[①]而在“律师是狐狸”这一隐喻中，喻体“狐狸”所拥有的这么多特性中，那些明显的动物特征，如“外形略像狼，耳朵三角形，尾巴长，毛通常赤黄色”等不可能投射到人身上；有些特征，如“面部较长，昼伏夜出，吃野鼠、鸟类、家禽”等尽管也可以投射到作为人的律师身上，但这些不是律师的普遍特征，充其量只能投射到某一个体身上，而“性狡猾多疑”的特征既是狐狸的突显特征，也是律师的突显特征，因此狐狸的“性狡猾多疑”特征可以作为普遍的典型特征投射到“律师”身上，只有“狡猾”这一特性被映射到了本体“律师”身上，即只有跟“狡猾”意义有关的神经元的激活水平达到了阈值，并联接到“律师”概念域中，生成一个新的有关律师的特性，使认知主体对该隐喻做出了“律师像狐狸那样狡猾”的解释。因此，理解“律师是狐狸”这样一个隐喻，必须经历对字面意义的理解这一步，在发现字面意义与本体不能匹配时再转入第二步隐喻意义理解。

二、一步加工模型

尽管隐喻意义和字面意义有着某种共同属性，并且这种共同属性相互联系，然而并非所有的隐喻意义都得通过对字面意义的理解才可获得。莱考夫和约翰逊在他们合写的《我们赖以生存的隐喻》(*Metaphors we live by*) 中论证了大多数日常用语，包括大多数我们通常称之为规范的语言，都是以传统的概念隐喻建构的。他们把我们的概念分作两类，一类是自发萌生的概念，另一类是包含隐喻的概念。像上下、物体这样的概念是原始的、直接从经验萌生的概念，辩论、理论、时间这些概念则是包含隐喻的概念。他们认为，大多数概念都是包含隐喻的概念[②]。隐喻对大多数概念具有建构作用，自然而然，我们的整个概念体系本身在很大程度上就是隐喻式的。隐喻表达的实现不仅仅是创造性表达实现的孤立行为，而是从一个知识域投射到另一个知识域的系统行为。换言之，莱考夫和约翰逊向我们展示了大多数的隐喻加工是自动的，即一步可以完成，只有少部分隐喻需要注意加工，即两步或多步。

根据他们的观点，笔者将常见隐喻加工模型描绘如下（如图 3.5 所示）：

---

① 《现代汉语词典》，商务印书馆 2006 年版，第 574 页。

② Lakoff，G. & Johnson，M.：*Metaphors we live by*. Chicago：The University of Chicago Press，1980：4.

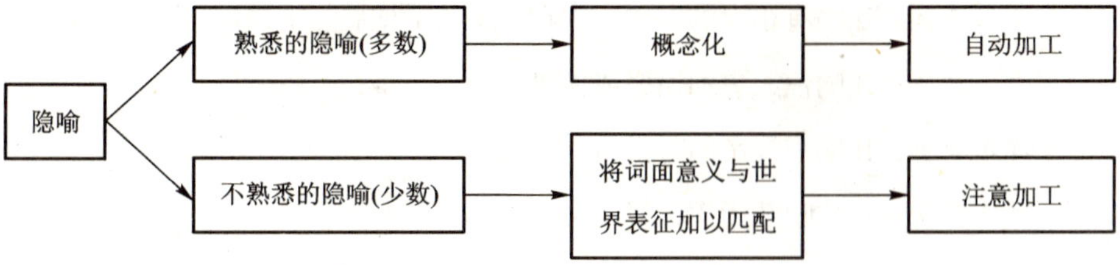

图 3.5　莱考夫和约翰逊的隐喻理解流程模型图

莱考夫和约翰逊指出："人们在使用传统的概念隐喻系统时无需花多大力气，绝大多数是无意识的、自动的、随手可得的。"[①]例如，对"山脚"、"网眼"、"河口"、"电脑"、"视窗"、"桌面"等常用词组，人们已经觉得用其他词再作解释已经是多此一举。又如，"马后炮"、"三只手"、"借东风"、"爬格子"、"牛刀小试"、"火上浇油"、"浑水摸鱼"、"乱点鸳鸯谱"、"有眼不识泰山"、"宰相肚里能撑船"、"天上不会掉馅饼"、"捡了芝麻丢了西瓜"、"会哭的孩子有奶吃"、"皇帝的女儿不愁嫁"等众多习语、熟语的死隐喻，人们无需特别关注它们的字面意义就可以解读其隐喻意义，有时解释甚至是多余的，因为一般人对它们的隐喻意义已经作为第一意义在日常生活中使用。

莱考夫和约翰逊的概念隐喻的理论表明，人类大多数的语言表达尽管是通过隐喻的方式形成的，但是现时它们已沉淀为概念隐喻，我们对这些隐喻的理解无需一个注意加工的映射过程，它们与"那些原始的、直接从经验萌生的概念"一样是无意识加工的，这是一个认知无意识（cognitive unconscious）的过程。莱考夫和约翰逊的观点跟哲学家黑格尔的观点相似："每种语言本身就已包含无数的隐喻。它们的本义是涉及感性事物的，后来引申到精神事物上去。……但是这种词用久了，就逐渐失去隐喻的性质，用成习惯，引申义就变成了本义，意义与意象在娴熟运用之中就不再划分开来，意象就不再使人想起一个具体的感性观照对象，而直接想到它的抽象意义。"[②]因此，常用的概念化了的隐喻表达基本上可以和其他一般本义表达一样，无需迂回步骤便可直接进入加工，特别是在特定语境中，隐喻的字面意义常常被忽略，而隐喻意义直接得到加工，如例句 57~70。

57）马后炮：比喻不及时的举动；

58）三只手：比喻小偷；

59）借东风：比喻借助有利的条件或形势来开展工作或推动某项事业；

60）爬格子：比喻辛勤地写作；

① Lakoff，G. & Johnson，M.：Metaphor and war：the metaphor system used to justify war in the gulf. *Peace Research*，1991，23：25~32.

② 黑格尔：《美学》（第二卷），朱光潜译，商务印书馆 1981 年版，第 128 页。

61）牛刀小试：比喻有很大的本领，先在小事情上施展一下；

62）火上浇油：比喻使人更加愤怒或使事态更加严重；

63）浑水摸鱼：比喻乘混乱的时机捞取利益；

64）乱点鸳鸯谱：比喻瞎指挥，胡乱凑合；

65）有眼不识泰山：比喻浅陋无知，认不出有地位有能耐的人；

66）宰相肚里能撑船：比喻某人有度量，能容忍、原谅别人；

67）天上不会掉馅饼：比喻白占便宜的事是不会有的；

68）捡了芝麻丢了西瓜：比喻抓住了次要的东西而放弃了主要的东西；

69）会哭的孩子有奶吃：比喻态度强硬、要求强烈的单位或下属能得到更多的照顾；

70）皇帝的女儿不愁嫁：比喻自恃某一外部条件优越而不思主观努力。

伴随他们的观察，我们可以看到这样一个事实：尽管大多数的规范语言形式，如日常社会交际、看报等的大脑信息加工，有许多是自动加工，但是，有些通常被我们认定为规范的语言，如科技文献中的专业词汇和术语等也需要注意加工。如图 3.6 所示：

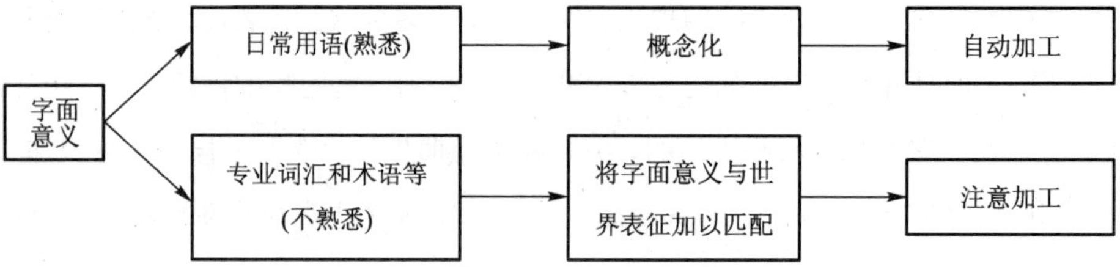

图 3.6　字面意义理解流程模型图

因此，自动加工和注意加工并非是本义句或隐喻句加工的分界线，而是认知主体根据自身对言辞（无论是隐喻或非隐喻表达）的熟悉程度所采用的不同加工方式。关于熟悉度将在本章第六节展开讨论。

三、动态过渡模型

尽管从共时的角度看，以上两种观点都有其可取之处，而且在隐喻发展和认知的某一个阶段可以用其中某一种模型解释，即隐喻的创始阶段（新隐喻）可用塞尔的“两步加工模型”来解释，而隐喻的成熟阶段（死隐喻）可用莱考夫的“一步加工模型”来阐释。然而，笔者认为，隐喻本身从创始到概念化就是一个从新隐喻向死隐喻的演化过程，这一演化过程包括大众对某一隐喻的接受程度或认可程度和认知主体对该隐喻的熟悉程度或认知程度。相应的，隐喻认知是一个从两步加工过渡到一步加工的发展过程。研究隐喻加工不仅要从共时的角度观察，而且应该从历时的角度探索，从具体隐喻的发展以及它被社会认可和认知主体接受的程度上探究。

从历时角度来看，隐喻的使用是一个由生到熟的过程，是一个习惯成自然的过程。在隐喻认知的初始阶段，即在某个隐喻刚刚创建之初，或某人刚刚接触到这一新隐喻时，他/她在理解该隐喻时对字面意义的依赖会非常强，会尽量在本义与隐喻之间建立联想，寻求相似性（图3.7）。随着时间的推移，随着认知主体对特定隐喻的熟悉度的增强，他/她会逐渐减少对字面意义的依赖。最后到隐喻认知的成熟阶段（隐喻固化或概念化阶段）时，认知主体甚至能够脱离字面意义，直接将喻体投射到本体之上，如图3.8所示。

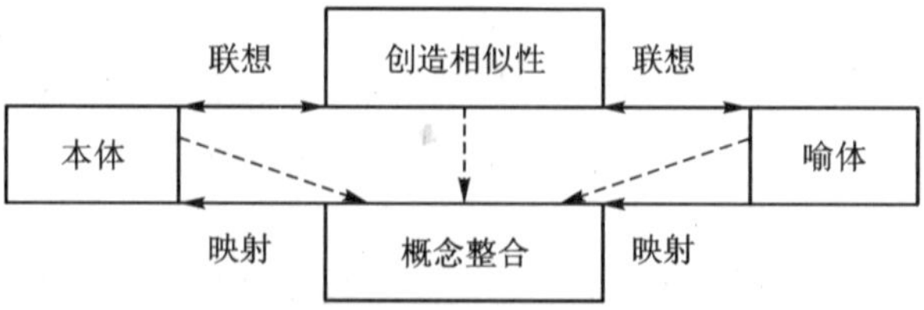

图3.7　隐喻认知的初始阶段认知模型

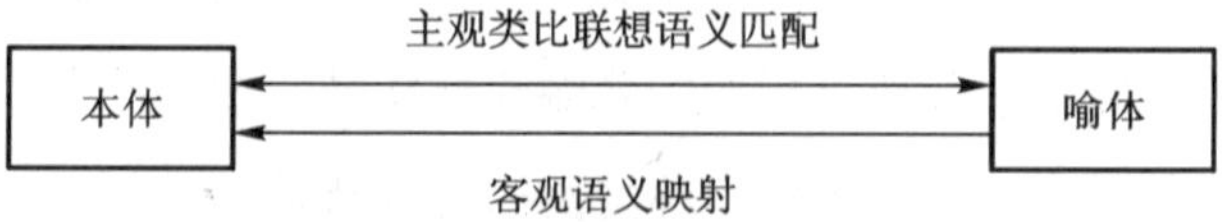

图3.8　隐喻认知的成熟阶段认知模型

以上隐喻认知的初始阶段认知模型跟吉勒·福科尼耶和马克·特纳（1998—2006）提出的概念整合理论（blending theory）有相似之处：概念整合理论强调整合是一个现时处理过程，即可以将隐喻作为约定俗成的概念处理，也可以生成即时的、新的概念作为补充[①]。它们的主要区别在于：概念整合理论没有提到语义联接手段，而且联接也没有方向。而笔者认为，喻体到本体是由联想建立的相似性，联想将相似性在本体和喻体之间进行双向联接匹配，并在整合空间整合概念得到语义，最后将选定的语义映射到本体上，因此，联想是双向的，而映射是单向的。然而，随着认知主体应用该隐喻的频率增多，熟悉度增强，认知主体对该隐喻的理解过程便可以大大简化，他/她不需要专门在本体和喻体间寻求相似性便可以在两者之间建立联想，直接将喻体概念投射到本体上。这样的理解方式跟本义理解非常接近，介于初始模型和成熟模型之间的某一点上。

由此看来，单纯地从共时的角度来谈论隐喻认知会有失偏颇。隐喻的创造形成到人

① 谢之君：《隐喻认知功能探索》，复旦大学出版社2007年版，第56页。

们的普遍接受是一个历时演变过程，类似于新词从创造到接受的过程，一开始创造出来的隐喻被认为是新隐喻，对新隐喻而言应该是两步加工过程，即从字面意义开始到隐含意义的理解过程（见图3.5和图3.7）。随着隐喻意义的固化或概念化，新隐喻逐渐死亡而变成死隐喻，死隐喻的喻体基本可以直接跟本体对应，因而更趋于一步加工过程（见图3.8）。那究竟是什么时候隐喻认知从初始阶段的新隐喻的认知模型向成熟阶段的死隐喻的认知模型过渡的？笔者认为，这是一个比较复杂的问题，它不仅仅取决于社会对某一隐喻的认可程度，如收入词典等，它还取决于认知主体对它的熟悉度，即这一隐喻在认知主体认知神经网络中固化或概念化的程度。影响隐喻认知因素很多，本章第六节对此做专门讨论。

第3节　语言的感觉加工

以上所讨论的隐喻认知模型主要涉及隐喻认知过程中的心理建模，而这一心理过程必须由人体语言感觉通道与语言层面的隐喻建立联系后才可能在人脑相关区域进行加工。本文将语言符号的人体输入输出称之为语言的感觉加工，因为这一过程只是由感觉通道输入输出语言符号，但这是外部语言符号和内部神经元信息加工之间联接的必经之路。语言的物理结构包括声音信号和字符信号，统称为语言符号。语言符号必定通过感觉通道的输入输出和人脑联系，反言之，大脑通过感官系统与外部语言现象联系。语言信号被眼、耳或肢体（一般为手）接受后，经感觉传导通路传到大脑皮层语言中枢，经过分析和综合——加工、提取之后储存起来，或者经运动通路引发语言或非语言的效应。换言之，大脑通过听（听觉通道）、看（视觉通道）、接触（触觉通道）等手段输入语言信息，才能建立具有个性化的内部语言系统或心理词典，然后对外部的刺激（包括语言刺激）做出反应（包括通过语音的言语或通过文字的语言的反应），即先通过听、看和接触来理解和摄取语言，然后通过说和写运用语言，这便是语言感觉加工的全过程。

语言信息的输入输出有其特有的路径。在语言交际中，人们必须通过感觉通道——听觉通道、视觉通道、触觉通道，才能把信息输入大脑。这些感觉通道联接着不同的脑区，通过神经元的联接把外部语言信息传入大脑的有关区域进行加工处理，以概念的方式储存于大脑心理词典，或者以语言或非语言的形式主动表达或对外界刺激做出反应。语言表达的感觉通道包括由口腔、腭、牙、舌等构成的发音机制，手或其他肢体构成的书写机制或手语机制。如果这些感觉通道信息传达不流畅，便会造成信息堵塞或误解，造成语言表达的不流畅。因此感觉通道对语言信息的传递起着十分重要的作用。如图 3.9 所示：

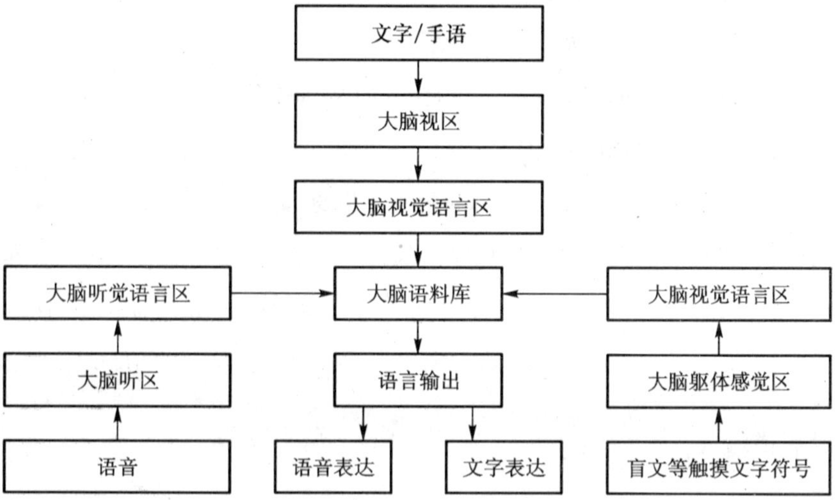

图 3.9　语言大脑输入输出路径图

人通过视觉通道把文字、手语等视觉语言符号输入大脑视区，经过神经元的联接进入大脑视觉语言区，这样的过程多次反复，输入的文字、手语等视觉语言符号便逐渐从大脑的短期记忆变成长期记忆，以概念的形式储存在大脑语料库里。同理，人通过听觉通道把语音输入到大脑听区，经过神经元的联接进入大脑听觉语言区，然后进入大脑语料库；人通过触觉通道把盲文等触摸文字符号输入到大脑躯体感觉区，经过神经元的联接进入大脑视觉语言区，最终进入大脑语料库。所有输入的语言信息在需要时又以语音或文字或手语形式输出。

一、听觉通道输入

语言信息输入大脑的最基本通道，是人生下来最初接收语言信息的听觉通道。听觉能力在接收语言（语音）信息过程中是必不可少的条件。通过语音进入大脑的语言信息是一个线性序列过程。每只耳朵只接收一侧头部的声波，却都将听觉信息传送到两侧脑部。语音只能通过听觉通道才能进入大脑听区，每侧皮层的听觉中枢都接收两侧耳朵传入的语音，但对侧耳朵传入的语言信息优先，经过大脑神经元联接进入神经网络的大脑听觉语言区，如图 3.10 所示：

图 3.10　语言听觉通道交际思维流程图

如果听力有障碍或者失聪，就不能正确地接收语音信息。语言作为一种信递工具有其本身的局限，那就是只能用线性序列来映现无限多维的概念空间，失真是必然的①。以下是三个老年人在英国某个火车站的对话②：

71）Man 1：Is this Wembley?（甲：这是 Wembley 吗？）

Man 2：No. It's Thursday.（乙：不，是星期四。）

Man 3：So am I. Let's stop for a beer.（丙：是的，我也口渴，我们下去喝杯啤酒。）

由于老年人的听力障碍，他们互相之间都误解了说话人的原意。Wembley 是一个站名，乙显然把它听成了"Wednesday"（星期三），因此他说"是星期四"；而丙把星期四（Thursday）听成了"thirsty"（口渴），所以他才会做出要喝啤酒的反应。

二、视觉通道输入

由于人类的视觉系统特别发达，通过视觉途径进入大脑的信息比较迅速地为大脑接受并加工，并比较容易地转为长期记忆，因此视觉途径对语言认知显得尤为重要。文字或手语是语言的载体，文字通过视觉通道实现语言信息通向大脑的传递，但大脑皮层只接受对侧视野的视觉信息。图 3.11 显示的是通过视觉通道进入大脑进行语言信息处理的流程。

图 3.11　语言视觉通道交际思维流程图

据实验统计，大脑中的信息 70%~80% 是通过视觉通道接收的。受过教育的人，特别是学生、教师、白领阶层或其他搞文字工作的人，接收的绝大多数信息都是文字信息。对于他们而言，语言信息输入的主要通道是视觉通道，如他们在读书和查阅资料时所获取的信息。尤其是生活在现代的网络时代，更多的人习惯于在网上聊天或阅读获取信息而非面对面谈话或收听广播。和语音信息线性输入相比，文字信息可在二维或多维空间展现，人们的视野可以跳跃式地捕捉概念，并可在页面上来回扫描。通过这种途径输入

① 沈家煊：《句法的象似性问题》，《外语教学与研究》1993 年第 1 期。

② 浙江大学：《新编大学英语》，外语教学与研究出版社 2005 年版，第 5 页。

大脑的文字信息可以较深刻地印在脑子里，为大脑所接受。

视觉通道对于聋哑人而言几乎是语言可以输入大脑的唯一通道。聋哑人是通过手语进行语言交际的，他们所接收的语言信息全部是视觉信息。这当然不包括那些先天听觉系统健全，后天因某种原因导致发音器官的损坏而不能说话的人，这些人除了视觉通道外还是能够利用听觉通道汲取语言信息的。有趣的是，聋哑人用来理解手语的脑区和有听觉能力的人理解口语的脑区几乎完全对等[①]。除了聋哑人交际的手语外，手势、身势和表情等身势语（body language）也是通过视觉通道输入大脑的。里奥－马丁[②]1997年根据福德[③]和乔姆斯基[④]的模块假设（modularity hypothesis）认为，手语跟口语一样，语料信息都是通过“普遍语法”这个语言模块的内部分析而最后被引入中央认知系统。换句话说，“普遍语法”可从听觉输入模块或视觉输入模块引入语言[⑤]。

三、触觉通道输入

语言也能从触觉通道输入大脑，而以往人们进行语言研究时往往忽略这一点。盲人不能从视觉通道对外部信息进行反映，他们对语言的接收在盲文发明之前只能通过听觉通道的语音输入。不管是用西班牙人弗兰西斯格·路克斯创造的盲文，还是用英国威廉·穆恩创造的穆恩体（Moon type），或是用1829年法国盲人路易·布莱叶创造的布莱叶盲文（Braille），盲人都是通过用手触摸来接触语言文字符号的。盲文由触觉通道进入大脑的语言信息，跟前两种通道进入大脑的语言信息的处理区域不尽相同，但更为有趣的是，盲文的识别也在大脑视觉语言区。如图3.12所示：

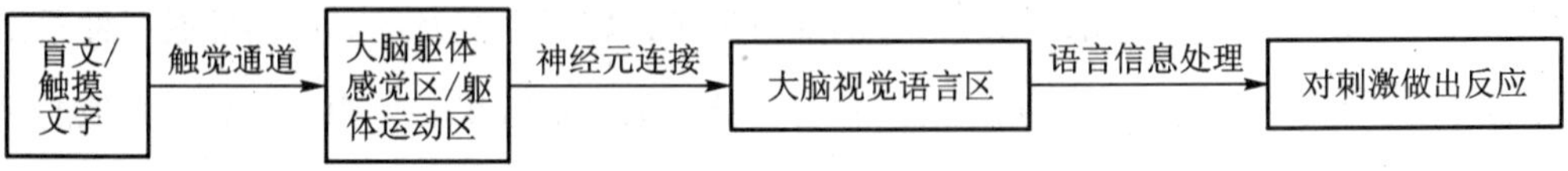

图3.12　语言触觉通道交际思维流程图

在盲文学习中，盲人所依靠的也是听觉和触摸觉的联合作用。视觉功能丧失了，作为代偿作用，他们的听觉功能会显著增强，触摸觉和肌肉运动觉也会得到充分发展与增强。盲文的输入通道是触觉通道，这些语言信息必须经过顶叶的大脑双侧躯体感觉区，然后

---

① Menn，L.：*Non-fluent aphasia in a multilingual world.* Amsterdam：John Benjamins，1995.

② Lillo-Martin，D：The modular effects of sign language acquisition. In Marschark，M. et al.（eds），*Relations of language and thought：the view from sign language and deaf children.* New York：Oxford University Press，1997.

③ Fodor，J.：*The modularity of mind.* Cambridge，MA：MIT Press，1983.

④ Chomsky，N.：*Lectures on government and binding.*Dordrecht：Foris，1981.

⑤ 邓慧兰：《手语语言学与语言习得研究的关系》，《当代语言学》2002年第3期。

才能到达枕叶的视觉语言区进行识别。因为顶叶损伤的患者不能通过触觉识别物体，在心理学上被称为触觉失认。因此用盲文思维会比用自然语言思维更多地利用右脑。

四、语言的输出感觉通道

语言生成后，通过语言效应器官——口腔、腭、牙、舌、咽、鼻、喉等，或通过肢体（通常用右手）输出。经过大脑生成的语言一是用来表达自己的思想和感情，二是作为对外界刺激的主要反应形式之一做出反应。无论是哪种功能，语言都得分别通过发声感觉通道或肢体触觉通道（通常为右手）将语音或文字或手语表达出来（图 3.13）：

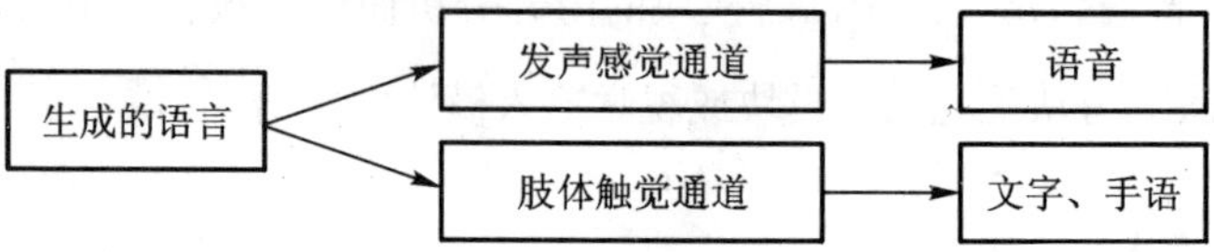

图 3.13　语言生成后输出流程图

如果一个人的发声器官受损（不是失语症），他 / 她也会成为后天聋哑人，不能将生成的语言用语音传达给他人。手的损伤对语言文字的产出影响也相当大，然而相对而言，它可以更容易地受到替换（如另一只手、脚甚至嘴）。

人脑目前这种先天大致确定的代表区的结构，是进化过程积累的成果。但是，一个人一生所遭遇的环境是千变万化和千差万别的，为了适应新环境和新情况，要求这些表达区是可以变化的。这就造就了今日脑结构的先天大致确定而又后天局部可调变的情况。它兼顾了能较快形成信息处理能力与应付可能出现的新情况两方面的需要[①]。从一方面看，感觉通道可以并行使用，增强语言的并行加工，即以上提及的其中两种或三种感觉通道同时输入语言信息，以达到概念的整合与更好的记忆效果。鲁梅尔哈特及其他的研究小组在并行分布加工研究（PDP，parallel distributed processing）中强调，信息储存在大脑联接网络中的众多位置，即联接一个概念的节点越多，该概念越容易被认知主体记住[②]。从另一方面看，感觉通道的受损直接影响到认知主体对语言信息的摄入和产出，间接影响语言的认知与理解。

① 黄秉宪：《脑的高级功能与神经网络》，科学出版社 2000 年版，第 11 页。

② Rumelhart, D. E. & the PDP Research Group: *Parallel distributed processing, explorations in the microstructure of cognition*. Cambridge, MA.: The MIT Press, 1986: 216~271.

第 4 节　语言的心智加工

本文将语言符号进入人脑之后的信息处理过程称之为语言的心智加工。尽管语言符号由人的感觉通道输入输出，但是语言信息处理需要发挥大脑的心智功能，心智是大脑中一组特别的联接。离开大脑心智加工的语言只不过是一个符号系统，它不可能对客观世界进行认知。大脑的语言认知过程其实是人脑对语言信息意义处理的过程。这一过程首先是大脑个性化心理词典的建立，然后通过联想将输入的语言符号和心理词典做语义对应联接，选取适当意义。

一、大脑个性化心理词典的建立

人是一种能够接受语言的动物，在人能够对语言信息进行处理之前，必须建立自己的内部语言系统，即建立具有个性化的心理词典或语料库，这是大脑的元语言编码过程。大脑语言机制是人们在语言习得和交流中逐步构建和完善的。语言是独立于人体之外的一个系统，然而语言作为人类认知的主要工具，它必须经过大脑才能被用来描述客观世界、传递信息和互相交流。人的大脑记忆系统有语料库，每学习一种语言，都会在这种语言的语料库中积累词汇、词组、句型、成语、谚语甚至篇章[①]。当然，这一语料库不等同于语言系统的语料库，受大脑神经元信息处理方式的局限，心理词典以概念方式储存。

如果没有这样的心理词典，大脑就不可能对某种外部语言产生反应并认知。例如，某人不懂外语，他听到外国人说话跟听到动物叫唤嘶鸣没有什么区别，外语不能激活他的语言思维和认知，其根本原因是他的内部语言系统中没有对应的语言知识。语言神经网络是天生就有的，而具体接受哪种外部语言体系，构建成怎样的内部语言系统是后天习得所定的。大脑语言系统既有先天的部分，又有后天的部分。大脑语言区、它们的大神经元及其联接关系是先天的。连接神经元的小神经元，神经元的许多突触、髓鞘则是后天的，是在外部输入信息的处理过程中建立的，是在和环境交往中构建的[②]。

从某种意义上说，大脑与电脑有相似的工作原理：每台计算机首先要有自己的字库，才能有处理某种文字的功能。例如，一般的中文 GB2312 系统由 6 763 个汉字组成。人脑

① 赵忠德：《母语、外语与思维》，《外语与外语教学》2003 年第 7 期。

② 程琪龙：《认知语言学概论》，外语教学与研究出版社 2001 年版，第 60 页。

在有生成语言和加工处理语言的能力之前，也必须输入具有个性化的“字库”，即建立自己的语料库或心理词典。只有设定了某种（或几种）元语言程序，大脑才能借助所输入语言系统进行语言认知。事实上，人一出生时大脑便有了接受语言程序的能力，这一能力使人和其他动物区别开来。因此我们可以看到，大脑不是一个不加任何区分的信息管理者，它在发展过程中，在与外界接触中自我编程，以每个具有个性化的模型或程序来认知世界,同时使程序升级。然而这种编程和升级过程跟计算机编程和升级过程不尽相同，后者的程序输入是完全可预见的，而前者却很难预测。

人类有学习的天赋，有在设定的反射功能和本能基础上加入新的行为的能力，这些通过学习或经验而获得的行为不是生来就有的。行为越复杂，所涉及的基本功能就越多，语言就是这样的一种行为。语言的习得是一个相当复杂的过程，对于这一过程目前语言学家也不能完全解释清楚。年幼的小孩天生就有一些特征表现出人具有内部语言习得机制。这些特征不但包括能让孩子在学习语言时发音的声道结构，而且包括理解普通语言规则的能力。这些特征对孩子习得哪种语言没有限制，他们所习得的是他们周围的人所说的语言，这些是帮助他们建立内部语言系统的基础。心理学研究证明：婴儿在一周岁之前可以辨识各种语音，但是当婴儿在 3 岁左右基本掌握了本族的口语之后，他们识别母语语音的能力逐渐增强，而识别其他语音的能力便开始慢慢减弱。

脑区中语言定位的个体模式似乎也有一些差异，这种差异也许类似于个体的外貌差异。有迹象表明，言语的总体能力大约跟某些语言定位模式相关[①]。个人的先天差异、教育程度、语言环境和生活经历的不同导致了每个人具有其个性化的内部语言体系。从先天生理条件看，有正常人的语音语言体系，聋哑人的手语体系和盲人的盲文体系。从语言环境方面来看，不同的种族说不同的语言，有的说英语，有的说法语，有的说汉语，有的说日语、有的说阿拉伯语……同一种语言的人中也可以根据方言区别出不同的方言体系，在说汉语的人中有说东北话的，有说香港话的，有说四川话的，有说上海话的……从生活经历角度看，不同的行业有不同的行话。所有这些因素都会影响到一个人的内部语言体系的建立。

只有当一个人建立了自己的内部语言系统后，才可能对他头脑中相对应的外部语言做出反应，即在他习得的语言范围区内与他人用该语言交际，如果他习得的是更大范围通用的标准语（如汉语普通话），他的语言交际范围则更大，否则他就不可能用语言进行

① Calvin W. H. & Ojemann，G.. A.：*Inside the brain*. NAL，2001：33.

认知和交际活动。当然一个人的内部语言体系是在语言交际中不断地进化调整的，不断会有新的概念进入大脑信息库，经常被激活的概念会比较活跃地出现在语言应用中，不常用的概念会逐渐退化消失。这个过程也许类似于电脑程序的升级。由此可见，操汉语者跟操英语者的内部语言系统是不可能完全一致的，因而，操不同的语言者的大脑语言加工也会存在一些细微的差别。

认知语言学家许国璋①、沈家煊②认为，语言不是直接反映客观世界，而是由人对客观世界的认识介于其间，即所谓的“心生而言立”。语言意义的理解恰当与否在很大程度上依赖于认知本体由外部语言信息刺激所产生的联想。语言是多义的、含糊的、模棱两可的，而思维是确定的、清晰的、没有歧义的。那么，这样一对矛盾体是怎样在人类言语交际中共同配合完成交际任务呢？笔者认为是通过心理联想。联想指的是认知主体在接受外部语言信息时与头脑中已有的心理词典中的概念建立的种种语义上的联系。它是联接外部语言和内部概念的中介，直接影响到认知主体对话语理解的客观性和正确性。

人们的语言感觉加工，即听到语音、看到文字并不等于接受语义，只有当外部语言符号和内部语言信息产生意义上的匹配才是真正意义上的语言理解。人们经常发现脑子里在想另一件事时就不能对所看到的语言文字或所听到的话语声音进行意义匹配，于是就不能产生语义上的联接。外部语言符号刺激只有跟大脑中所想事物联接上，受话者才能理解其语义，错误的联接则会导致受话者错误的理解。外部语言，不管是用语音、文字或手语，展现出来的都是客观语符。对于这些客观的语符，认知主体由于认知经历不同，或处于不同的语境之中，就会产生不同的联想，导致对特定语符产生不同的理解。联想的主要功能之一是语义联接，因此语言的心智加工主要靠心理联想。

二、联想的科学依据

当一个人接受语言时，他不可能直接从对方的思想中获得说话人的思想，语言信息必须经过大脑的加工，受话者才能提取他认为是正确的语义。人们从外部语言符号的输入到内部语言信息的匹配加工是通过联想来完成的，联想的语义联接功能有其生物学、心理学和语言学等认知科学的理据。

（一）联想的生物学依据

大脑对语言的认知过程是大脑对语言信息的加工处理过程。大脑是一台非常复杂的

① 许国璋：《语言符号的任意性问题——语言哲学探索之一》，《外语教学与研究》1988 年第 3 期。

② 沈家煊：《句法的相似性问题》，《外语教学与研究》1993 年第 1 期。

语言并行处理器，有巨大的并行处理能力，一个神经元的激活可以连通无数个神经元，瞬间对外部语言进行处理并做出反应。神经语言学目前的研究证实神经元在信息处理中起了关键的作用。在语言信息加工中，神经元和神经元之间的联接和激活的中介是联想。神经元拥有共同的特性，当一个细胞的轴突接触到另一个细胞的树突时，就会形成一些联接，被称为“神经突触”（synapsis）。神经突触便是一个细胞产生的神经冲动影响另一个细胞的行为模式之处。当两个神经元几乎同时产生动作电位时，它们之间的联接力度就会被加强①。联想将相关的语义绑定在一起，构成神经团簇，使人们对外部的语言现象做出反应。对事件的回忆和再认知依赖于位于大脑皮层的多个脑区中的各种实体记录的同时再活化，正是联想促成了这种活化的实现。

内部语言系统是由大脑神经元构成的关系网络，关系网络的描述就是内部语言系统的描述；关系网络的信息处理就是语言系统的认知操作，操作的输入输出是语言现象，而语言在大脑内的加工处理，即神经元的联接活动，是脑的认知活动。联结主义是联想语义联接的理论基础，联结主义者提出了关于表征和计算的新颖见解，将神经元及其联接比作数据结构，而将神经元的激活和激励比作算法②。联结主义理论是近年来研究以人工神经网络（建立在模拟大脑神经元及其联接力度基础上）解释人的认知能力的新兴理论。本书第二章第一节已对该理论作了介绍。该理论认为，人的大脑可兼顾所有可能具有的多种限制，即人能通过多种知识的相互作用对大脑中的多种信息进行综合理解。这正是联结主义“并行分布加工”（Parallel Distributed Processing, PDP）所要解释的问题。所谓“并行”指的是人可通过对多种处理单位的共同作用对信息进行加工。“分布”则指知识是以处理单位之间相互联接的分布方式储存在系统中的。这些联接单位可以被激活，彼此可相互作用。联结主义模型与大脑中的自然结构极相似。它善于学习和掌握数据的统计规律，核对数据进行融合和归纳，还能通过联想提取有关信息（如提取构词规则和语法规则）。③

（二）联想的心理学依据

思维是一种心理现象，它涉及人脑对信息的处理，有时是解决问题的过程，有时只是确定暗示或就近的联想过程④。杰克·林奇认为，初级认知模型由四部分组成：神经网

① Hawkins，J. & Blakeslee，S.：*On intelligence.* New York：Henry Holt and Company，2004：48.

② Thagard，P.：*How scientists explain disease.* Princeton：Princeton University Press，1999：233.

③ 彭建武：《国外认知连通主义研究综观》，《外语教学与研究》2002 年第 4 期。

④ Kosslyn，S.M. & Rosenberg，R. S.：*Psychology：the brain，the person，the world.* Beijing：Peking University Press，2003：316.

络模式分级系统（联想），心理表征系统，资料完备的专门核心知识系统，行为计划及评估系统[①]。人脑处理语言信息过程是一个联想推理的过程。心理学认为，联想就是由某人或某事物而想起其他相关的人或事物，或者是由于某概念而引起其他相关概念的一种思维活动。这种思维活动以某人或某事物为基点展开联想。其思维模式正如现代语言科学创始人 F. D. 索绪尔所谈到的语义联想场一样，一个给定的词项就像一个星座的中心，周围有不定数量的并列词项向中心聚汇[②]。

心理学许多流派都认为人脑中信息与信息之间是由联想来联接的。以近代心理学创始人冯特为代表的构造主义理论认为：在经验中，元素是结合在一起的，而将元素结合在一起的东西便是联想。联想有两条基本定律：一是观念可以因接近（在空间和时间上同时发生或较为接近）而被联想在一起，那就是接近律；二是观念可以因相似而被联想在一起，那就是相似律。可见，接近联想和相似联想是使元素结合起来的主要心理工具[③]。由 A. 科林斯和 M. R. 奎连提出的符号 – 网络模型也跟联想有关，这一模型的基本假设是，“人脑中知识的储存、组织或呈现，都是在符号网络节点之间进行检索的。检索是指知识在符号网络节点间以连线箭头所指方向进行的隐喻运动，这种运动是一个节点一个节点地进行的，即是以系列的认知加工方式进行的，一直到最近的节点那里才提取知识。只要在最近的节点那里提取出的知识能够回答或解决某个特定问题，那么检索就会停止，否则就会把检索活动继续进行下去直到发现答案并解决问题或者就此放弃”[④]。人的认知层次网络中每一个节点都表示一个概念，概念和概念之间不可能任意联接，节点与节点之间的连线和箭头便是联想和联想取向，联想将相关的概念联接在一起。无论何种心理学理论都把联想看成是一种本能的心理活动，是由一事物想起另一事物的心理过程。

（三）联想的语言学依据

语义具有联想性特征，就是说语言的意义因素可以作为无关刺激而引起人们做相关的心理联想。换言之，只有通过心理联想，语言符号才能和语义挂钩。索绪尔认为，“在语言状态中，一切都是以关系为基础的”。其中一种关系就是联想关系，他认为，“由心理联想构成的集合并不限于把呈现某种共同点的要素拉在一起，心理还抓住在每个场合把要素联系在一起的种种关系的性质，从而有多少种关系，就造成有多少个联想系

① Lynch，J.：Thinking with and without words：a new model of cognition，language and mind . http：//www.cogsci.northwestern.edu/cogsci2004/ma/ma208.pdf. 2004.

② 索绪尔：《普通语言学教程》，高名凯译，商务印书馆 1980 年版，第 170 页。

③ 李维：《认知心理学研究》，浙江人民出版社 1998 年版，第 19 页。

④ 梁宁建：《当代认知心理学》，上海教育出版社 2003 年版，第 191 页。

列”。①词义具有概括性，词义只是概括地反映事物的本质特征，而与词所指称的对象密切相关的许多非本质特征，并没有在词义中明显体现出来，即词的外延意义并非总是明显依附在词的词典意义上，而这些含义恰恰与词的内涵意义紧密相关。根据条件反射原理，人们在接受语义信息时，会很自然地联想到与该词相关的其他意义。比如“文学”一词的内涵为“以语言文字为工具形象化地反映社会生活斗争的艺术”，而这一概念的外延包括小说、诗歌、散文等。当人们说到“文学作品”时，人们就很容易联想到某种具体的文学作品形式，其含义会因联想不同而变化。

从语言学的角度，联想可分语音联想、词义联想和语境联想。如一个单位的领导姓余，这个单位到饭店聚餐时从来不点“鱼头”这道菜，以免造成领导不愉快的联想——“吃鱼（余）头”。这是语音联想的例子。再如词义联想的例子：过去，“小姐”一词，一般指称未出嫁的女子，而现在多用于公共场合，特别是在酒吧、饭店等场所，指女服务员或女招待，久而久之，“小姐”一词就很容易让人联想到三陪女郎而成为贬义词。由此可见，概念与概念之间，无论是全同关系、属种关系、种属关系、交叉关系还是全异关系，当用词语表达某种关系时，词语与概念间联系的纽带便是联想。加上语境和个人认知经历，我们还可以得到语境联想。如“How are you feeling ?”就可以根据语境联想到身体上的感觉或感情上的感觉，这里的语义取向取决于情景和说话人的自身联想。

三、联想的语义联接功能

根据杰夫·霍金斯和桑德拉·布莱克斯利，大脑皮层以自 – 联想方式回忆起模式②。自 – 联想记忆系统是指那种能够根据不完整或混乱的输入信息回忆起全部模式的系统，例如，当你看到帷帘后露出的孩子的鞋，就会自然而然地想到整个鞋的样子，即一个记忆片段可以激活全部的记忆，这就是自 – 联想记忆的精髓。人的大脑皮层是一个复杂的生物自 – 联想记忆系统，在你清醒的每时每刻，每一个功能区都保持警觉，等待着熟悉的模式或模式片段的输入。思想和记忆是相互关联的，随机的想法是不可能发生的。输入大脑的信息会自动自我联接，然后填补现有信息，并自动和正常情况下接着发生的信息联接。大脑语言心智加工就是这么一个输入的语言信息跟大脑原有概念进行匹配并获取语义的过程。大脑皮层语言信息的输入和提取实际上包括四个过程。（1）外部语言符

① 索绪尔：《普通语言学教程》，高名凯译，商务印书馆 1980 年版，第 174 页。

② Hawkins，J. & Blakeslee，S.：*On intelligence*. New York：Henry Holt and Company，2004：74.

号输入过程：大脑通过感觉通道主动接受外界语音、文字等语言符号。（2）比较搜索过程：把刺激信息与长期记忆中已有的各种信息进行比较，寻找长期记忆中储存的与实际刺激匹配的记忆编码。（3）语境分析过程：对外界的刺激进行分析，看它是哪种性质或水平的刺激。（4）提取决策过程：比较分析之后，看究竟哪个记忆信息与实际刺激最符合，做出判断之后确定提取并输出这个信息，如图 3.14 所示。

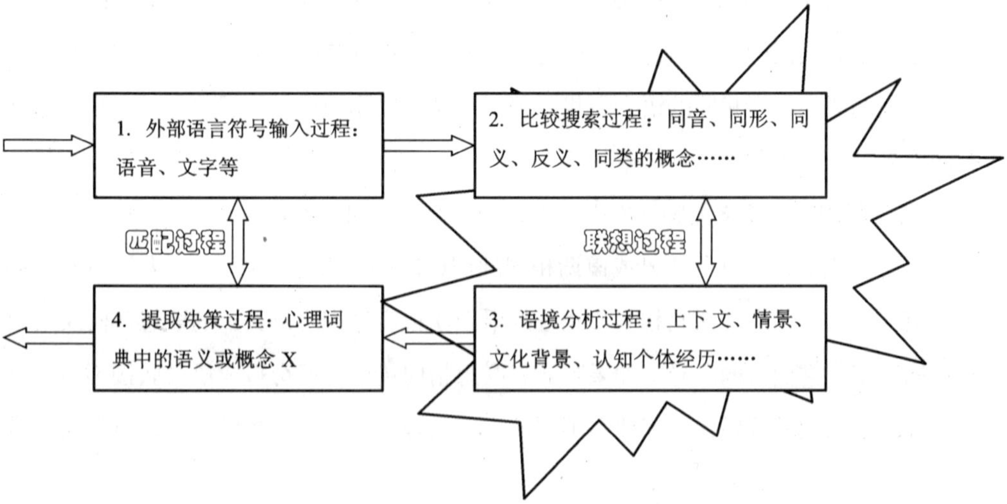

图 3.14　语言信息的输入和提取过程图①

从图 3.14 可见，第 2、第 3 过程，即比较分析过程，实际上是一个语义联想过程，而提取决策过程是语义匹配过程。大脑通过语义联想中介把相关或不相关的词汇联接起来，理解或解释语义，这就是语义联接。自然语言具有模糊性、多义性、灵活性和简略性等特点。当我们说话时，自己知道所用之词的准确含义，但我们要理解它时，词义就不那么清晰了②。认知个体对特定词汇的语义理解，往往有自己独特的视角，这种不同理解是在大脑语言加工时个体对于外部语言刺激联想不同而造成的。联想不是幻想，联想有其自身的规律，一般而言，相同相似或相反相对的因素最容易勾起人们的联想。从认识论的角度而言，人类生活经验与知识的发生无不是透过“相似”与“相异”的历程。“相似”的认识论基础在于：相似产生熟悉、累积，在熟悉与累积的过程中，能产生更多的体会与了解。“相异”的认识论基础在于：相异产生对照、比较，在对照与比较之后，产生更深层的辩证性认识与整体性了解。外部语言符号、相关的概念、关联的语境和认

① 王小潞：《联想的语义连接功能》，《浙江大学学报（人文社会科学版）》2006 年第 2 期。

② Kosslyn，S.M. & Rosenberg，R. S.：*Psychology*：*the brain*，*the person*，*the world*. Beijing：Peking University Press，2003：307.

知个体的经历分别构成人们的语符联想、词义联想和语境联想。

（一）语符联想

语符联想是外部语言符号刺激大脑引起的语义联想，可分语音联想和文字联想。早在 20 世纪 60 年代，美国科学家哈贝尔和威斯尔已经发现，在大脑视觉皮层中，具有相同图像特征选择性和相同感受位置的众多神经细胞，以垂直于大脑表面的方式排列成柱状结构——功能柱。功能柱垂直地贯穿于大脑皮层的 6 个层次，同一个功能柱内所有的神经细胞都编码相同的视觉信息。由此可见，形似联想有其生物学的基础，相同的语符会产生不同的联想，即相同的语音、相同的文字都可以作为语义联想中介，认知主体可根据联想来对语义做出自己的诠释。

1. 语音联想。在中文大脑词库中，语义场的存储是词的重要存储方式。在中文大脑词库的语音结构中，声母、韵母或声调相同的词语间的联系比较密切[①]。人们一般先从听觉通道接受语言信息，因此相同或相近的语音便很容易产生语义上的联想，而汉语中有很多同音字，它们音同义异，如果听话者联想指向错误，就会造成语义联接不当，就会产生理解上的偏差或错误。即使是不同的字，语音相同，若联想错误，即语义联接错误也会造成误解。例如：

72）与同事到外地出差，当地朋友十分好客，在一酒楼设宴款待。酒过三巡，上来一菜：烧羊腿，一碟蘸料。同事微有醉意，抓起一羊腿，毫不客气地大吃起来。小姐见状，忙说："这个要**蘸**着吃。"同事看了看小姐，又看了看当地的朋友。当地的朋友说："**蘸**着要好吃些。"同事于是拿着羊腿**站**了起来，喀嚓又是一口。小姐赶紧问："先生，您还需要什么？""啊，不需要什么？""那请您坐下来吃。"同事疑惑地看了看大伙儿，慢慢地坐下来，又咬了一口。小姐又说："先生，羊腿要**蘸**着吃才更好！"同事急了，怒气冲冲地问："又要**站**着吃，又要坐着吃，到底该怎么吃？"（《都市快报》2005 年 1 月 24 日）

这一言语交际上的失败完全是由听话者联想指向错误引起的，听话者的前后语境没有发生变化,但"站"和"蘸"同音不同义,说话者（小姐和当地朋友）发出的语音"zhàn"的语义指向为"蘸"，而听话者（同事）却从语音"zhàn"联想到"站"，语音"zhàn"只激发"同事"——认知主体与语义"站"进行联接,于是他错误地将"蘸着吃"理解成"站着吃"。

① 杨亦鸣、曹明：《基于神经语言学的中文大脑词库初探》，《语言文字应用》2000 年第 3 期。

有时一些意义毫不相干的词或短语放在一起，会形成通过视觉通道根本无法理解的话语，但在一定语境下读出声来，通过语音联想还是可以为大脑所接受的。现实生活中，语音联想的例子比比皆是,不胜枚举。如一则关于吸烟有害的公益广告:“自吻——自刎”就是利用语音联想来传达广告意图，收到了奇妙的效果。再如在圣诞前夕，有位朋友发来一条手机短信：

73）桌上有蛋糕、蛋饼、蛋块和蛋条。你吃掉了蛋糕、蛋饼和蛋条，桌上还剩什么？——**剩蛋块了**！

乍一看，你会觉得这一谜语短信没多大意义，但当你把谜底读出声来时，通过语音“shèngdàn kuàilè”联想语义指向，你就会发现这是一条祝福语“圣诞快乐！”从语音联想中我们可以发现语音赋予了语言的意义。

2. 文字联想。人类还可从视觉通道接受语言信息。汉语是象形文字，很多语义直接从形状中就表现了出来。例如，汉语的偏旁可以帮助人们认识理解生字就是靠语形建构联想:“青草”的“青”，加上三点水就成了“清水”的“清”，加上竖心旁就成了“情意”的“情”，加上日字旁就成了“晴天”的“晴”，加上言字旁就成了“请教”的“请”，加上虫字旁就成了“蜻蜓”的“蜻”。以上几个字右边是读音，左边的偏旁帮助人们进行语义联想：由“氵”想到“水”，由“忄”想到“心”，由“日”想到“太阳”，由“讠”想到“言”。

语言的多义性是语义联想的基础。一词多义是语言的普遍现象，汉语尤为如此。汉字属于表意文字，不同于拼音文字，汉语演化至今虽有表音功能，但意义成分大于表音作用；形声字里表音的部分绝大多数也不能代表它本身的发音，而字符本身也多由象形文字充当，于是造成了汉语中特有的双关意义，这是隐喻构建的重要因素。例如形似词：这类词形同义异，即同形不同义。阅读者稍不注意，联想不当，也会产生理解上的偏差或错误。

74）学校开饭时，一些学生总是带着课本直奔食堂，所以总有人把书遗忘在餐桌上，小黑板上也就常有招领失物的启事。某日，黑板上又登了一则启事：请 ×× 同学来食堂领取你的**遗书**。(《都市快报》2005 年 8 月 2 日）

启事中的“遗书”语义指向是“遗忘在食堂里的书”,但这两个字和固定词组“遗书”同形，所以读者往往联想到的语义是人临死时留下的“遗书”，而不是前者。

（二）词义联想

词义联想是指由字面意思引发大脑对其引申意义和相关意义的联想。词义是一种思维现象，或者说是有意义的言语（meaningful speech）—— 言语和思维的一种联合①。这一联合过程是靠联想来完成的。在中文大脑的语义联系中，词与词的并列关系是各种关系中最为密切的一种，上下位关系的词语间的联系也较为密切②。从另一方面看，除了相同相似的因素外，绝对相反相对的因素也比较容易建构联想。从意义的角度看，同义词和反义词都可构成语义联想。

1. 同类概念联想。大脑语言加工有其概念归类特性。根据集合论模式，一个集合不仅包含着一类事物的概念，而且包括着该事物的属性③。共同的属性促使人们进行同类概念间的联想。同类概念可分三个层次：一般或普通概念（中层）、属概念（上层）、种概念（下层）。信息处理取向认为，知觉是外在刺激与内在思维相互匹配的结果。因此信息处理的历程可分为：同层处理（平行历程），自下而上的处理（上行历程）和自上而下的处理（下行历程）。

同层处理是一种平行概念之间的平行联想。同种属的概念，无论怎样的处理方式，是相当容易被串在一起的,因此在提到其中某一概念时,就很容易联想到其他概念。例如，当我们说家里有“电视机”时，接着可能会说还有“洗衣机、电冰箱、微波炉、空调”等，因为前面所提到的都是电器中的平行概念。自上而下的处理是一种从属到种的演绎联想。例如：当我们提到“野兽”时，我们会联想到“老虎、狮子、豹、狼、熊”等；当我们提到“水果”时我们同样会很快联想到“苹果、香蕉、梨子、桃子、葡萄、橘子”等，此即从属联想到从属于该属的各个平行概念。自下而上的信息处理是一种从种到属的归纳联想。例如，当我们说，“教师、工程师、医生是脑力劳动者”时，我们是在进行把种概念归类为属概念的语义联想。

2. 同义反义联想。一个词可以使人联想起其内容或含义，引发物体和概念之间的联系，或者所指和能指之间的联系。当一个人再一次运用语言来表达同一概念时，他可能会用不同的言辞来表达，这不仅因为他想换个说法来证明他的词汇量，更重要的是，在与该概念相关的同义词之间存在着语义联想链。对任何一种事物而言，可以用来指称它的名称不止一个④。其中每一种指称都可以映射同一个概念，在大脑的语言信息库里，内部语言以概念的方式储存，一旦这一概念要用外部语言表示，大脑就会通过联想在同

---

① 维果斯基:《思维与语言》，李维译，浙江教育出版社 1997 年版，第 131 页。

② 杨亦鸣、曹明:《基于神经语言学的中文大脑词库初探》,《语言文字应用》2000 年第 3 期。

③ 李维:《认知心理学研究》，浙江人民出版社 1998 年版，第 77 页。

④ 沈家煊:《语用・认知・言外义》,《外语与外语教学》1997 年第 4 期。

义词语义联想链中任意挑选一个表达法表达出来。如：

75）中国国旗⇔五星红旗

76）中国首都⇔北京

77）人间天堂⇔浙江省省会⇔杭州

这些同义词在篇章中形成语义连锁链，但在心理词库中是同一个概念。常言道，物极必反。除了同义词的相关联想外，人们还可以因反义词产生相对联想，例如：

78）堂妹在读小学三年级，正在学习反义词。一天一起坐公交车，窗外掠过新楼盘的广告牌。堂妹指着“高尚公寓”的广告牌问道：姐姐，还有卑鄙公寓吗？（《都市快报》2005年3月28日）

堂妹很自然地由“高尚”联想到的便是反义词“卑鄙”。因此，从语义的视角看，同义和反义是相当容易引起语义联想的。

（三）语境联想

大脑会对处于不同语境中相同的语言做出不同的解释，概因语境使然。在特定交际语境下，一个陈述可以表述多个命题。当我们以一种突然而醒目的方式将两件属于不同经验的事物放在一起时，我们的大脑会力图在两者之间建立联系。大脑是一个联接器官，它的功能就是把事物联接在一起，并可以用各种方式将为数无限多的任意两件事联接在一起[①]。语境的最佳关联直接影响到大脑语言信息解码过程中的语义联想。触景生情便是由语境刺激引发的联想所致。语境对语义联想起着重要的作用。联想存在于能指和所指之间，在这种联想链中，一个环节引发另外一个或多个环节。

1. 情景语境联想。本文讨论的情景语境主要指认知个体的经历对联想产生的作用。语言的歧义性注定语言不可能把客观事物和主观感受描述得淋漓尽致，人们已知的知识范围，个人经历所构成的联想会自然而然地参与到语义识别中。人是一个主动的信息探索者，而不是消极地等待环境刺激的被动个体。个体内部已有的知识、经验及其结构对其心理活动和外部行为会产生决定性的影响，人的行为、动作的产生以及言语活动等都受到个体内部心理活动的调节和控制[②]。比如对“饥饿”、“望梅止渴”等的感受完全由自身的体验来获得，而对“丰富”和“豪华”的程度，不同的人有不同的心理图式，因此对这类语词的语义理解必然经由个体经历产生语义联想。经历不同对同一语言符号会产生不同的联想，对特定的语言符号相关的信息会有不同的理解，有时会产生信息不对称，

① 胡壮麟：《认知隐喻学》，北京大学出版社2004年版，第45页。

② 梁宁建：《当代认知心理学》，上海教育出版社2003年版，第15页。

造成误解：

79）六岁的小表弟来我家玩，看到我在帮妈妈做饭，好奇地问我："姐姐，你怎么做饭呀？"我对他说："妈妈一个人会忙不过来，我们小孩子应该帮爸爸妈妈做一些力所能及的家务啊。你在家帮爸爸妈妈做家务吗？"小家伙眨眨眼睛，反问道："我做家务？我做家务谁上幼儿园？"（《都市快报》2005年2月28日）

在"小表弟"的思维图式里，家务是爸爸妈妈做的，他的任务就是上幼儿园，"家务"语义上的联接自然是"爸爸妈妈"，只有爸爸妈妈做家务，他才可能去上幼儿园，他上了幼儿园，就没有时间和精力做家务，因此他会提出了这样令人啼笑皆非的问题。

2. 文化语境联想。在现实生活中，常常会遇到这样的情况：一句内容简单、语法上丝毫没错的话，说出来却产生了偏差。如在饭桌上当主人询问就餐者是否还需要添饭时说："您要饭吗？"对方可能会不高兴，这是因为汉语的"要饭"会触动对"乞丐"的联想；在吃饺子时，如果问对方："你吃醋吗？"对方可能也会恼火，这是因为汉语的"吃醋"会触动对男女关系中"争风吃醋"的联想。尽管这两句话极其普通，也没有语法错误，但由于说话者所要传递的信息和听话者所联想的信息出现了不对称，便会引起听话者的误会。由此可见，联想还与语言中的文化因素有关。又如：人名英译汉时，中国人只能对其语音进行联系，但不能产生原词语义上的联想，像"Mr. Hunter"或"Mr. Fox"等人名，汉译人名时一般只能采取音译，译作"亨特尔先生"和"福克斯先生"，但"*Hunter*"和"*Fox*"的本意是"猎人"和"狐狸"，这一层意思对于英美国家的人而言，叫名字时就会意识到，但汉译的姓名绝对不会让中国人产生这种联想。再如：日语中的人名，因为日本的汉字和中文的汉字读音不同，中国人看到日本人的姓名：中野良子、高仓健时，只能跟汉语的拼音产生联系。尽管中国人对日本汉字可以进行部分的语义对接，但是中国人不能对日本汉字产生语音上的联想。

如果说语境是语言认知的外部环境条件，那么联想就是语言认知的内部语义联接条件。联想是大脑神经元将外部输入的语言信息并行处理后的语义指向，是语言的心智加工过程，这一过程可以由联想将外部语言符号和内部语言进行语义匹配，促成概念联接，从而理解语言信息。最容易引起语义联想的是相似的、相反的和相关的语言因素，在这些因素的刺激下，认知主体在个人经历和文化背景影响下可以通过联想进行正确的语义匹配，恰当理解所接受的语言信息；而错误的联想会造成错误的语义匹配，从而导致语言信息的错误理解。换言之，语境相同，语义联想不同，就会形成语言信息不对称，造成曲解或误解。因此，语符、词义和语境作为语义联想中介，直接影响到认知主体提取语义的过程。

第5节　喻体到本体的联接方式

隐喻语言被用来表达用其他方式很难表达的概念。理解隐喻这样的修辞语言需要大脑将在正常情况下不相关的、不同的范畴域联接起来。人们对于隐喻的理解跟对本义的理解既有相似之处，也有不同之处。相似之处在于，隐喻的理解和本义的理解过程都是大脑对语言信息的加工过程；不同之处在于，大脑对于隐喻的加工过程较之本义要复杂。隐喻解释是对隐喻的抽象蕴涵本义的最好目标域的归纳性推断[①]。这一推断须靠联想来实现，联想就是喻体到本体的语义联接纽带。隐喻理解过程是一种特殊的语义联接过程，是本体和喻体之间的主观联想语义匹配过程，它在大脑神经网络的神经元簇联接中完成。

一、联想与大脑神经网络

人类的推理能力使得自身的认知系统超越了从当下的环境也可得到的信息。莫舍·巴等人认为，假如不是全部，那么绝大多数的思维“静息态”加工，例如，记忆的巩固、以往事件的回想、将来行为的筹划、可能情景的模拟、沉思默想、异想天开等，皆依赖于经验联想的激活。我们对于大脑频繁发生的遐想已习以为常，在遐想中我们只需花几秒钟就可将A事物联接到B事物上。“月光 ⇒ 黑暗处所 ⇒ 梦境 ⇒ 弗洛伊德 ⇒ 博士论文 ⇒ 名人讲座 ⇒ 爱因斯坦 ⇒ 古怪发型 ⇒ 时装表演”。尽管这样的联想基于个人经历，但是引起联想的神经机制似乎应该是人类普遍一致的。[②]美国神经科学家弗农·芒卡斯尔在1978年就指出，大脑皮层在外表和结构上惊人的相似，无论是主管视觉输入和主管触觉的大脑皮层区域，还是控制肌肉的区域、布洛卡语言区以及其他各个区域，实际上是完全一样的。他还暗示说，既然这些区域是相同的，那么它们在实际中所发挥的基本作用也可能是相同的，而且大脑皮层各个功能所使用的方法也是相同的。[③]

人们在隐喻思维时往往参照有形的、具体的意象，这种思维模式恰恰是右脑思维的特征之一。到目前为止，根据科学发现和经验，人们还是认为大脑两半球的大致分工

---

① Steinhart，E. C.：*The logic of mataphor.* Dordrecht：Kluwer Academic Publishers，2001：185.

② Bar，M. et al.：The units of thought. *Hippocampus*，2007，17：420~428.

③ Hawkins，J. & Blakeslee，S.：*On intelligence.* New York：Henry Holt and Company，LLC，2004：50.

为：左脑负责语言、逻辑等方面的思维，右脑负责形象、音乐等方面的思维。思考过程是大脑神经网络**对所给予的信息的整合过程**，如右脑的图像在左脑的符号化、语言化过程。隐喻思维的形象思维特征使得隐喻思维必须通过大脑将隐喻形象从右脑中提取出来，再和左脑的语义匹配，这一过程实际上是大脑神经元将形象信息和语义信息的联接整合过程，是由隐喻认知主体的联想能力决定的。这种联想能力是认知主体把头脑中那些被认为毫无关系的情报信息联结、联系起来的能力。这种并不关联的信息之间的距离越大，把它们联系起来想象就越新越奇。换言之，认知主体的联想能力越强，他/她对右脑的形象思维和左脑的语言思维的整合能力就越强，对隐喻的理解能力也越强。

如果说隐喻认知是形象认知到抽象认知的映射，那么，联想便是这一映射的心理机制。比喻依赖于联想，没有联想也就没有比喻。从这一点看，比喻思维是发散型的、开放型的，决不是收敛型和封闭型的。运用比喻的一个基本要求就是必须展开想象的翅膀，将自己的心绪与天地万物紧密地联系在一起，在这种想象中获取喻体和本体之间本质的结构联系，而大脑中将A事物与B事物进行并列整合加工的桥梁就是联想。上一节已经详细论述了联想的语义联接功能，在此不再赘述。就隐喻理解而言，其过程是一种特殊的语义转换与整合，涉及两个不同概念域之间的映射，而映射的方式是联想，因为隐喻认知体系的心理基础就是联想，因此我们可以将联想视为从喻体到本体映射的方式。

联想的种类繁多，可以通过想象、类比、归纳、演绎等手段来实现。联想的方式也是多种多样的，本体和喻体之间可以进行时空联想、理性联想、感情联想等等。联觉（synaesthesia，也称通感）就是创造和理解隐喻经常运用的一种联想形式。从生理学的角度讲，人的视、听、嗅、味、触五种感觉各司其职，互不相同。但心理学的研究证明：人的这五种感觉并非完全绝缘，而是彼此相通、相互影响的。德国美学家费歇尔在《美的主观主义印象》一书中说："各个感官不是孤立的，它们是一个感觉的分支，多少能够相互代替，一个感官响了，另一个感官作为回忆、作为和声、作为看不见的象征，也就起了共鸣。"对一个感官的刺激也会刺激其他感官产生相应而不同的反应。人类生理感官的这种共同作用的结果也为隐喻提供了心理基础。①

大脑皮层是由神经元组成的，是一个加工信息的神经网络。大脑皮层的所有功能区都分布在回旋的脑皮层上，从低级区域感觉通道的信息输入到高级区域的信息整合都在同一神经网络中运行。决定它们之间"高与低"的关键在于相互之间的联接。在大脑皮

① 赵艳芳：《隐喻的认知基础》，《解放军外语学院学报》1994年第2期。

层中，低级区域通过某种特定的神经联接方式向高级区域传输信息；而高级区域用另一种方式向低级区域反馈信息。大脑信息加工是一个时间和空间的动态过程，只要它保持着加工，便不可能停留在某个点上。神经网络对于各类信息加工是通过事例学习，经验积累，模式固化逐渐成熟的。对于固化的模式加工，神经网络不必要检索到该模式的全部便可以由“自－匹配记忆”（autoassociative memmories）系统检索到以原始形式存储的正确模式进行加工。“自－匹配记忆”由相互联接的简单神经元构成，这些神经元在达到某个临界点时可以自动激活。它们与其他神经元的联接方式不同，其中涉及大量的反馈。与只能正向传输的反向传播网络不同，“自－匹配记忆”可以将各个神经元的输出传回给输入。[①]联想就是这样一种“自－匹配记忆”系统中的联接手段。

人的大脑皮层是一个复杂的生物“自－联想记忆”系统，在人们清醒的每时每刻，大脑每一个功能区都始终保持警觉，等待着熟悉的模式或模式片段的输入。一个记忆片断可以激活全部的记忆，这就是“自－联想记忆”的精髓。[②]联想在隐喻理解中的重要功能在于，将输入的隐喻字面意义与心理图式进行匹配，从而忽略字面意义输出隐喻意义。对于新隐喻加工的出发点是从本义加工开始的。当认知主体在惯常的神经网络字面意义联接中找不到匹配模式，便会另辟蹊跷寻求其他相近的意义匹配，这是由大脑的代偿功能决定的。对于固化了的死隐喻加工，哪怕它处于一个混乱的形式之中，只要神经网络检测到该隐喻的一部分，便可通过惯常的联接方式进行神经元簇联接，即通过联想与该隐喻加工原型进行隐喻意义匹配。

二、隐喻理解联想模式

日常经验中的相关性不可避免地会引导我们获得基本隐喻，这样就把主观主义经验及判断与感觉运动经验联接了起来。我们能够自动地、无意识地获得这些隐喻思维模式，也一定会利用隐喻进行思维。[③]隐喻的认知核心是：它把熟悉和不熟悉的事物作不寻常的并列，从而加深我们对不熟悉事物的认识[④]。由于隐喻可分为死隐喻和新隐喻，前面已经论述了这两种不同隐喻的不同加工模型，因此我们有理由相信其联想模式也会有所差异。对于死隐喻和新隐喻加工时的不同联想模式束定芳和史鑫有过相关的论述。

① Hawkins，J. & Blakeslee，S.：*On intelligence*. New York：Henry Holt and Company，2004：29~30.

② Hawkins，J. & Blakeslee，S.：*On intelligence*. New York：Henry Holt and Company，2004：74.

③ Lakoff，G. & Johnson，M.：*Metaphors we live by*. Chicago：The University of Chicago Press，1980：156.

④ 胡壮麟：《认知隐喻学》，北京大学出版社 2004 年版，第 31 页。

（一）“相似性联想”和“双重影像联想”

束定芳将隐喻认知联想分成“相似性（resemblance or similarity）联想”和“双重影像（double image）联想”。他认为，激发隐喻联想“一是隐喻中本体和喻体的相似性，二是隐喻中的双重影像”。我们知道，每一个词都处于两种联想关系网络之中，一是聚合关系，二是组合关系。如“死”与“生”就处于一种聚合关系；“死”与“人”或“有生命的事物”就处于一种组合关系。听到或读到“死”就会联想到常与之搭配连用的词（语）及它们所代表的物体和形象。如果我们将“死”与无生命的事物组合在一起，就可能构成一个语义异常句，同时也引起“双重影像”的联想。例如：“石头死了。”在这个隐喻句的组合中，我们会联想到“石头”和“人”。一般说来，组合越离奇，两个形象就越清晰。当“双重影像”重叠或消失时，隐喻也就“死”了，就逐渐过渡成为“本义语言”（literal language）或“普通语言”（ordinary language）。①

（二）“类比相似性联想”和“创造相似性联想”

另一位学者史鑫将联想分成类比相似性联想和创造相似性联想。他指出，隐喻是由未知推向新知的桥梁。从说话人一方来说，隐喻依据的心理基础是联想；从受话人接受隐喻的角度看，隐喻依据的心理基础是演绎和推理。根据说话人对喻体选择的不同，我们可以将联想分为类比相似性联想和创造相似性联想。史鑫由此分出两类相应的隐喻：类比相似型隐喻和创造相似型隐喻，前者建立在隐喻概念系统内部相似性的基础之上，其相似性固化于人大脑的意识深处，成为人类认识活动的原型。它的发生是一个被激活、调用的过程。对于后者，主格 A 和次格 B 之间发生关联，主要靠的是说话者发挥创造相似性联想，赋予 A、B 某种具有个人主观意志色彩的相似性，它体现为一个创造性的过程。创造相似型隐喻带有鲜明的个人性、创新性特点。它开辟出一个广阔的创造空间，极富心理张力，带给人强烈的心理共鸣。②

（三）固化联想和即兴联想

笔者认为，束定芳的“相似性联想”和“双重影像联想”或史鑫的“类比相似性联想”和“创造相似性联想”观点其实都跟死隐喻或新隐喻的加工模式有关。束定芳所指的“双重影像联想”和史鑫的“创造相似性联想”是针对新隐喻而言的，当新隐喻刚出现时，喻体和本体完全在两个不同的概念喻，两个“影像”是分离的，或只有部分重合，此时的联想是一种创造相似性的联想，或本文称为的“即兴联想”。等到“双重影像”逐

① 束定芳：《隐喻学研究》，上海外语教育出版社 2000 年版，第 14 页。

② 史鑫：《隐喻的思维本质与认知功能》，《解放军外国语学院学报》2002 年第 4 期。

渐增加重合部分，直至最后基本重合时，该隐喻的联想逐渐固化，重合部分也逐渐概念化，它就成了死隐喻。对于死隐喻的联想，人们头脑中一般就不再会出现“双重影像”，而取而代之的是本体和喻体之间的结构相似性，因而对于死隐喻的映射只需“类比相似性联想”，或本文称为的“固化联想”。

本文之所以将束定芳的“相似性联想”和史鑫的“类比相似性联想”归类为“固化联想”，是因为这两种联想模式已经程式化。尽管与这种联想有关的死隐喻的语言层面或符号层面跟新隐喻没什么差别，即字面意义和隐喻意义分属两个不同的概念域，然而其理解过程跟新隐喻的理解过程却大相径庭，因为它从字面意义到隐喻意义的语义联接已经基本程式化，因此通过固化联想就可完成两个概念域之间的映射。例如：

80）炒鱿鱼（解雇）

81）大红人（受领导器重的人）

82）说曹操，曹操就到（背后议论谁，谁就出现）

这一类隐喻建立在隐喻概念系统内部相似性的基础之上，其相似性已固化于人们大脑的意识深处，已经成为约定俗成了的概念，储存于说话人和听话人的心理词库之中，基本上等同于其他固定概念，不用听话人临时联想，它的发生是一个被激活、调用的过程。在理解隐喻例 80）、81）、82）时，人们已经基本不在乎字面原来的意思，而是通过字面意义直接联想到括弧中的隐喻意义。

而即兴联想加工的隐喻跟前一类隐喻不同，它是隐喻创造者根据本体和喻体之间的某些相似性的重合，主观创造出来的一种新的比喻表达，是新隐喻。这一类隐喻是说话人发挥想象力即兴创造相似性，赋予 A、B 两种事物某种具有个人主观意志色彩的相似性，即在本体和喻体之间通过联想进行语义联接。对于这类隐喻，受喻者事先不知道该隐喻的特定含义，但是这种相似性如果被受喻者认可，就会引起受喻者的共鸣，接受这种隐喻。例如：

83）脑子进水（机器进水，生锈）

84）眼睛出汗（身上流汗，流泪）

85）老黄瓜刷绿漆（用嫩黄瓜的颜色来掩饰老相，扮嫩）

这种隐喻之所以会被人理解，是因为施喻者将隐喻的所指和认知内容作了反常并列，语言使用者的长期记忆中储存了对世界事物各种特性的认识，受喻者跟随说话人的思维模式，在 A、B 不同事物的双重影像之间寻找相似性，然后将两者之间的相似性以即兴联想作类推来完成对隐喻的理解。因此，这类隐喻由于相似性构建的即兴联想，同样可以帮助受喻者完成语义理解。

第 6 节　影响隐喻认知的因素

言语思维最终传达和被理解的是语义，而语义的起点是从感受性开始的。从思维的生成到言语表达有一个内在的神经建构和过程为中介，从现象上看，这个过程中存在思维生成的个体性和语言的公共性之间的矛盾，语义的整体性和符号的线性条件之间的矛盾，思维的无限生成性和语言规则系统的有限性之间的矛盾的辩证运动。一个最终被我们清楚理解的思想，不是一开始就是清晰的，思维从一个模糊的整体的感受性语义到最终获得外部言语的清晰语言形式是在经历了这个矛盾的辩证运动后完成的。因此，如果从这个矛盾的辩证运动看，语言的创造性或生成性就不能首先单纯从语法中去寻找，也不能完全放到语义中去寻找，而要从这个矛盾的辩证运动中去寻找，而这种辩证运动是在脑 – 身体和语言世界之间的交互过程中实现的。

根据以上哲学思想，笔者认为，在隐喻思维中有非隐喻的因素介入其中影响隐喻思维。影响隐喻认知的除了隐喻本体和喻体语言因素之外还涉及认知主体（人）和认知客体（语境）方面的因素，这些因素缺一不可，他们对隐喻的生成和理解都起着重要作用。皮亚杰的建构论认为，认识主体与认识客体之间的相互作用，建构成认识①。尽管隐喻认知理论主要强调始源域向目标域的映射，然而笔者认为，这个映射的过程并非是在一个“真空”环境下发生的，而是受到主客体两方面因素的影响。在探究隐喻加工模型时应该把影响隐喻理解的主客体因素考虑进去，不把这些因素考虑进去就断言两步加工或一步加工是非常不明智的和不可取的，其结果会将隐喻认知研究引入歧途。

隐喻认知主体因素包括受喻者对隐喻的熟悉度及其年龄和知识背景等因素；而隐喻认知客体主要是指隐喻的上下文语境、情景语境和文化语境等因素。这些因素缺一不可、相互作用，制约着认知主体的隐喻认知过程。本体和喻体是隐喻本身的因素，不在本节中详细讨论，本节主要讨论影响隐喻认知的主体因素和客体因素。对于影响隐喻认知的客体因素学界已有较多的研究，但是对于影响隐喻认知的主体因素到目前为止还没有引起学界足够的重视，而本文研究的聚焦的恰恰是隐喻认知的神经机制，因而特别提出隐

① 皮亚杰:《发生认识论原理》，王宪钿等译，商务印书馆 1995 年版。

喻认知的主体因素，以引起学界的关注。

一、影响隐喻认知的主体因素

主体因素在语言认知中起着主导和决定的作用，因为隐喻的解读必须也一定是由受喻者在其大脑信息加工中完成，是靠解喻者的联想实现的。隐喻解读过程是一个联想过程，这一过程是由人的生物认知特性决定的。根据前文所述，该过程是在人的认知层次网络中发生的，联想将每个相关节点的概念联接在一起构成新的概念。如果一个认知主体根本就不懂某种语言，或尚未习得某种语言（婴幼儿），或尚未达到某种语言水平（未受教育者），或丧失了某种语言能力（失语症者），那么在他 / 她的神经元层次网络中就没有或缺失某些概念节点，像这样的认知个体，对于一般的语言理解都会成问题，更不用说理解隐喻了。在主体隐喻认知能力缺失的情况下谈客观语境就显得多余，在这种情况下，哪怕客观语境再关联也等于对牛弹琴。因此，隐喻认知首先从隐喻认知主体开始，认知主体对隐喻的熟悉程度和个体背景因素均会影响到认知主体对隐喻的解读。

（一）熟悉度

熟悉度是影响隐喻认知的主要因素。对特定隐喻表达的理解，主体的接受频率和熟悉程度直接影响到认知主体对该隐喻的加工方式。束定芳指出：“隐喻性只是一个程度问题。新鲜隐喻一旦被接受和传播，其隐喻性就开始减弱，随着隐喻使用频率的增加，其隐喻义便成为词义的一部分，但仍然保持隐喻的特征。即使是死喻，也是一种随时可能‘复活’的‘死火山’。”①束定芳提到的程度问题只是意指某一隐喻的社会认可度，即公众对该隐喻的接受程度。而本文提到的熟悉度是具体认知主体对特定隐喻认识程度和使用程度。认知主体对某事物的熟悉度跟他 / 她对此物的长期记忆有关，跟大脑神经机制有关。

神经心理学和神经成像的研究结果表明人类的再认记忆反映了两种不同的记忆类型：回想和熟悉性。对过去事件的记忆可以是基于回想（recollection），也可以是基于对事件熟悉性（similarity）的评估②。以往的研究资料从四个方面阐明了至少存在这两种类型的记忆过程：（1）加工速度的研究表明熟悉性反应比回想快；（2）不同的加工过程影响两种测验类型的成绩；（3）回想和熟悉性显示了不同的电生理学相关；（4）某些脑损伤对回想的影响比对熟悉性的影响大，说明这两个加工过程依赖于不同的脑区。约尼利

① 束定芳：《隐喻学研究》，上海外语教育出版社 2000 年版，第 77 页。
② 樊晓燕、郭春彦：《从认知神经科学的角度看熟悉性和回想》，《心理科学进展》2005 年第 2 期。

纳斯（Yonelinas，2002）、罗德（Rhodes）和唐纳森（Donaldson）（2007）在联想识别任务中用熟悉性来帮助提取信息。北京师范大学彭聃龄等的脑成像研究也发现，语言脑区的激活受汉字呈现时间与字频（熟悉性）的影响，表明这些脑区的激活受到经验的调制[①]。柯伦在 2000 年做的一个再认记忆任务中，要求被试区分三种单词：以前学过的单词，在学习和测验间改变了形式的相似的单词和新单词。结果发现，FN400（300~500 毫秒）成分随着单词的熟悉性而改变（新的 > 学习过的 = 相似的），而顶成分（400~800 毫秒）与改变形式的单词的回想相联系（学过的 > 相似的 = 新的）。[②]

从中我们可以得出：熟悉的东西比不熟悉的东西更容易加工，大脑在处理不熟悉的东西时更费力、更耗时。继而我们可以进一步推出：死隐喻加工易于新隐喻加工。这一点跟莱考夫和特纳指出的“理解新隐喻有三种最基本的途径：对传统隐喻的扩展；属层次（基本层次）隐喻；意象隐喻”[③]相吻合，因为根据他们的观点，理解新隐喻是在理解传统隐喻的基础上实现的。然而，新隐喻和死隐喻很难划界，因为所谓“新”或“死”是因人而异的，具体联系到每一位隐喻认知主体在程度上有很大的差异，甚至有时是截然不同的。传统的划界一般遵循词语的比喻用法是否归入词典而定，即已归入词典的视作死隐喻，而未归入的视作新隐喻。尽管这样的划界标准已被学界广泛接受，然而其弊端也是显而易见的，因为这一划界标准没有将认知主体的因素考虑在内。对于特定认知个体而言，他 / 她所熟悉的隐喻便是死隐喻，而他 / 她不熟悉的隐喻便是新隐喻。例如：对于《现代汉语词典》中所列的比喻“岳母”的死隐喻“泰水”[④]，现代人似乎很少有人知晓，而对于现代青年几乎人人皆知的“玉米（李宇春迷）”、“盒饭（何洁迷）”等在词典中均无列出。因此，对于现代大学生而言，“玉米”、“盒饭”应归入死隐喻，而“泰水”则应归入新隐喻，因为他们更熟悉前者，对前者的加工反应也快于后者。

（二）个体背景

同样是语言使用者，为什么有的人能更多地使用隐喻，而有的人则不？为什么有的人对隐喻较敏感，而有的人则不？为什么有的人能迅速理解隐喻，而有的人则不？那是因为各个人的认知能力和知识水平不同。这种认知能力和知识水平表现在以下三个方面。

① Peng，D.L.（彭聃龄）et al.：Neural basis of the non-attentional processing of briefly presented words. *Human Brain Mapping*，2003，18：215~221.

② Curran，T.：Brain potentials of recollection and familiarity. *Mem Cognit*，2000，28（6）：923~938.

③ Lakoff，G. & Turner，M.：*More than cool reason：a field guide to poetic metaphor.* Chicago：The University of Chicago Press. 1989：80.

④《现代汉语词典》，商务印书馆 2006 年版，第 1320 页。

首先是**经验**。根据莱考夫等人的经验主义认知观，认知主体的身体经验在认知发展中起着十分重要的作用，抽象概念的形成源于认知主体在环境中的身体经验。人们首先以自身躯体经验为基础，构思情景，合成图像，这就是意象图式，它为抽象思维提供了基础，是理解抽象概念和进行抽象思维的主要途径。人的大脑是有可塑性的，细胞在形成之初并没有从事专门任务的功能区，而直到孩提时期，大脑皮层还在继续分化成不同的特殊任务功能区域，其分化基础是经验①。隐喻是以相似性为基础的，在隐喻中，“相似”是用喻体来表达那些抽象的、难以表述的事物或概念的根据。例如，人们用身体的某一重要部位来比喻重要的人，人们可以经常听到，“他是我们的头”，“他这两个儿子简直就是他的左右手”，“娇娇是她妈妈的心肝宝贝”等隐喻。人是以自身为出发点体验和认识客观世界的，一个人亲历了某个事件，以自己的身体感受了某种事物，他/她对所经历的东西会比间接了解到的东西会有更深刻的印象，并更容易保留在长时记忆中。因此，一个人的阅历越多，经验越丰富，他/她就越容易将自己体验过的不同东西做类比，越能找出不同事物之间的相似性，其结果是越容易理解隐喻。

其次是**年龄**。经验是与日俱增的，这就联系到语言使用者的年龄。调查表明：隐喻理解取决于年龄更甚于语言背景、家庭背景或移民时间②。概念隐喻是语言使用者在长时记忆中已经储存了对世界事物各种特性的认识，语言使用者能从眼前的事物特性联系到以前经验过的事物。显然，长时记忆与语言使用者的经验有关，经验越多，长时记忆中储存的事物特性越多。在博诺等人 2002 年做的 ERP 语义联接实验中，他们让正常年青被试和老年被试做主词和靶词间的语义联接任务，其中包括熟悉隐喻语义的联接（“will-iron”，意志 – 钢铁），非隐喻语义的联接（“will-courage”，意志 – 勇气），还包括有语音联接的非正常语义联接，以及没有语音联接的非正常语义联接。比较结果显示，老年被试比年青被试在判断熟悉隐喻语义联接任务中犯的错误少。③这一结果与博斯韦尔 1979 年的研究结果相符。④后者发现，在隐喻离线解释中存在年龄差别。究其原因有二：一是由于他们有更长的语言使用经验；二是由于他们对于社会已经约定

① Hawkins，J. & Blakeslee，S.：*On intelligence*. New York：Henry Holt and Company，2004：29~53.

② Johnson，J.：Developmental vs language-based factors in metaphor interpretation. *Journal of Educational Psychology*，1991，83（4）：470~483.

③ Bonnaud，V.et al.：Metaphorical and non-metaphorical links：a behavioral and ERP study in young and elderly adults. *Clinical Neurophysiology*，2002，32：258~268.

④ Boswell D.A.：Metaphoric processing in the mature years. *Human Development*，1979，22：373~384.

俗成的隐喻表达更为熟悉，因此他们在辨别和联接传统隐喻意义时就显得更轻松，更容易。

再次是语言使用者的**文化层次**。隐喻理解是个语义联接过程，需要词汇控制能力，而隐喻的掌握在语义记忆中有其特殊的地位。因此，受教育越多，文化层次越高，对这种特殊词汇的控制能力就越强，而且这一社会层次对隐喻使用频率一般也相应逐渐递增。有调查表明，有经验的作家往往持续使用修饰性的词语①。受教育程度对于准确地运用隐喻和理解隐喻都起着重要作用。A. N. 卡茨 1996 年通过实验发现，听话者对不同的说话者有不同的隐喻使用可能性的期待。根据卡茨的研究报告，听话者对不同职业的人使用隐喻可能性的打分情况，如表 3.2 所示。

表 3.2　不同职业使用隐喻的可能性②

序号	职业	隐喻使用可能性	序号	职业	隐喻使用可能性
1	艺术家	7.00	8	律师	5.93
2	教师	7.00	9	推销员	5.88
3	教授	6.93	10	文学评论家	5.87
4	作家	6.87	11	政治评论家	5.80
5	诗人	6.60	12	钢铁厂工人	2.57
6	演员	6.07	13	卡车司机	2.40
7	记者	5.93			

笔者认为，卡茨所列的职业基本跟文化层次，即受教育层次有关。从表 3.2 可看出，前 11 种职业均属于脑力劳动者，需要一定的文化要求，因此他们之间没有表现出质的区别；而后两种职业属于体力劳动者，他们跟前者的区别截然不同，比较前者表现出了一个梯度的区别，也即一个质的跳跃。假如哪位研究者对我国的农民、农民工、建筑工人、餐馆服务员、宾馆清洁工等文化层次要求不高的职业人员做调查，估计得分跟后者不会有本质的区别。

当然，这三者是相辅相成、互相影响的。性别是否也是影响认知主体对隐喻解读的因素之一，目前学界尚无定论。

二、影响隐喻认知的客体因素

客观语境指的是影响隐喻认知的客体因素。美国语言学家奥特尼指出：如果不把隐

① Williams，D. W. et al.：Metaphor production in creative writing. *Journal of Psycholinguistic Research*，1992，21（6）：497~509.

② 引自束定芳：《隐喻学研究》，上海外语教育出版社 2000 年版，第 211 页。

喻发生的语境考虑在内，那么这种“自然发生”的隐喻通常是不能理解的[①]。这一观点表明，词和句子本身并不成其为隐喻，是某种特殊的使用使之成为隐喻。本文这一部分主要讨论的是影响隐喻理解的上下文语境、情景语境和文化背景等客观语境。

（一）上下文语境

上下文语境（textual context）指的是隐喻表达所用的语言符号的前后搭配。汉语中有为数众多的熟语是以死隐喻的方式为人们理解的，这些熟语一般都有程式化的理解，人们一般理解的是它们的隐喻意义而非字面意义，因此它们往往是语境自恰的，即一般情况下不需要上下文语境便能理解。例如：

86）皇帝的女儿不愁嫁。（比喻自恃某一外部条件优越而不思主观努力。）

87）会哭的孩子有奶吃。（比喻态度强硬、要求强烈的单位或下属能得到更多的照顾。）

88）捡了芝麻丢了西瓜。（比喻抓住了次要的东西而放弃了主要的东西。）

89）乱点鸳鸯谱。（比喻瞎指挥，胡乱凑合。）

90）天上不会掉馅饼。（比喻白占便宜的事是不会有的。）

91）无事不登三宝殿。（比喻没有事情就不上门。）

92）有眼不识泰山。（比喻浅陋无知，认不出有地位有能耐的人。）

93）宰相肚里好撑船。（比喻某人有度量，能容忍、原谅别人。）

然而，有些词在某些上下文语境中为本义表达，而换了上下文语境就成了隐喻表达。例如：

94）A. 锅子**生锈**了。（本义）

B. 脑袋**生锈**了。（隐喻义：不灵敏）

95）A. 冰霜**解冻**了。（本义）

B. 关系**解冻**了。（隐喻义：不再僵持）

96）A. 给宝宝**打预防针**。（本义）

B. 给球迷**打预防针**。（隐喻义：预先提醒）

97）A. 孩子个头**矮人一截**。（本义）

B. 女篮不再**矮人一截**。（隐喻义：比别人差）

98）A. 这台电脑的**硬件**不行。（本义）

① Ortony, A.: Metaphor, language, and thought. In A. Ortony (ed.), *Metaphor and thought*. Cambridge, England: Cambridge University Press, 1993: 11.

B. 这个学校的**硬件**不行。（隐喻义：物质条件）

99）A. 裁判向违规球员**亮起黄牌**。（本义）

B. 小店因违法经营被**亮黄牌**。（隐喻义：受警告）

100）A. 他在爆破前**点燃了导火线**。（本义）

B. 他在讨论时**点燃了导火线**。（隐喻义：触发了争论的话题）

101）A. 出国留学深造，他**交了很多学费**。（本义）

B. 熟悉这个行业，他**交了很多学费**。（隐喻义：花了很大代价）

这八对句子中，每对黑体字的语符完全相同，但由于上下文语境不同，同形语符所赋予的语义便大相径庭。每对句子中的 A 句是这些词或词组的本义用法，而到了 B 句中则成了隐喻义。它们从本义向隐喻的转化关键是受到了上下文语境的制约。如例 94-B 中的"生锈"应该是金属的属性，跟生物的"脑袋"搭配，显然超出了它原有的属性，然而根据福科尼耶和特纳的"概念整合理论"①，在类别空间（generic space）中两者有了结构上的相似性"金属不用会生锈"⇔"脑子不用会不灵敏"，于是在层创空间（blending space）中得出"脑子不用会生锈"。

还有些词用作隐喻时，在不同的上下文语境中所表示的隐喻意义完全不同。例如：

102）A. **魔鬼**工头（贬义隐喻义：邪恶凶狠的）

B. **魔鬼**身材（褒义隐喻义：有曲线的、苗条的）

103）A. 脑子**短路**。（隐喻义：思路不顺畅）

B. 情节**短路**。（隐喻义：不连贯）

104）A. 高官**落马**。（隐喻义：因腐败被抓）

B. 名将**落马**。（隐喻义：在比赛中失败）

105）A. 给自己**涂脂抹粉**。（隐喻义：为自己加砝码，说好话）

B. 给城市**涂脂抹粉**。（隐喻义：美化，打扮）

106）A. 领导群众各**打算盘**。（隐喻义：为自己的利益着想）

B. 公司老总细**打算盘**。（隐喻义：精打细算）

107）A. 糊涂男人自戴"**绿帽子**"。（死隐喻义：老婆在外面有情人的男人的标签）

B. 食品乱戴"**绿帽子**"。（新隐喻义：符合环保要求的标签）

108）A. 取暖器是家里的**小太阳**。（隐喻义：像太阳一样散发热量的电器）

---

① Fauconnier，G. & Turner，M.：Conceptual integration networks. *Cognitive Science*，1998，22（2）：133~187.

B. 我儿子是家里的**小太阳**。（隐喻义：家人围着转的中心人物）

109）A. 他为自己的人生**画上了**圆满的**句号**。（隐喻义：他已去世）

B. 他为自己的运动生涯**画上了**圆满的**句号**。（隐喻义：他不再是职业运动员）

尽管每对句子中的黑体字词性一致，用法一致，且都是隐喻表达，但是因为上下文语境使他们产生了相近（例 103、104、105、106、109）或相异（例 102、107、108）等不同意义。它们的语义所指也许褒贬完全相反（例 102），也许同时新旧概念在不同语境中并存（例 107）。简言之，脱离了上下文语境，这些隐喻就很难赋予受喻者一个明确的含义。

（二）情景语境

情景语境（situational context）指言语行为发生时的具体情景。在言语交际中，语境对隐喻意义的恰当表达和准确理解起着重要作用。在语用学的理论框架下，我们已经清楚地认识到，话语意义的恰当表达和准确理解是在不同的语境中进行的。人们在言语交际中，离开语境，只通过言语形式本身，说话人往往不能恰当地表达自己的意图，听话人也往往不能准确地理解说话人的真正意图。因为要准确地理解说话人的话语所传递的信息，仅理解语言形式的"字面意义"是不够的，还必须依据当时的语境推导出言语形式的"言外之意"。[①]受喻者本身要索取的就是言语形式的"言外之意"，因此，在我们讨论隐喻认知时，绝对不能忽略隐喻理解对于语境的特别依赖性。

就话语表达而言，语境影响说话人的说话内容、表达方式、表达手段等方面的选择；就话语理解而言，语境有助于听话人确定指称、消除含糊、充实语义等[②]。情景语境的功能在于对意义的表达和理解在不同的会话情境中产生影响，因此情景语境对隐喻理解可起到制约作用。一个隐喻是一个语境中的一个词，语境决定了这个词不是它本身的意义，而是别的意义，更确切地说，这往往是唯一可能的隐喻定义。因此，隐喻认知还极大地依赖于情景语境。让我们以多义隐喻为例，这些意义一般并非在同一情境中同时呈现，而是在不同的情境中产生不同的语义指向。还是以例 28）、29）、30）、31）为例进行分析：

28）张三是老虎。（张三很强壮；张三很勇猛；张三很凶……）

29）张三是老鼠。（张三很瘦小；张三长得贼头贼脑；张三会偷东西……）

30）张三是猴子。（张三很瘦；张三脑子很灵活；张三动作很敏捷……）

31）张三是猪。（张三很胖；张三很懒；张三很笨……）

---

① 索振羽：《语用学教程》，北京大学出版社 2000 年版，第 17 页。

② 何自然、陈新仁：《当代语用学》，外语教学与研究出版社 2004 年版，第 121 页。

其中对于喻体“老虎”、“老鼠”、“猴子”和“猪”的理解必须在特定的语境之下才能判断。我们可以将一个魁梧的人称为“老虎”，也可以将一个脾气暴躁的人称为“老虎”，其中的意义和褒贬只有在具体客观语境中才能体现出来。强有力的语境可以让最陌生的词产生合适的意义。比如在隐喻“张三是老虎”中，如果我们所指的“张三”魁梧得像老虎那样，那么该隐喻应以“张三很强壮”来理解；如果我们提及的“张三”在打仗或体育比赛中像猛虎一样冲锋陷阵，那么该隐喻应该意指“张三很勇猛”；但如果我们谈论的“张三”经常跟人家吵架，吵的时候像老虎一样要把对方吃掉，那么我们应该以“张三很凶”来理解该隐喻；或许大家都在谈论属相时，“张三是老虎”这一命题就不能归为隐喻，而只能理解成“张三属老虎”。同理，“张三是老鼠”，“张三是猴子”，“张三是猪”都应该在具体语境中判别其真正含义。

由此可以得出：在不同的语境中表达同样的隐喻会产生不同的语用意义。特别是那些具有发散意义的隐喻，由于其语义的不确定性、含糊性及语义发散性使得受喻者在没有情景语境的情况下很难把握施喻者的真正意图，一旦脱离语境，受喻者将无法准确理解其真正含义。按照丹·斯帕伯和迪尔德丽·威尔逊的关联理论，在处理话语时，人们往往首先假定关联的存在，再寻找满足关联条件的语境，最后作出话语理解①。具体落实到隐喻理解就应该是：在处理隐喻时，人们往往首先假定映射的存在，然后寻找（联想）满足映射条件的语境（相似性），最后作出恰当的隐喻理解。

（三）文化语境

文化语境（cultural context）指说话人生活于其中的社会文化背景。思维是大脑的功能，尽管隐喻作为一种思维方式和认知功能体现了人类的思维共性，然而，隐喻思维同时又是一种文化行为。人类大脑的生理构造基本一致，没有民族性，但是由于不同的语言社团使用不同的语言，导致他们对世界的认识也不尽相同。反之，世界通过语言的折射，使操不同语言的社团对同一概念的认识产生这样或那样的差别。换言之，尽管人类的认知有共性，但人类认知活动植根于人们日常的自身体验之中，致使隐喻认知在很大程度上与受喻者的文化背景有关。无论是语言的本义理解还是语言的隐喻理解，无一不处在文化所界定的范围之内。因此，隐喻认知归根结底又是一种文化行为。有时，不考虑文化因素的影响，便无法解释两个不同事物如何在人的心智中联系起来，也无法解释人们为何可以由始源域联想到目标域。有时，离开语境，离开对文化的认识和理解，

① Sperber，D. & Wilson，D.：*Relevance：communication and cognition*. Oxford：Blackwell，1995：15.

单靠生物本能和纯粹的心理生物机制，也无法进行隐喻的创造和领悟。根据王松亭，文化因素对隐喻感悟体现为三个方面的重要作用：文化意识为隐喻感悟过程中的联想提供参考框架和心理基础；文化因素为隐喻的感悟提供一定的审美观念；文化因素为隐喻的感悟提供一定的价值取向①。笔者认为，第一条是最基本的，审美观念和价值取向都建立在认知框架和心理基础之上。

隐喻体验受文化影响。英国科学社会学家巴里·巴恩斯指出，理论是人们创造出来一种隐喻，创造它的目的，就是要根据我们所熟悉的、已得到完善处理的现有文化，或根据新创造的、我们现有的文化资源能使我们领会和把握的陈述或模型，来理解新的、令人困惑的或反常的现象②。人们长期置身于某种文化氛围之中，长期获取该种文化的指令，受其熏染，在潜移默化之中形成某种固定的方式和审美观念。例如，竹子在中国文化中具有丰富的内涵。中国成语中有“势如破竹”一说，意指“形势像劈竹子一样，劈开上端之后，底下的都随着刀刃分开了，比喻节节胜利，毫无阻碍”。③对于中国人而言，竹子的这一特性是不言而喻的，因此很容易想象“势如破竹”的场面，也很容易将始源域对应于目标域。而对于西方人而言，他们的心理词典中可能没有这样的概念，要想象破竹之势就勉为其难了。因此，这正是不同语言中隐喻差异的根源所在，因为不同的文化在隐喻感悟的深层心理中起着不可替代的作用。

隐喻构成受到文化模型的熏陶。隐喻的感悟与文化因素之间有着非常密切的关系。隐喻是在一定的文化范围之内被创造和接受的，隐喻的创造者和接受者是一定文化的载体，因而隐喻也体现人们的文化观念。维克托·巴拉班明确论证了隐喻跟文化模型有关的说法。R. 吉布斯指出，语言表达中隐喻表达式的出现是成系统的，这不仅反映了人的心理结构，也反映出不同的文化模型也在起作用。隐喻跟文化模型的关系如何；隐喻构成还是反映文化模型，二者是不是逐渐全等关系，这些都有待于进一步研究。④笔者认为，文化模型和隐喻构成并不是全等关系，而是决定和被决定的关系。任何思维活动，都是以自我的文化经验意识为前提的，隐喻的感悟亦然。文化是隐喻的前提，它在认知主体的感悟活动中起决定作用。人类认识水平的提高，实践经验的积累，离不开联想的文化环境和氛围。朱熹说：“万物各具一理，而万理同出一源，所以可推而无不通也。”隐喻

① 王松亭：《隐喻的感悟及其文化背景》，《外语学刊》1996 年第 4 期。

② 巴恩斯：《科学知识与社会理论》，鲁旭东译，东方出版社 2001 年版。

③《现代汉语词典》，商务印书馆 2006 年版，第 1245 页。

④ 林书武：《隐喻研究的基本现状、焦点及趋势》，《外国语》2002 年第 1 期。

正是在文化联想的基础上才得以创造并接受的。在人们的实践活动中，某些现象或因素与人的心理感受乃至审美观念等逐渐发生了稳定的对应关系。例如，红色在中国文化和西方文化的对应中是截然不同的。红色是我国文化中的基本崇尚色，它体现了中国人在精神和物质上的追求。它象征着吉祥、喜庆，如把促成他人美好婚姻的人叫“红娘”，喜庆日子要挂大红灯笼、贴红对联、红福字；男娶女嫁时贴大红“喜”字，把热闹、兴旺叫做“红火”等。而西方文化中的红色（red）则是一个贬义相当强的词，是“火”与“血”的联想，它象征着残暴、流血，如 red revenge（血腥复仇），a red battle（血战）；它也象征危险、紧张，如 red alert（最高级空袭报警），a red flag（危险信号旗）；它还象征着放荡、淫秽，如 a red light district（红灯区）。

隐喻理解受文化的制约。隐喻作为语言现象是储藏、传承、发展文化的载体，必然蕴涵着丰富的文化。因此，隐喻也具有民族性和约定性，体现着文化的冲突和差异。不同的民族文化沉淀在隐喻中必然留下截然不同的深刻痕迹。人们写文章对某一问题展开辩论，汉语曰“笔战”，英语称“纸战”，而俄语却说“用墨水作战”。三种语言都把“辩论”比作“打仗”，但由于观察事物的角度有别，对事物的命名也就不同。有些隐喻化的语言对于非本族人来说简直是不可思议的。例如：英语说 love with my heart，汉语也说“用我的心去爱”，然而中美洲的玛雅语却说“用我的肚子去爱”，而某些非洲语言说“用我的肝去爱”，西太平洋上的马绍尔语竟然说“用我的喉咙去爱”。①有时，由于民族文化心理、风俗习惯及价值取向不同，同一喻体在不同文化中的隐喻意义大相径庭。例如 dog 在英美文化中常作褒义词，是“忠诚的人类朋友”的同义语。由于英美人对狗有好感，因此英语中有关狗的隐喻大都是褒义的，如 a lucky dog（字面意义：幸运的狗；隐喻意义：幸运的人），love me love my dog（字面意义：爱我亦爱我狗；汉语翻译：爱屋及乌）。在英美文化中，如果说某人是 old dog（字面意义：老狗），是称赞他为行家里手；而在中国文化中，“老狗”却是相当难听的骂人话，因为在汉民族的传统心理中，狗是一种贱物，凡是以狗作喻体形成的隐喻，往往具有贬义，比如，“狗头军师”、“狗嘴里吐不出象牙”、“狗皮膏药”、“狗眼看人低”、“狗仗人势”等。在理解隐喻“Big thunder，little rain”（雷声大，雨点小）时，英美国家的人将它理解成“无效的努力”，而汉语中一般理解为“声势大，行动小”。

因而，相同的隐喻在不同的文化中有不同的诠释。语言不仅仅是一种沟通工具或符

① 李国南：《汉语比喻在西方的可接受度》，《四川外语学院学报》1996 年第 3 期。

号，它更能显示一种传统及文化价值内涵。隐喻作为语言现象体现着文化的差异，具有民族性和约定性。因为文化背景的差异，不同语言中对于同一事物所采用的语词，可能造成完全不同思想内涵或联想。不同文化背景的人有可能运用不同的概念隐喻来理解同一概念，或运用相同的隐喻来表达不同概念。同样的表达在不同的文化背景中存在着不同的象征，因为它们的象征意义在不同民族语言中往往有不同的特点，有些特点甚至构成了人们对经过引申、转义以后特殊表达法的崇尚、禁忌、喜好和厌恶。认知主体所处的文化环境对于隐喻的使用和理解所起的关键作用是不可小视的。不同民族和地域的人会创造出不同的隐喻，即使同一语言社团中的人，因其背景不同对同一隐喻也会有不同的理解。这种不同文化之间的话语象征意义的差异，是由于各自民族的文化历史背景、审美价值心理的差异而产生的，是在社会的发展、历史的沉淀中约定俗成的，是一种永恒的文化现象。因此，生活环境、生活经验、风俗习惯、宗教信仰、价值观念等差别导致了不同语言中隐喻的生成和理解上存在着的差异。

当然，人的审美观念并不是一成不变的。隐喻也并不会因为审美观念的相对固定而丧失其生命力。文化熏染一方面是通过无意识形态积淀为人的行为模式，另一方面是通过有意识形态产生对于新的行为方式的自觉接受和抵制。人的审美观念通过这两种形态逐步固定下来并不断发展，而隐喻也正是随着人们的观念的发展而不断生成与更新，从而永远保持其独特的魅力。隐喻的发展与文化的发展同存，可以说，隐喻的变化和发展反映出人类观念的更新，认知水平的提高，以及感悟程度的深入。

综上所述，我们可以清楚地看到，从始源域向目标域的映射过程直接受到认知主体和认知客体的影响。在探究隐喻加工模型时应该把影响隐喻理解的主客体因素考虑进去，如果不把这些因素考虑进去就断言隐喻加工模式是非常不明智和不可取的，其结果会将隐喻认知研究引入歧途。笔者同意皮亚杰的认识主体与认识客体之间的相互作用构成认识的建构论观点①。这一观点不仅适用于对一般事物的认识，也同样适用于像隐喻这样的特殊语言形式的认识。

① 皮亚杰：《发生认识论原理》，王宪钿等译，商务印书馆 1995 年版。

第 4 章　ERP 与汉语隐喻研究

当代科学技术的进步使人类对外在客观世界的认识已经相当深刻，但人类对自身主观世界的认识却十分肤浅，对于脑的工作原理，特别是脑的高级功能——心理功能原理的认识就更粗陋了。近年来，随着认知神经科学研究的突飞猛进，ERP 受到脑科学界越来越广泛的关注。实验数据是用来检验理论假设的最有力证据之一。目前，利用 ERP 技术进行科学研究已经深入到医学、生理学、神经科学、心理学、语言学、人工智能等多个领域。在语言研究方面，研究人员已经发现了多个与语言加工有关的 ERP 成分，我们完全可以利用其中某些成分进行汉语隐喻认知神经机制的研究，因为这些成分能够反映汉语隐喻认知过程中几毫秒内神经电活动的变化。

第 1 节　ERP 基本原理和方法

研究语言认知的神经机制可采用病理学方法和电生理方法。前者是对脑损伤造成语言功能缺失病人的研究，尽管这种研究能够帮助我们建立损伤脑区与语言生成与理解之间的联系，但也无法提供关于语言认知加工进程的任何信息。要弥补这种缺憾，要探究正常人语言生成和理解过程，当下最便捷的方式便是借助无创性的脑成像手段在线观察大脑中语言认知活动的过程。本研究试图借助 ERP 实验手段来观察语言中的特殊现象——隐喻认知的加工进程。ERP 是怎样一种脑电技术？它跟认知科学之间究竟是怎样一种关系？语言中的隐喻和 ERP 脑电应怎样建立联系？ ERP 脑电能真正反映隐喻加工进程吗？要发挥这一先进的脑电技术的作用来研究汉语隐喻认知，还得让我们先简要了解一下该技术的基本原理和操作方法。

一、ERP 的基本原理和特征

隐喻在神经元层面的加工和其他信息加工一样，可由电子信号表现出来。人只要活着，就会不断放出脑电，但是这些脑电与由认知活动激发的脑电不同，后者常常信号非常弱，不容易提取出来。在研究与高级神经活动相关的诱发脑电时，人们对诱发方式进行了大胆的尝试和开拓，除了经典诱发方式外，人们还用各种不同的心理因素（如期待、预备、记忆、辨识）以及各种随意活动进行诱发，其电位称为事件相关电位（event-related potential，ERP）。ERP 把大脑皮层的神经生理学与认识过程的心理学融为一体。由于 ERP 和许多认知过程有着密切联系，于是 ERP 便成了解认知神经基础的主要信息来源之一。这些认知过程包括心理判断、理解、辨识、注意选择、做出决定、定向反应和某些语言功能。神经元如何传递电子如图 4.1 所示：

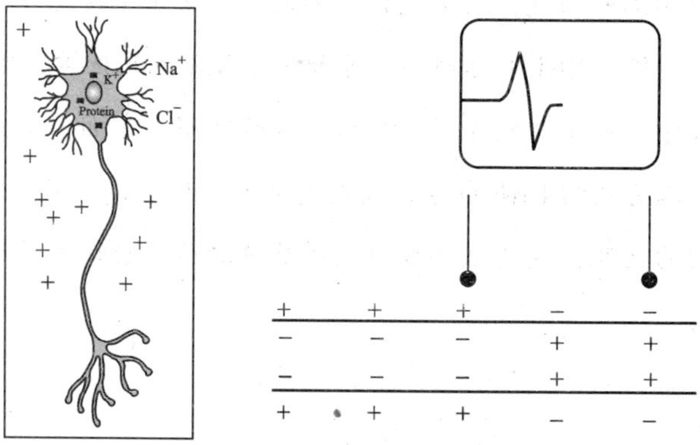

图 4.1　神经元传送电子信号图

ERP 是与实际刺激或预期刺激（声、光、电）有固定时间关系的脑反应所形成的一系列脑电波[①]，它是一种无损伤性脑认知成像技术，其电位变化是人类身体或心理活动跟时间相关的脑电活动，可在头皮表面记录到并以信号过滤和叠加的方法从 EEG 中分离出来。为了全面认识 ERP，在了解 ERP 之前，我们必须初步了解一下 EEG。活的人脑总会

① Vaughau，H. G. Jr.：The relationship of brain activity to scalp recordings of event-related potentials. In Donchin，E.，Lindsley，D.（eds），*Average evoked potentials.* Washington，D.C.：NASA，1969：45~94.

不断放电，称为脑电（electroencephalography，EEG）。EEG 技术经过几十年的发展，已经成为一种比较成熟的认知神经科学的研究手段。其原理是：大脑在工作时，神经细胞中的离子运动会产生电流，在头皮表面形成微弱的（微伏级）的电位，脑电装置可通过高灵敏度的电极和放大器来探测这些电位。脑电是大脑中枢神经系统活动过程的反映，在医学研究与临床诊断中常常使用脑电记录仪来记录大脑中枢神经系统的电活动过程。脑电活动具有不同的形式,主要包括自发电位和诱发电位。自发电位(spontaneous electroencephalography）是指在没有特定刺激的情况下，大脑神经系统活动自发产生的电位及其变化；诱发电位（evoked potential），或称诱发反应，是指神经系统在接受内外环境刺激信息时所产生的特定神经电活动。脑细胞无时无刻不在进行自发性、节律性、综合性的电活动，将这种电活动的电位作为纵轴，时间特征为横轴，记录下来的电位与事件相互关系的平面图即为 EEG。它含有心理与生理信息，但不是信息引起的波形本身。图 4.2 是各种意识水平下的 EEG 波形：

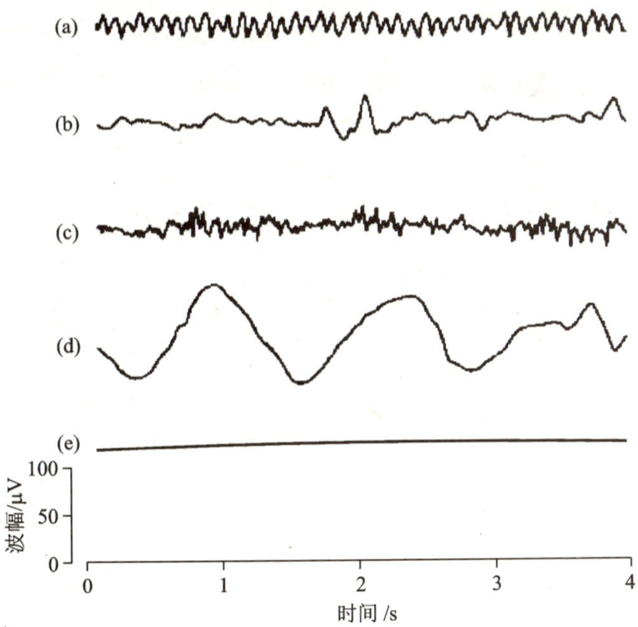

图 4.2　各种意识水平下的 EEG 波形①

（a）清醒；（b）浅睡；（c）快速眼动睡眠；（d）深睡；（e）脑死亡

传统上，脑电主要是通过波幅、潜伏期和电位变动或电流的空间分布等指标来提供

① 引自罗跃嘉主编:《认知神经科学教程》，北京大学出版社 2006 年版，第 130 页。

大脑工作过程的信息。EEG 与人体的意识水平也密切相关，当大脑活动增加时，EEG 的节律增高而波幅降低。例如，人们在清醒闭目的假寐状态下，α 波出现；在浅睡眠状态下，EEG 节律逐渐减慢；当睡眠加深，眼动加快——快速眼动睡眠（rapid eye movement sleep，REM sleep），可创新一种特征性的 EEG；在深度睡眠中，以 δ 波为主；EEG 消失是诊断脑死亡的最主要指标①。

人脑只要没有死亡，就会不断产生 EEG（脑的自发电位），但成分复杂而不规则。正常的自发脑电一般处于几微伏到 75 微伏之间。但仅从 EEG 中观察不到特定心理认知活动产生的脑电信号，因为由心理活动所引起的脑电信号比自发脑电信号更弱，一般只有 2 到 10 微伏，通常淹没在自发电位中，所以 ERP 需要从 EEG 中提取。而要在 EEG 中提取某种刺激在脑内所引起的电位变化，则需要采用计算机叠加技术。这样提取出来的信号就是 ERP，它是刺激事件引起的脑电真实的实时波形②。因为由神经细胞的离子运动产生的电流非常微弱（0.1~20 μV），再加上脑电信号通常伴随着巨大的噪声，这些脑电掩埋在自发电位中（波幅范围 ±100 μV，其频率范围在 40 Hz 左右）难以观察，为机能定位带来了困难。换言之，ERP 和 EEG 二者之间构成的是小信号与大噪音的关系，无法直接测量和研究。但 ERP 有两个恒定，一是**波形恒定**，一是**潜**

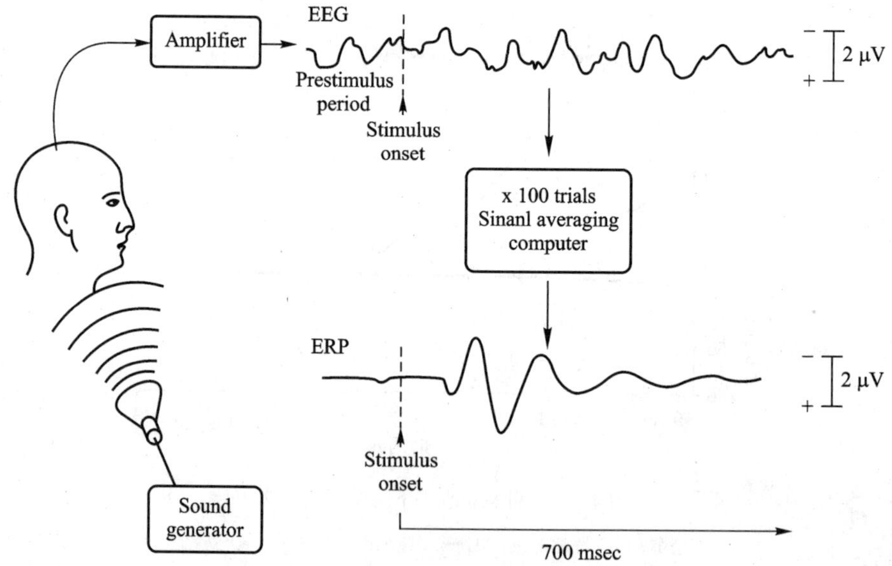

图 4.3　从 EEG 中提取 ERP 过程图

---

① 罗跃嘉主编：《认知神经科学教程》，北京大学出版社 2006 年版，第 129 页。

② 梁丹丹、顾介鑫：《神经语言学研究方法与展望》，《外语研究》2003 年第 1 期，第 20~26 页。

伏期恒定。利用这两个恒定就可以通过叠加，从 EEG 中将 ERP 提取出来，即利用诱发电位固定的锁时（time-locked）关系，经过计算机的叠加处理，提取出 ERP 成分。（如图 4.3 所示）

由于上述两个特征，为了从 EEG 中提取出 ERP 成分，需要对被试施以多次重复刺激“S”，将每次刺激产生的含有 ERP 的 EEG 加以叠加与平均。由于作为 ERP 背景的 EEG 波形与刺激间无固定的关系，而其中所含的 ERP 波形在每次刺激后是相同的，且 ERP 波形与刺激间的时间间隔（潜伏期）是固定的，经过叠加，ERP 会按叠加次数成比例地增大，而 EEG 则按随机噪音方式加和。若刺激次数为 N，则叠加 N 次后 ERP 增大 N 倍，而 EEG 只增大开平方的 N 倍，信噪比提高开平方的 N 倍。若叠加前 ERP 波幅为 EEG 波幅的 1/2，ERP 被埋没在 EEG 中难以观察，经过 100 次叠加后 ERP 增加 100 倍，EEG 增加 10 倍，叠加后的 ERP 波幅成为 EEG 的 5 倍，于是 ERP 就从 EEG 背景中浮现出来了。叠加后的 ERP 数值除以叠加次数，其平均值立即还原为一次刺激的 ERP 数值。因此 ERP 又称为平均诱发电位，通常所谓的“平均”实际就意味着是叠加后的平均。这就是从 ERP 中提取 ERP 的原理，如图 4.4 所示。

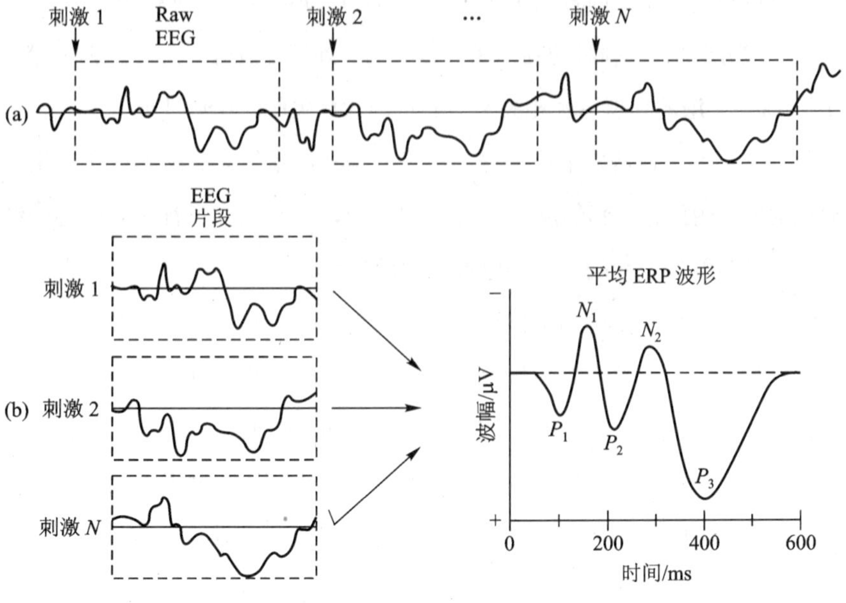

图 4.4　提取 ERP 成分示意图①

至此，我们已知，ERP 特指当外界一种特定的刺激，作用于感觉系统或脑的某一部位，

① 罗跃嘉主编：《认知神经科学教程》，北京大学出版社，2006 年版，第 131 页。

在给予刺激或撤销刺激时，或当某种心理因素出现时在脑区所产生的电位变化。ERP 由 EEG 锁时在要求认知加工的刺激开始的平均电位，它代表着与该刺激有关的脑电活动，可以从大脑加工的各种认知任务（如：注意、记忆、语言理解）中获得。

在 ERP 实验中，外部的任务刺激被视为一种事件（event），人们可以通过脑电记录仪观察到被试因事件诱发的不同脑区的脑电活动情况。把一对电极放在人的头皮上并通过放大器观察时，就可得到波幅介于 -100 微伏和 +100 微伏频率 40 赫兹左右的脑电图（EEG），但若呈现同一个刺激，经过电脑叠加平均，就会发现脑电图中固定的时间段总会出现固定的波形，这就是平均事件相关脑电位①。因此，ERP 成为当代认知神经科学研究中的一种非常重要的手段。与传统的心理学研究方法，如行为观察、问卷、量表等不同，1965 年萨顿开创的事件相关电位 ERP 为打开大脑功能这一“黑箱”，提供了一个更为直接、客观且简便可行的观察方法。此外，ERP 还有以下一些特点：

（1）ERP 是一种特殊的诱发电位，属于近场电位。

（2）ERP 实验时，一般要求被试在一定程度上的配合与参与。

（3）ERP 刺激的性质、内容编排多样，目的是启动被试认知过程的参与。

（4）ERP 成分包括：与刺激的物理属性相关的“外源性成分”，与心理因素相关的“内源性成分”，既与刺激的物理属性相关又与心理因素相关的“中源性成分”。

总之，ERP 不像普通诱发电位那样，记录的是神经系统对刺激本身所产生反应，而是大脑对刺激带来的信息引起的反应，因而 ERP 反映的是认知过程中大脑的神经电生理改变。ERP 是刺激事件引起的实时脑电波，它的优势除了无创性之外主要在于有极高的时间分辨率，其时间精度可达到微秒级。由于它是对神经元自身活动的测量，而不是像 PET、fMRI 等对神经元代谢产物的测量，因此可以探讨认知的时间发展过程；ERP 也可以和行为数据，特别是反应时（RT）很好地配合，可用以研究认知加工过程的规律；此外，ERP 的设备相对简单，对环境的要求也不高，是研究认知过程中大脑活动的不可多得的技术方法。但是 ERP 也有自己的缺陷和不足：它的最大的缺点是定位没有 fMRI 准确，其空间定位只能达到厘米级，主要的影响因素是容积导体效应与封闭电场问题；ERP 只能采用数学推导来实现脑电的源定位，包括独立成分分析和偶极子溯源分析，此方法的可靠性是有限的；此外，被试的颅骨不匀且有个体差异，还有容积导体效应等因素也影

① 张辉、宋伟：《ERP 与语言研究》，《外语电化教学》2004 年第 12 期。

响了它的精确性。

二、ERP 实验方法

ERP 的信号采集是通过脑电记录仪来完成的。脑电记录仪是记录自发电位和诱发电位变化的仪器设备。脑电记录仪的基本构成单元包括：电极帽、刺激呈现器和被试任务操作平台、信号采集与放大装置、信号分析系统（由硬件和软件两大部分组成）等。脑电记录仪的工作原理是：给被测试者戴上电极帽，安排其参与某项识别活动或完成某项认知工作任务，同时通过电极帽记录被试头皮表面不同部位的电位变化，由此推断不同脑区的电活动情况，并进而推断其不同脑区的功能状态。

（一）EEG 记录工具

目前，在 ERP 研究中，记录 EEG 大都用的是电极帽。帽上面有多个记录或吸收头皮放电情况的电极，这些电极在帽子上的位置是根据国际脑电图学会 1958 年制定的 10~20 系统①确定的，沿用至今。即使是今天的 128 导、256 导或 512 导电极帽，也是在此基础上扩展而成的。每一个电极记录到的脑电变化代表的是特定位置头皮上的放电情况，掌握 10~20 系统是进行 ERP 学术交流的条件之一。10~20 系统的原则是头皮电极点之间的相对距离以 10% 与 20% 来确定，并采用两条标志线。一条称为**矢状线**，是从鼻根到枕外隆凸的连线，又称中线，从前向后标出 5 个点：Fpz、Fz、Cz、Pz、Oz。Fpz 之前与 Oz 之后各占中线全长的 10%，其余 3 点间距离均占全长的 20%。另一条称为**冠状线**，是两外耳道之间的连线，从左到右也标出 5 个点：T_3、C_3、C_z、C_4、T_4。T_3 和 T_4 外侧各占 10%，其余 3 点间距离均占全长 20%。Cz 点是矢状线与冠状线的交汇点，常作为确定电极帽是否戴正的基准点。如图 4.5 所示：

要做到从头皮记录脑电（EEG）信号，电极和头皮有效的接触是十分必要的，这样才能进行不同脑区的脑电记录。10~20 系统的特点是，电极的排列与头颅大小和形状成比例，电极部位与大脑皮层解剖关系相符，而且电极名称与脑解剖分区一一对应。按这一电极放置法，大脑左右各取 8 个点，包括额极、额部、侧额部、中央部、顶部、枕部、中颞部和后颞部；中线取额部、中央部、顶部三个点；左右耳垂各放一个参考电极。一共放置 21 个电极。可根据成人或儿童脑电记录需要适当增加或减少电极。具体电极代号如表 4.1 所示。

---

① Jesper，H.：The ten twenty electrode system of the International Federation. *Electroenceph clin Neuro-physiol*，1958，10：371~375.

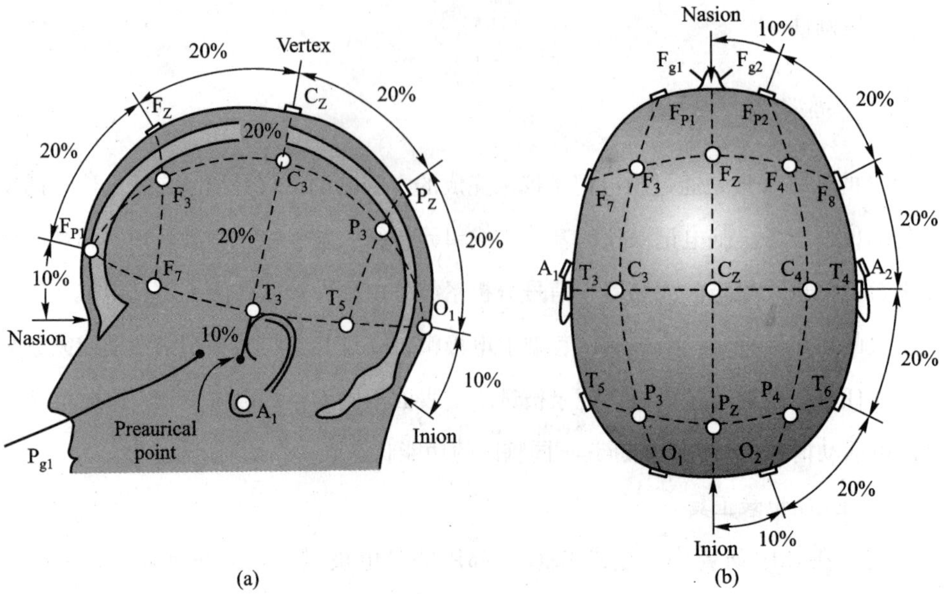

图 4.5　10~20 国际脑电记录系统①

（a）左面观；（b）顶面观

A：耳；C：中央部；P：顶部；F：额部；O：枕部

表 4.1　10~20 电极导联系统脑区与电极代号对应表

部位	英文名称	电极代号
前额部	Frontal Pole	F_{P1}，F_{P2}
侧额部	Inferior Frontal	F_7，F_8
额部	Frontal	F_3，F_Z，F_4
颞部	Temporal	T_3，T_4
中央部	Central	C_3，C_Z，C_4
后颞部	Posterior Temporal	T_5，T_6
顶部	Parietal	P_3，P_Z，P_4
枕部	Occipital	O_1，O_2
耳垂	Auricular	A_1，A_2

注：Z 为 Zero，故 F_Z 为额部中线，C_Z 为中央头顶，P_Z 为顶部中线

1994 年，美国脑电图学会对 10~20 系统电极配位法进行了修正，提出了 10~10 系统电极配位法。该配位方法最初是由夏特瑞安等人于 1985 年提出来的，并于 1988 年作了改进，如图 4.6 和 4.7 所示。

① 罗跃嘉主编：《认知神经科学教程》，北京大学出版社 2006 年版，第 140 页。

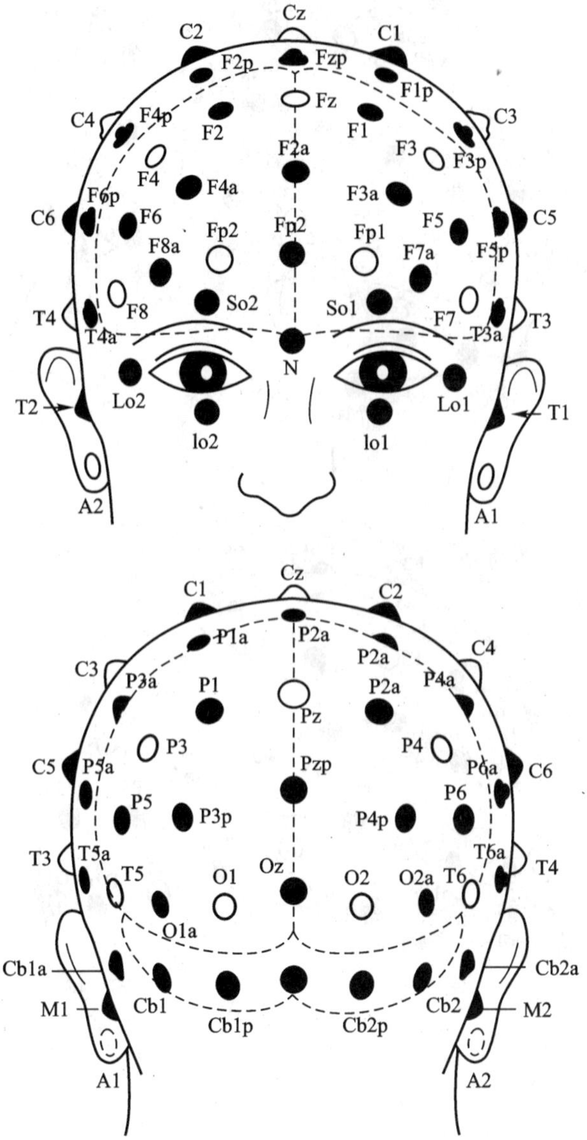

图 4.6 10~10 导联的电极安置与脑区对应的前后示意图①

注：空心圆圈为 10~20 系统电极，黑色圆圈为 10~10 导联增加电极

① 引自赵仑：《ERP 实验教程》，天津社会科学院出版社 2004 年版，第 51 页。

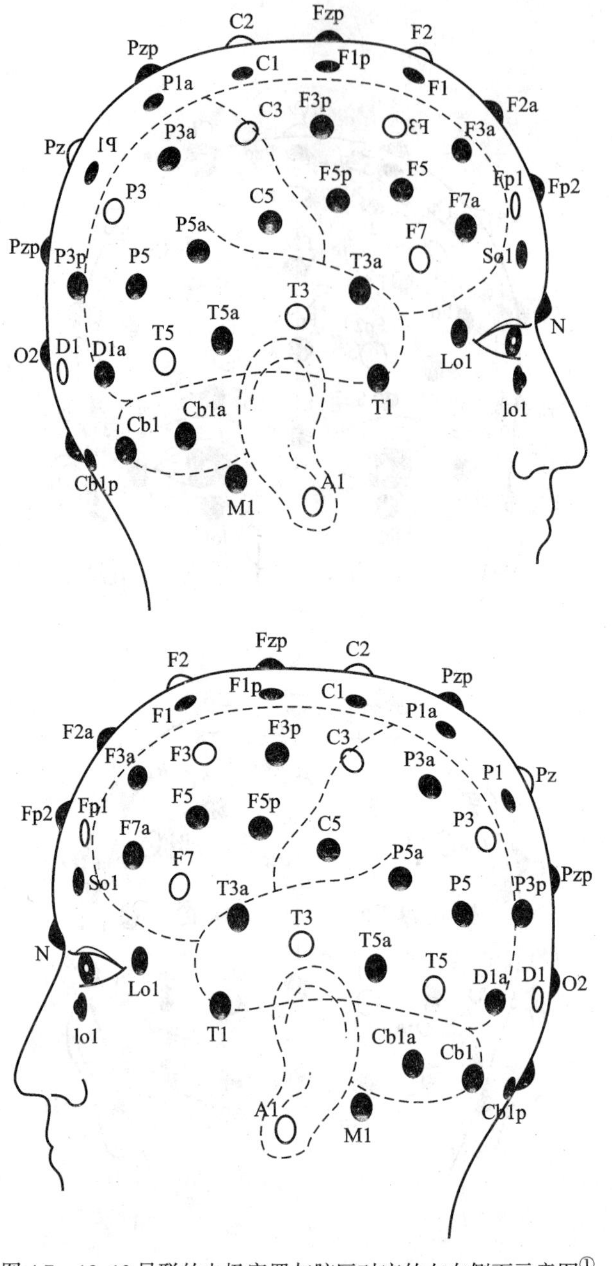

图 4.7　10~10 导联的电极安置与脑区对应的左右侧面示意图①

注：上图为右脑区，下图为左脑区

空心圆圈为 10~20 系统电极，黑色圆圈为 10~10 导联增加电极

电极帽可进行多导联记录，包括 32 导，64 导，128 导，256 导和 512 导，并且依据被试头颅大小分为不同型号，实验记录时，可根据需要选择适合被试头颅的电极帽。图 4.8

① 引自赵仑:《ERP 实验教程》，天津社会科学院出版社 2004 年版，第 50 页。

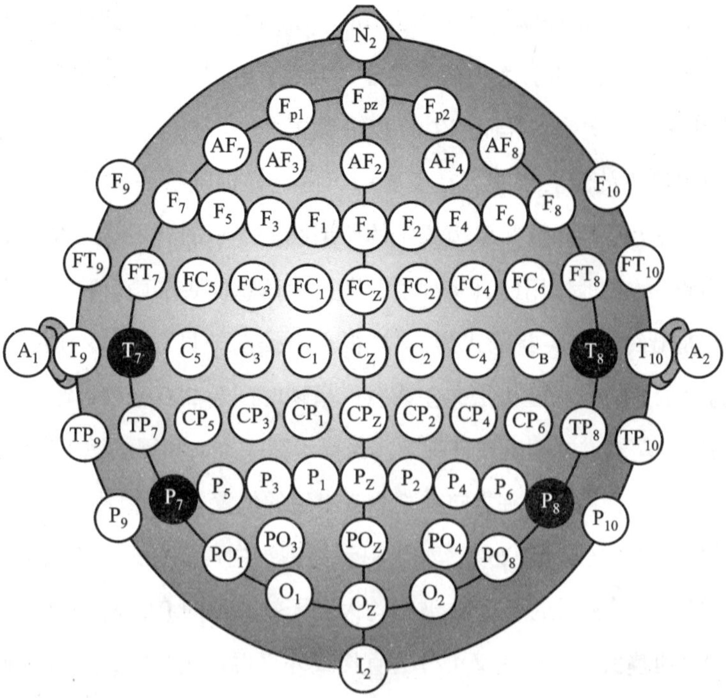

图 4.8　美国脑电图学会推荐的标准电极点①

是美国脑电图学会推荐的标准电极点，各种导数的电极帽据此减少或增加电极。

（二）实验模式

根据罗跃嘉的《认知神经科学教程》第八章对事件相关脑电位技术的介绍②，ERP 可分以下几种实验模式。

1. Oddball 模式。Oddball 实验模式是指采用两种或多种不同的声音或图像，即对同一感觉通道施加两种刺激，不同的刺激持续交替呈现，出现的概率显著不同，经常出现的称为大概率或标准刺激（standard stimuli），如 85%，偶尔出现的称为小概率或偏差刺激（deviant stimuli），如 15%。但实验任务却要求被试对偏差刺激进行操作反应，只要偏概率刺激一出现就尽快做出反应。因此偏差刺激又叫做靶（target）刺激或目标刺激。可见这里的靶刺激是小概率刺激。这是产生 P300、MMN 等与刺激概率等有关 ERP 成分常用的经典实验模式。

2. Go-Nogo 模式。Go-Nogo 实验模式在标准刺激和目标刺激之间取消了大小概率的差别，即二者的概率相等。需要被试反应的刺激为 Go 刺激，也即靶刺激；不需要被试反

① 转引自罗跃嘉主编：《认知神经科学教程》，北京大学出版社 2006 年版，第 141 页。

② 罗跃嘉主编：《认知神经科学教程》，北京大学出版社 2006 年版，第 137~139 页。

应的刺激为 Nogo 刺激。这种模式也被称为 Go 与 Nogo 作业。该模式的特点是排除了刺激概率对 ERP 的影响，由于没有大小概率之分，大大节省了时间，这是它突出的优点，但也因此丢失了由大、小概率差异而产生的 ERP 数据。

3. 视觉空间注意的经典模式。在实验中，白色光标随机呈现于左右视野，让被试注意某一侧而忽视另一侧。该实验模式中的所谓线索提示的有效与无效，是指提示信息对指定任务所起到的指示作用的真实程度，即提示信息能否准确反映靶刺激的情况。例如波斯纳等人提出的基本实验范式为："注视点→提示→目标"[①]。在注视点首先出现一个箭头作为提示，该箭头随机指向左或右，呈现时间为 200 毫秒；箭头消失后再间隔 600~1 000 毫秒，在左侧或右侧出现靶刺激。当提示箭头方向和靶刺激出现的位置一致时，为有效提示（valid）；当提示箭头方向和靶刺激出现的位置相反时，为无效提示（invalid）。有效刺激占 75%，无效刺激占 25%。如果提示箭头指向两端，即为中性提示（neutral）。他们的实验结果为有效提示的 P_1，N_1 波幅均大于无效提示的 P_1，N_1 波幅。

4. 记忆的经典模式。该模式又可分为直接或外显再认实验模式，间接或内隐再认实验模式。

直接或外显再认实验模式：该模式是经典的再认实验范式，分学习项目和测试项目。首先向被试呈现一组图片，被试无需对它们进行反应，这一过程是被动学习的过程；然后向被试呈现一组图片，其中有一半是先前呈现过的图片，让被试对重复的图片进行按键反应。学习过程和测试过程反复进行。重复出现过的图片，被称为"旧图"，而先前没有出现过的被称为"新图"。对新旧诱发的 ERP 波形进行比较，被称作"新旧效应"，在 ERP 记忆研究中经常可见。

间接或内隐再认实验模式：常用的一种实验范式为混合呈现词与非词，被试的任务是识别词与非词。另一种范式是对某种特定含义的词做出反应，例如当一个动物名词出现时就按键。实验中被试均不对重复出现的字词做出反应，因而这种记忆是间接的或内隐的（implicit memory）。

所有这些 ERP 实验模式均可用于语言大脑加工在线研究，每项实验不必按照标准模式，可以根据不同的实验目的采用不同的实验模式。根据实验目的，本研究采用的是 Oddball 实验模式，即每个句子被切割成三部分，前两部分为标准刺激，第三部分为靶刺激。实验任务要求被试对所呈现的每一个句子做有意义或无意义的判断，即让他们对靶刺激

① Posner，M.I.：Orienting of attention. *Quart J Experim Psychol*，1980，32：3~25.

(偏差刺激/小概率刺激)进行操作反应,只要偏概率刺激一出现就尽快做出“对”或“错”的按键反应,详见第5章第1节。

(三)ERP 数据采集

1. 电极导联。将头皮上的一个电极的电位设置为零，这个电极称为参考电极。另外一个或多个电极与参考电极的电位差即是该电极的电位值，这些电极被称为记录电极。单极导联法是采用一个公共参考电极与多个电极导联的方法，此法常用于脑电记录。用于记录两个点之间的相对电位差的方法被称为双极导联法，例如眼电记录。

2. 记录电极安放。采集 ERP 数据需佩戴电极帽(32导、64导、128导、256导、512导),注射导电膏。经过上述两线的边缘4点，以 C_Z 为圆心画圆，4个点间各在圆周上等距地取2个点，并在 F_Z、C_3、P_Z、C_4 间各取一个点。在成人记录中可按需要增加电极，在儿童中也可适当减少电极。安放作用电极、参考电极与接地电极：安置在头皮上的电极为作用电极；放置在身体相对零电位点的电极即为参考电极（耳垂、鼻尖、乳突），记录到的脑电信号便是作用电极与参考电极的差值；接地电极通常放置在头前部中点，有助于排除50周（Hz）干扰。

3. 记录参数。用 ERP 进行认知研究的基本要素是需要呈现一系列的刺激，因为 ERP 是与刺激信号具有锁时关系的电位叠加平均的结果。采集脑电时，主试呈现给被试一系列事先准备好的刺激任务，让被试戴着电极帽单独在隔音电磁屏蔽室里执行实验任务，主试则在监控室里查看脑电，每段任务不宜过长，任务与任务之间应有2~3分钟的休息。电脑记录参数设置是记录脑电的重要环节，包括：

时间(epoch)与基线：根据实验模式和研究目的设置分析时间，一般经典的 ERP 分析多在1 000毫秒之内。刺激发生前的基线常设为100~200毫秒。

电阻(resistance)：记录位置皮肤与电极之间的阻抗。皮肤阻抗≤5 KΩ，参考点的皮肤阻抗尤为重要。电极帽佩戴好后，即可通过“impedance”观察阻抗。

放大倍数(amplifying times)：脑电电压放大倍数是指对异相信号的电压放大倍数，其数值以分贝（dB）表示，一般大于50 000。

带宽(bandpass)：指脑电放大器仅放大拟研究频带的脑电 EEG 信号，而频带外的噪声等干扰信号不放大，这一过程是通过模拟滤波器来实现的。模拟滤波器是对连续信号以模拟方式进行处理,按功能可以分为高通（high pass）、低通（low pass）和带通（band pass）滤波器。频带宽度一般为0.01, 0.05或0.1~40, 60或100 Hz,一般选择0.01 Hz（高通值）~100 Hz（低通值）。

伪迹的排除与校正：眼电是最为常见的伪迹，目前多对其进行校正，以免丢失过多的脑电数据。

采样率（A/D rate）：即采样速度，指每秒所采集的点数。采样频率与时间分辨率成正比，例如，250 Hz 采样频率，时间分辨率为 4 毫秒。理论上，采样率越大越好，但采样率过大，也会出现脑电数据呈几何基数增长，不利于后期离线分析处理。一般选用 500 Hz 或 1 000 Hz 的采样率即可。

（四）ERP 离线分析

所谓的数据离线分析处理，指的是对记录到的原始生理信号进行再分析处理的过程。具体步骤包括：

1. 合并行为数据（merge behavior data）。行为数据指的是被试对靶刺激的反应时和正确率。为了有效地进行脑电数据和行为数据合并，必须保证实验过程脑电记录的完整性。合并行为数据和脑电数据的优点在于可以根据不同的行为反应标准对脑电数据进行分类叠加，如观察不同反应时的 ERP 特征，观察正确反应和错误反应的 ERP 比较等。

2. 去除眼电（EOG）、心电（EKG）、肌电（EMG）伪迹。眼电（EOG）是最常见的伪迹，对 EEG 影响很大，越往头皮前部越显著。减少眼电的方法一是删除，一是校正，由于删除 EOG 也会删掉其他各导有用的数据，因此多采用校正的方法。眼电校正的方法有多种，但原理都是从 EEG 中减去 EOG。一般步骤如下：找到眼动电位的最大值，构建一个平均伪迹反应，峰对峰、点对点地从 EEG 中减去 EOG。除眼电外，越来越多的研究表明，心电、肌电对脑电也具有显著影响，但是将这些脑电完全驱除会消除很多有用的数据，因此一般采用校正的方法。

3. 数字滤波（filter）。其作用是消除 50 周（Hz）干扰等伪迹，这是根据频率来处理的。脑电信号是连续量，而计算机只能识别数字量，因此，脑电记录中必须把模拟量（即连续量）通过 A/D 转换变成数字量，得到的脑电信号即为数字信号。在 ERP 研究中，数字滤波主要是为了消除不需要的干扰，尤其是 50 Hz 市电干扰。在类型（type）设置时，需要注意，所谓的低通是让所有频率低于设定值的信号通过，实际上是设定一个可通过频率的最大值；而高通是让所有频率高于设定值的信号通过，实际上是设定一个可通过频率的最小值，另外，带通是让介于两个频率值之间的信号通过，而带阻（bass stop）则是让两个频率值之外的信号通过。如果采样时的带宽的高度截止频率低于 50 Hz（如 0.01~40 Hz），那么，不推荐对脑电数据或 ERP 数据进行离线数字滤波；而对于用较宽带宽（如 0.01~100 Hz）采集的数据，如果叠加平均后的波形中无明显的 50 Hz 干扰，亦不需要进行数字滤波。因此，一般情况下，不要盲目使用数字滤波，而要根据具体的实验设计要求以及实验目的来确定。

4. 脑电分段（epoch/segmentation）。按照预设的分析时程，以刺激物发生为起点，对连续记录的EEG数据按照事件发生时段进行分段，分析时程的选择应与实验设计中的刺激间隔密切相关。比如，选择的分析时程为 -200~1 000毫秒，即刺激前200毫秒至刺激后1 000毫秒。一定要有刺激前的分析，否则就不能进行下面的刺激前的基线校正。

5. 基线校正（baseline correct）。其作用是消除脑电相对于基线的偏离。ERP研究中通常是将刺激前的某个时间段的脑电进行基线校正，作为基础值（0），将刺激后的电位与该基线进行相减，得到新的电位值，在此基础上再进行叠加和平均，最后得到ERP的波形，总平均波形中用于基线校正的电位平均值也等于0。校正时一般选择所有导联（all channel），即对所有电极点都进行校正。基线是根据epoch时设置的刺激前到0点的时间段上的波形，一般设定为100毫秒。

6. 线形校正（linear detrend）。其作用通常是用来消除脑电数据中的支流漂移。这种漂移伪迹在DC采样时应特别注意，在时间常数较大的AC采样时也会出现，另外水平眼电（HEOG）也会引起前额部记录位置的电位漂移。线形校正不但可以减少慢电位的漂移，使数据更为准确，结果更为真实，而且可以增加留下来进行平均的刺激数量，以保证有足够的平均叠加次数，增加信噪比。注意：经线形校正过的EEG文件，必须再次进行刺激前的基线校正，步骤同前。

7. 去除伪迹（artifact rejection）。实际上是对波幅进行处理，即针对一导或多导，根据某一范围的数值，比如 ±100 μV，超出这一范围的成分则被删除。因为ERP是时域函数，所以在“criteria”的选项中，一定要选择“time domain”（时域）；如果对时间相关的频域特征感兴趣的话，则可选择“frequency domain”（频域），此时应保证采样电数为2的整倍数。“channels”电极的选择一般选择除EOG、EKG、EMG之外的所有电极。

8. 叠加平均（average）。根据研究目的需要可以进行时域特征（time domain）或频域特征（frequency domain）的叠加，这一步主要是对相同任务引起的刺激加以叠加。ERP研究的是EEG的时域特征，因此进行ERP研究选择“时域”；如果观察事件相关的功率谱、相干同步性特征，则选择“频域”。叠加平均的类型有：验证（trial）、类型（type）、反应（response）、潜伏期反应时（latency）、正确（correct）、类别[（sort on）奇数（odd）、偶数（even）、任意（random）]，可根据需要进行选择。

9. 总平均（group/individual average）。总平均是在被试个人每种类型总数相加的基础上进行的平均，目的在于对所有被试的ERP或其他数据进行平均，如事件相关的功率谱、相干等，以得到总平均波形。

整个 ERP 的实验流程如图 4.9 所示。

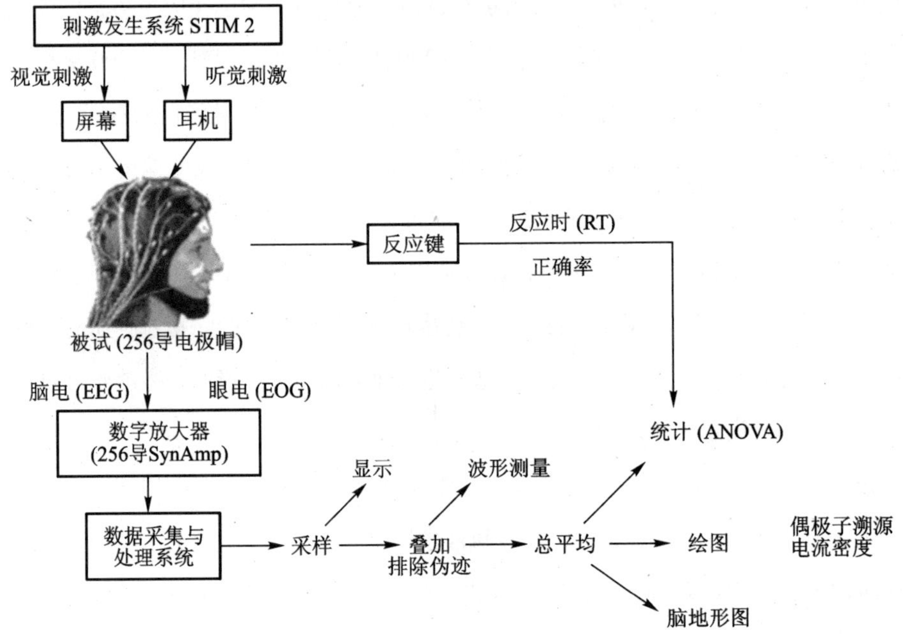

图 4.9　ERP 实验设备及实验流程

三、做 ERP 实验需考虑的问题

脑的许多功能都是定位于大脑的神经组织结构之中的，基于此，研究者们试图成像出那些参与到不同脑结构激活中的基本过程。现代神经成像技术假定，我们可以根据组成复杂心理过程的一些基本操作的结合来对其进行最好的描述，这些基本过程并不是定位于大脑中的某个单一部位，而通常是神经元网络共同作用的结果。神经成像的这一假定自然而然地导致了人们对于基本心理过程向伴随着的脑激活的动态过程进行探讨。而将这些基本过程成像到大脑中的区域和功能性网络就是现代脑成像研究的主要目标。然而，要做 ERP 实验并不是一件轻而易举的事。要做实验首先碰到的问题便是：为什么要做？是否能做？怎么做？找谁做？其中语料的选取和被试的挑选问题是首先要考虑的问题。例如，本研究的汉语隐喻 ERP 实验就碰到了上述问题。在日常交流的口语或在文献资料的书面语中，存在着大量的隐喻表达，如果不加筛选地收入语料，就会造成参数太多，难以在单一的脑电中发现问题，难以达到实验目的。找被试也并非大街上随便找一个人即可，是找正常被试还是找脑受损被试？是找老年被试还是找年青被试？受试群体会直接影响到实验的参数设计。因此，在做实验之前应该考虑到影响 ERP 实验的各种因素以及将要选用的刺激模式。

（一）影响 ERP 采集的因素

在用 ERP 手段进行研究时必须首先考虑到影响事件相关电位的因素：

1. 物理因素：

电场状态：脑电（EEG）是由于皮质大量神经组织的突触后电位同步总和而成，而单个神经元电活动非常微小，不能在头皮记录到，只有神经元簇的同步放电才能记录到。这种脑组织神经元排列方向一致的情况，构成所谓的开放电场（open field），反之则是方向不一致相互抵消的封闭电场（closed field）。因此，ERP 只能反映某些脑部的激活情况，而有些脑部即使处于激活状态，但由于其神经元没有能够形成开放电场，ERP 上也是反映不出来的。

采电距离：除神经元的排列方式外，记录点与神经元活动的距离也会影响 ERP 信号的采集。这样就区分出了近场源与远场源，初级体感诱发电位位于中央后回，是典型的近场源，而脑干听觉诱发电位是典型的远场源。离头皮越远则电位衰减越厉害，记录到的脑电波幅也很小。

刺激概率：靶刺激概率越小，P_3 的波幅越高，反之，波幅减小。一般靶刺激与非靶刺激的比例为 20∶80；刺激的时间间隔：间隔越长，P_3 波幅越高；刺激的感觉通道：听觉、视觉、体觉等感觉通道皆可引出 ERP，但其潜伏期及波幅不尽相同。

2. 心理因素：事件相关电位检测过程中一般要求被试主动参与，因而被试的觉醒状态、注意力是否集中皆可影响结果。另外，由于被试只有识别出靶刺激并做出反应才能诱发出 ERP 成分，因此，作业难度对测试结果也有影响，难度加大时，波幅降低，潜伏期延长。

3. 生理因素：年龄：不同年龄 P_3 的波幅及潜伏期不同，潜伏期与年龄呈正相关，随年龄增加而延长，而波幅与年龄呈负相关，在儿童及青少年，波幅较高；分布：ERP 各成分有不同的头皮分布。

（二）实验刺激模式

实验刺激模式的设置是研究 ERP 实验的关键，引出 ERP 的刺激是按研究目的不同编制而成的不同刺激序列，实验要求根据研究目的不同设计不同的刺激模式，包括两种及以上不同概率的刺激序列，并以特定或随机方式出现，其中一个刺激与标准刺激产生偏离，以启动被试的认知活动过程。刺激模式除了实验方法中提到的任务排列模式

（Oddball 模式和 Go/Nogo 模式等）外还有任务输入模式，包括视觉刺激模式、听觉刺激模式和躯体感觉刺激模式，做语言方面的 ERP 研究一般可用视觉刺激模式和听觉刺激模式。另外还可根据特定认知任务或非特定认知任务编制实验模式，如表 4.2 所示。

表 4.2 ERP 刺激编排实验模式

Oddball 模式	标准刺激（standard）
	偏差刺激（deviant）
	靶刺激（target，记）
	非靶刺激（non-target，不记）
	两种刺激物（标准模式，缺失刺激为靶）
	三种刺激物
	新异刺激物的插入
Go/Nogo 模式	
跨通道研究模式（视、听觉等）	
特定认知实验模式	运动知觉（练习）
	记忆
	语言
非特定认知实验模式——心算	连续心算
	选择心算
	简单心算

以上因素都应在做实验之前尽可能充分考虑。在此基础上，研究者可根据实验目的采用针对性强的、合理的实验刺激模式，减少实验室中各种外部因素和内部因素对被试的干扰，以保证实验数据的有效性。

第 2 节 ERP 在语言研究中的应用

随着语言研究的不断深入，其研究范围、研究手段和研究方法也在不断更新升级，尤其是运用先进仪器和软件来进行语言认知和语言本体研究已成为当今发展的重要趋势。运用 ERP 等先进脑成像手段研究语言就是语言研究中一个重要方向。到目前为止，研究人员已经在语言理解的不同层面（语音、语义、句法等）发现了与之相应的 ERP 成分。

一、ERP 与语言研究的关系

语言是人类特有的一套符号系统。在日常生活中，人们可以迅速理解对方的话语并做出反应，这一刺激 - 反应貌似简单，但是其中包含的心理过程却是高度复杂的，具有多个层次的大脑加工过程，如语音加工、音位加工、形态加工、语义加工和句法加工等等，这些分散的加工被迅速地整合到连续的言语生成或理解之中。然而，通常的语言大脑加工在很大程度上还没有反映到意识加工的水平上，因此从现象经验层面无法观察语言认知主体的语言生成或理解全过程，这就给研究者带来了方法学上的挑战。前文已提到，虽然对脑损伤病人的研究能够为我们提供相当重要的信息，但是，对于语言认识的神经基础的探索仅仅依赖于对脑损伤后果的观察是远远不够的。因为语言本身是一个多维体，它由形、音、义等成分构成，加之语言加工是一个动态过程，它涉及不同的感觉通道的输入和输出，因此尽管某些脑区的损伤会对语言理解和生成产生至关重要的影响，然而语言的大脑信息加工不可能固定在某个特定的脑区上。此外，脑损伤研究的缺陷还在于它无法提供关于认知加工时间进程的任何信息。而信息加工的时间结构恰恰又是语言认知研究者最为关心的问题之一。研究者不仅试图探究语音加工、语义加工和句法加工各自对应的脑区，而且试图探究各个加工阶段发生的先后顺序及其在时间上的相互作用等多重动态的语言信息加工活动。

正因为语言加工是连续的、具有多个分析层次的复杂过程，认知神经科学家才特别关注除研究脑损伤病人之外其他更理想的方法来探究正常人大脑的语言生成和理解过程。有了这种动态的语言在线加工跟踪方法，研究者才能够对种种语言信息加工的心理过程进行连续的测量，对不同层次的分析建立不同的敏感指标，才能认识语言动态的人脑加工过程。要实现这一目标，就要求研究者借助一些无创性的脑成像手段来观察大脑中的语言认知活动，ERP 就是这样的理想方法之一。新近发展起来的 ERP 技术具有精确的时间分辨率和多维探测指标，可以对语言进行连续的测量，同时对不同层次的分析有不同的敏感指标。本章第一节已经提及，ERP 是突触后电位的总和，反映了与刺激呈现时间同步的大脑电反应的信号，可以为我们提供毫秒级的时间分辨率。而且随着 ERP 技术的进步和发展，128 导乃至 512 导 ERP 工作站的开发和应用也使得这项技术的空间分辨率日渐精确。ERP 成分是多维的，可以从极性（P/N）、波幅、潜伏期和头皮分布等多个方面来描述。一般认为，波幅反映大脑兴奋性的高低，而潜伏期则是神经活动与加工过程的速度和时间评价。由此，ERP 在时间分辨率、空间分辨率以及记录的多维性的综合优势上奠定了它在语言研究中的地位和应用前景。[①] 退一步而言，ERP 的空间分辨率尽管没有 fMRI 那么精确，我们也完全可以充分利用 ERP 准确的时间分辨率，和 fMRI 构成互

① 刘燕妮、舒华：《ERP 与语言研究》，《心理科学进展》2003 年第 3 期。

补的研究方法，发挥其在语言研究中应有的作用。

近年来，随着 ERP 研究的深入进行，科学家发现了许多与认知活动过程密切相关的 ERP 成分。在语言神经机制研究方面，玛尔塔·库塔斯和史蒂文·希利亚德在 1980 年首先观察到反映语义认知加工过程的 N400[①]。科学家围绕 N400 的一系列研究，促进了对人脑语言加工脑机制的认识。N400 的发现不仅在于使 ERP 增加了一个具有特定意义的成分，扩大了 ERP 的研究范围，更重要的是将 ERP 技术成功地运用到语言心理学、心理语言学、神经语言学等认知和语言相关的学科，给这些学科的研究注入了新的活力，使人们探讨语言加工的脑机制成为可能。运用 ERP 对语言进行研究可以发现许多语言和言语真实的特质及过程，这是传统的常规方法难以得到和实现的。在语言研究方面，ERP 技术目前主要应用于语言的理解方面而未实现语言生成的研究，因为语言生成常以命名为任务，而发音（articulation）会引起一系列波动很大的脑电，会污染实验设计。在国内外学者的共同努力下，研究者已经在语言理解的不同层次，如语音、语义和句法等方面分别发现了与之相关的 ERP 成分。到目前为止，研究人员不仅发现了与语音层次加工有关的 ERP 成分 N200，还发现了与语义加工相关的 RP 和 N400 以及与句法加工有关的 LAN 和 P600，以期为语言领域的 ERP 研究提供启发和帮助。

二、ERP 技术用于语音研究

在口语识别中人们通过语音来获得意义。并非所有人的语音知觉能力都是一样的。成年人的母语知觉能力和外语知觉能力就不在一个水平上。相比之下，新生儿则幸运得多。他们对于大多数语音之间的差别都比较敏感，然而在他们出生一年之后，随着和母语的接触逐渐增多，他们终将失去对非母语语音特征的敏感性，而变得越来越像周围的成年人，只能知觉到母语中的语音变化。[②] 对于 ERP 的语音加工，研究者的探讨主要集中在对 N200 成分的争论上。N200 是在听觉词汇识别的研究中发现的负成分，其最大波峰出现在 200 毫秒左右，尽管在整个大脑头皮上都可以观察到 N200，但是它主要分布在额区。成人身上语言特异的语音知觉能力在 ERP 记录中反映为语音失匹配负波（mismatch negativity，MMN），它是采用 Oddball 范式得到的：在经典 Oddball 范式下，大概率刺激为 1 000 Hz 纯音，小概率刺激为 800 Hz 纯音，分别在两只耳朵中出现，让被试进行双耳

---

① Kutas，M. & Hillyard，S.A.：Reading senseless sentences：brain potentials reflect semantic incongruity. *Science*，1980，207：203~205.

② 周晓林、叶铮：《语言认知的脑基础》，见罗跃嘉主编：《认知神经科学教程》，北京大学出版社 2006 年版，第 302 页。

分听并且只注意一只耳朵的声音，在不注意另一只耳朵的声音的状态下对小概率刺激做出反应。结果发现，无论注意与否，在约250毫秒内，小概率刺激均比大概率刺激引起更高的负波，而且以小概率刺激引起的ERP减去大概率刺激引起的ERP之后，会得到一个差异波——一个存在100~250毫秒之间的明显的负波。例如：假如句子语境预期呈现的目标词是queen［kwi：n］（王后，女王），而实际呈现的单词为tree［tri：］（树）时，脑电会反映出预期单词与呈现单词起始音素（initial phoneme）的不匹配。这种语音的不匹配会在目标词呈现200毫秒左右引发一个负成分。具体操作是：给被试呈现一系列相同的大概率（如：85%）的语音刺激，在这些标准刺激中随机插入小概率（如：15%）的偏差刺激。对被试来说，偏差刺激出现具有偶然性，因而它是标准刺激的一种变异。在这一经典的oddball范式下，不属于标准刺激所在语音范围（phonetic category）的偏差刺激能诱发MMN，而与标准刺激同属于一个语音范畴的偏差刺激则不能诱发MMN[①]。根据Näätänen等人1997年的报告，在前一种情况下，如果标准刺激和偏差刺激都出现于被试的母语中时，由偏差刺激引起的物理变异能诱发较大的MMN，其发生源可以追溯到左侧听皮层及其邻近部位。相对的，尽管非语音的偏差刺激能够使得左半球后部损伤的失语症患者产生可观察的MMN，语音的偏差刺激诱发却不能诱发MMN。[②]

在早期的研究中，康诺利等人分别在1990年和1992年发现了最大波峰在200毫秒的负成分[③④]。在1994年随后的研究[⑤]中他们认为，N200与语音加工有关，它反映了一个词的最初语音是否与句子语境相匹配。句子语境会形成一个语义预期，如果呈现单词起始的几个音素与预期单词起始的几个音素不匹配，就会产生N200。在实验中他们对句尾词进行了设计：（1）句尾词分为语义正确的和违反的两种情况。（2）语义正确的句尾词又分为高预测性（The piano was out of tune. 钢琴跑调了。）和低预测性（John caught the ball with his glove［hand］. 约翰用手套［手］接球。）两种情况。（3）语义违反的句尾词分为起始音素与预期单词匹配（The gambler had a streak of bad luggage［luck］. 赌徒连连

① Dehaene-Lambertz, G.: Cartographie des potentiels évoqués dans l'exploration des fonctions cognitives des nourrissons. *Neurophysiologie Clinique/Clinical Neurophysiology*, 1997, 27 (2): 160~161.

② Dehaene-Lambertz, G.: Cartographie des potentiels évoqués dans l'exploration des fonctions cognitives des nourrissons. *Neurophysiologie Clinique/Clinical Neurophysiology*, 1997, 27 (2): 160~161.

③ Connolly, J. F. et al.: The effects of processing requirements on neurophysiological responses to spoken sentences. *Brain and Language*, 1990, 39: 302~318.

④ Connolly, J. F. et al.: Event-related potential sensitivity to acoustic and semantic properties of terminal words in sentences. *Brain and Language*, 1992, 43: 1~18.

⑤ Connolly, J. F. et al.: Event-related potential components reflect phonological and semantic processing of the terminal word of spoken sentences. *Journal of Cognitive Neuroscience*, 1994, 6: 256~266.

得行李［好运］。)，以及起始音素与预期单词不匹配（The dog chased the cat up the queen［tree］. 狗追猫上了王后［树］。）两种情况。在单词的起始音素与高预测性的单词不匹配（queen-tree，王后－树）时，研究者发现了早期的负成分，而在语义违反但起始音素与目标词相同（luggage-luck，行李－好运）的情况下没有发现早期负成分，而只有 N400。由此研究者认为，早期负成分是语音不匹配负波 PMN，反映了预期单词与实际呈现单词的起始音素上的差异。他们的研究结果证实，如果起始音素不匹配就会产生语音不匹配负波，该结论支持了单词的语义预期是基于前语境，输入的符号要与预期的音素模板相对照的观点。在其他的一些听觉词汇识别的研究中也发现了 N200 的独立存在，学界比较一致地认为 N200 与词汇的选择阶段有关。

也有不少研究者使用视觉刺激呈现句子，没有发现听觉词汇识别中出现的 N200 效应。因此，有些研究者认为，受刺激呈现方式的制约，对听觉词汇的识别是线性序列加工的，而对视觉刺激的识别是同时激活的。因此在视觉词汇加工中词汇选择过程和词汇整合过程很难分开，因而看不到 N200 效应。不过也有视觉词汇识别的研究发现了 N200 与语音和字形的输出冲突有关。尼士尼克维克斯和斯夸尔斯设计了同音（plain-plane）、同形（plain-plaid）、语义相关（plain-dull）和无关（plain-fast）4 种词对，要求被试进行语义相关判断。结果发现同音词诱发的 N200 波幅最大，而同形词、语义相关或无关词产生的 N200 较少，而且三者之间的差异不显著。只有同义词的语音和字形信息不是指向同一个词典，因而作者认为 N200 波幅的增加可能与语音和字形分析的输出冲突的探测有关。①

三、ERP 技术用于语义研究

众所周知，语言理解的目的是获得语义，这一点对于普通人而言并非是惊人之举。每个人自幼年习得语言之后就能够轻而易举且行之有效地理解他人的话语，尽管人脑的这一理解加工过程异常复杂，然而它往往潜藏于潜意识之中不被语言理解者所意识到。换言之，一个熟练的语言使用者很难同时又是一个深谙自身语言认知过程的学者。即使这是一种语义的无意识加工（当然有时是有意识加工，如新隐喻)，它还是在脑电中留下了自己的痕迹。到目前为止，RP 和 N400 被认为是与语义加工相关的两种 ERP 成分。

（一）与词汇识别相关的 RP

RP（recognition potential）指的是被试看可识别的单词或图像（image）时引发的脑

① Niznikiewicz，M. & Squires，N.：Phonological processing and the role of strategy in silent reading：behavioral and electrophysiological evidence. *Brain and Language*，1996，52：342~364.

电成分，最初由鲁德尔于1990年在《神经科学摘要》杂志上报告①。他在研究中给未学过汉语的英语被试呈现汉语和英语两种语言的词汇。他发现，向被试呈现英语词汇时，在枕区记录到200~250毫秒的正电位；而在呈现汉语词汇时，则没有记录到这个电位。与之相似，给未学过英语的汉语被试呈现英语和汉语词汇时，被试只在汉语呈现的时候记录到RP。由此可见，RP的出现不是由于两种文字系统的差异，而是刺激的可识别性引起的。除了文字以外的其他刺激，有意义的图像，如面孔、图片等也会引起RP。因此，RP被称为识别波。

既然刺激的可识别性是引发RP的关键，那么对于语言刺激而言，RP可能对语义加工敏感。马丁－洛埃切斯等1999年在实验中向被试呈现随机点组成的字母残片刺激串、字母串、真词符合正字法的假词和真词。由于字母残片刺激串可看作是无意义图形，因而被作为基线，而后三种刺激分别对应于字母加工、正字法加工和语义加工，在词汇加工的深度上依次增加。研究发现，与字母残片刺激串引起的RP的波幅相比，文字材料引起的RP波幅随语言分析水平的提高而逐步提高，在真词情况下产生了最大的波幅。②该研究结果说明，RP不是全或无的过程，而是对不同心理语言水平的渐进的反映。进一步的研究发现，同语义范畴，如目标词都是动物的RP比不同语义范畴的波幅更大，表明RP不仅对语义敏感，而且对语义的内部细节也敏感。

RP的最大位置在枕叶区域，其神经发生源位于舌回/梭状回（lingual/fusiform gyrus）的中间部分。舌回和梭状回在语义加工中扮演着重要角色，诸多研究证据表明这个区域逐渐成为继布洛卡区和韦尼克区之后的第三大语言加工区域。近来有研究发现，80~265毫秒的ERP对语义加工敏感，而RP恰恰非常接近这个时段。因此，头皮分布和潜伏期的ERP实验数据都说明RP可能是语义加工的较好的指标，有可能成为用ERP研究语义加工的一个有效工具。

（二）与语义整合有关的N400成分

上文已提到N400是研究语义加工常用的ERP成分，最初是由玛尔塔·库塔斯和史蒂文·希利亚德发现的。他们1980年在《科学》杂志上发表了ERP语言研究报告，第一

① Rudell, A. P.: The recognition potential: a visual response evoked by recognizable images. *Neurosciences Abstracts*, 1990, 16: 106.

② Martin-Loeches, M.: The recognition potential: an ERP index of lexical access. *Brain and Language*, 1999, 70: 364~384.

次宣布发现了 N400 成分[①]。实验中，他们通过屏幕向被试呈现一些句子，句子的每个单词从前往后逐个呈现，先呈现的几个都是正常的符合语法和语境的句子。在呈现句子时同步记录每个单词呈现后引起的脑电变化。实验设计的前几个句子都是语义正常句，最后一个句子的最后一个单词是明显歧义词。实验观察到，在这个歧义词出现之后 400 毫秒左右出现了一个新的负成分，这就是 N400。他们在实验中具体做法是，向被试逐词呈现句子，比较三种条件下句尾词所诱发的 ERP：

✧ 语义正确的句子，其句尾词与它前面的本句内容语义连贯，例如：

110）It was his first day **at work.**（这是他**工作**的第一天。）

✧ 语义反常的句子，其句尾词与它前面的本句内容语义违反，例如：

111）He spread the warm bread **with socks.**（他把**短袜**洒在热面包上。）

✧ 语义正确，但以一个物理属性特异的词结尾的句子，例如：

112）She put on her high-heeled **SHOES.**（她穿上了高跟**鞋**。）

结果发现句尾词与句子语境不一致时在该词呈现 300~600 毫秒后产生了靠后脑区的负电位 N400 波幅。这一负波与目标词在语境下的可预测性有关，预测性越小，N400 波幅越大，即句尾歧义词（2）比句尾非歧义词（1）引发了波幅更大的 N400。但是物理属性特异的句尾非歧义词（3）引发了峰潜时为 560 毫秒的正波，而非 N400。

另外，在语义和语用不合适、语义类别错误以及与先前知识不一致错误等诸多情况下（如表 4.3）都会出现 N400 效应。目前，N400 已经在句子加工中被用作一个因变量来研究语境效应的时间进程。

表 4.3 N400 效应示例

✧ **语义或语用不合适的词**
113）I take my coffee with cream and **dog.**（我喝咖啡时加咖啡伴侣和**狗**。）
114）Those small spiders often **burn** new webs.（那些小蜘蛛经常**烧**新网。）
✧ **语义类别错误**
115）A hammer is a **bird.**（一把锤子是一只**鸟**。）
✧ **与先前知识不一致错误**
116）John is not a **lawyer**（after having learned that John is in fact a lawyer）.［约翰不是**律师**（在了解了事实上约翰是律师之后）。］

在此后的研究中发现，不仅句子层次上的歧义词可以引发 N400，启动范式下的词对、语段层次上的某个句子中的歧义词也同样可以引发 N400。当呈现的第二个词与第一个词

① Kutas，M. & Hillyard，S.A.：Reading senseless sentences：brain potentials reflect semantic incongruity. *Science*，1980，207：203~205.

语义不相关时会引发比两个词语义相关时更大的 N400。甚至一个孤立词也会产生 N400，例如，词频很低的单词或非词呈现时，N400 的波幅也会增大。因而在单词或词对的研究中也常以 N400 为指标，来研究语言加工的各个方面，如动名词、规则词与不规则词的加工等。新近的研究表明 N400 具有以下效应：

（1）N400 的波幅大小和词与上下文信息上的匹配程度有关。词与上下文信息在语义上的匹配程度越差，N400 的波幅越大，该上下文信息可由句子给出，也可由词或语段造成。N400 对语义联系的变化程度非常敏感，如反义词 black-white（黑 – 白），典型成员 bird-robin（鸟 – 知更鸟），非典型成员 bird-turkey（鸟 – 火鸡）和无关项目所引起的 N400 波幅依次增大。可见，N400 的出现与词汇整合是否成功完成相关。

（2）N400 的波幅还与歧义词在句子中的位置有关。处于句首位置的开放词（open-class words，指名词、动词等实义词）往往比处于句尾位置的开放词所诱发的 N400 波幅更大。在句子加工中，目标词出现在句尾比在句中产生的 N400 波幅会减小，这可能是因为在句子整合中句尾词可以利用更多的信息的缘故。

（3）在各种语言中，通过视、听不同感觉通道呈现给被试的 ERP 实验都发现了 N400。在视觉通道呈现时，N400 的最大波幅在右侧的中央顶叶；在听觉通道呈现时，它的分布则更为对称，有一点偏左的趋势，而且听觉通道呈现时的 N400 出现的时间更早、持续时间更长，这可能是由于单词在它的听觉呈现完毕之前就会被识别所引起的。因此，N400 效应与呈现通道关系不大，无论是听觉呈现还是视觉呈现，无论实验材料是印欧语系的语言还是非印欧语系的语言，甚至是手语都可以引发 N400。但是 N400 效应与呈现语言类型有一定的关系，呈现不同的语言所引发的 N400 会出现时程上的差异。本研究和其他一些汉语 ERP 研究均发现汉语的 N400 波峰稍早的现象。

（4）语法加工与语义加工无关，故一般不会引发 N400。

（5）句子理解任务中提高单词呈现的速度会延迟 N400 的出现，并使它的分布更靠近额叶，这可能是由于单词呈现速度的增加而提高了单词理解的难度所致。

（6）N400 的潜伏期随年龄的增长而缩短。这可能是由于词汇通达和语义整合过程的熟练化所造成的；然而，老年人的 N400 的潜伏期又有所增加，这可能是由于老年人与语言相关能力逐渐损伤所致。

就目前业已发现的与语言相关的 ERP 成分而言，N400 是其中最经典和最稳定的 ERP 成分。它通常出现于关键刺激呈现后 300~500 毫秒之间，在头皮的中部和后部记录到负向波幅的最大值。虽然 N400 产生的认知机制还莫衷一是，但较为一致的结果认为，

N400 反映了语言理解中的语义加工过程，即反映了将词汇语义整合到上下文的语义表征中的过程；语义加工和整合的过程难度越大，N400 的波幅就越大；N400 的波幅与目标词的语境启动量成反比；它反映了语境对意义制约的建构过程。总之，N400 与语言加工的词汇语义方面有关，对语义违反比较敏感，而在非语言刺激——如音乐，或者是与语义无关的规则违反状态下——如语法违反或单词物理特征的违反状态下，并没有引起 N400 波幅的加大。N400 的神经产生源是在前梭状回和海马回的区域，这些发现得到了使用其他对空间敏感的脑成像研究的支持。

四、ERP 技术用于句法研究

句法加工也有其相应的 ERP 成分。与语义违反出现的 N400 不同，研究者在句法违反中发现了两个不同的成分：左前负成分 LAN 和中央顶区的晚正成分 P600。

（一）与句法加工严格相关的 LAN

LAN（left anterior negativities）是通常出现于刺激呈现后 100~500 毫秒之间的负波，在头皮前部记录到最大值。它是一种在许多句法违反情况下（如表 4.4 所列）出现的负成分，它们的潜伏期长短存在差异，在 100 毫秒到 500 毫秒之间变动，但头皮分布比较一致，集中在左半球的前部，因而把这种负成分称为左前负成分 LAN。

表 4.4　LAN 效应示例

✧ **名词性数不一致的错误**
117）Some shells is even soft.（一些贝壳甚至是软壳的。）
✧ **动词时态不一致的错误**
118）This allowed them to stayed under water for a long period.（这允许他们长时滞留水下。）
✧ **动词次范畴结构错误**
119）The teacher is being fallen.（老师正在 / 已经倒下。）

布朗等人在 1980 年的实验中，让被试听动名歧义词，让他们依赖于短语语境解决歧义，实验发现，在左半球靠前区域大约 150 毫秒出现了早期的负成分，而且名词的波幅比动词的波幅更大[①]。弗里德里奇等在 1993 年的实验中，用听觉任务中考察词类违反的情况时也发现 LAN 指标，如 The friend was in visited（“朋友在拜访之中。”此处介词 in 之后应该跟名词 visit，visited 为动词 visit 的过去式或过去分词，故属句法错误），在违反词呈现 180 毫秒后出现了左前负成分，在阅读正确句子、单词序列或功能词时会出现

① Brown，W. S. et al.：Linguistic meaning-related differences in evoked potential topography：English，Swiss-German and imagined. *Brain and Language*，1980，11：340~353.

左前负成分 N280，而阅读内容词时则无这样的发现，表明左前负成分可能反映了与功能词加工有关的句法加工，而且代表句法违反的 LAN 成分独立于与语义违反相关的 N400，因而被认为是违反句法的直接指标。

关于句子理解中 LAN 所反映的心理活动，研究者多有不同见解。一部分研究者认为，LAN 与语言理解过程中的工作记忆有关，它反映了关系从句和特殊疑问句的移位对工作记忆的消耗过程（例如：菲巴赫等人在 2002 年对德语特殊疑问句做的句法记忆和句法整合实验①）；而另一部分研究者则认为，LAN 与早期的句法加工有关，它反映了对词类、主谓一致性、语法规则中性和格的变化等等一些局部范围内句法结构的加工过程（例如：冈特等人在 2000 年做的性和格及其语义的句法期待的 ERP 实验②）。进一步的研究表明，出现在 100~300 毫秒之间的 LAN 只能由词类违反（word category violation）引发，而对于其他句法违反则不太敏感。因此，部分持 LAN 句法观点的研究者认为，应该进一步区分 LAN 的亚类，将由词类违反引发的（例如：冈特等人在 1999 年用视觉输入做的在句子阅读中大脑反馈的实验③；哈恩和杰斯切尼亚克在 2001 年做的听觉通道句子理解中的语义句法加工④；哈恩和弗里德里奇在 1999 年做的句法分析实验⑤），出现于 100~300 毫秒之间，分布于头皮前部的负波称为 ELAN（early LAN）；而将主谓不一致以及语法中性和格的不一致引发的（例如：库尔森、金和库塔斯 1998 年做的 ERP 以及领域特征的实验⑥；冈特、弗里德里奇和施里弗斯 2000 年做的句法中性与语义期待实验⑦，等等），出现于 300~500 毫秒之间，分布于头皮前部的负波称为 LAN⑧。

（二）句法正漂移 P600

P600 是分布在中央顶部的晚正成分，该成分也与句法违反有关，出现在关键词之后

① Fiebach，C. J. et al.：Separating syntactic memory costs and syntactic integration costs during parsing：the processing of German WH-questions. *Journal of Memory and Language*，2002，47：250~272.

② Gunter，T.C. et al.：A. Syntactic gender and semantic expectancy：ERPs reveal early autonomy and late interaction. *Journal of Cognitive Neuroscience*，2000，12：556~568.

③ Gunter，T. C. et al.：Brain responses during sentence reading：visual input affects central processes. *NeuroReport*，1999，10，3175~3178.

④ Hahne，A. & Jescheniak，J. D.：What's left if the Jabberwock gets the semantics? an ERP investigation into semantic and syntactic processes during auditory sentence comprehension. *Cognitive Brain Research*，2001，11（2）：199~212.

⑤ Hahne，A. & Friederici，A. D.：Electrophysiological evidence for two steps in syntactic analysis：early automatic and late controlled processes. *Journal of Cognitive Neuroscience*，1999，11：194~205.

⑥ Coulson，S. et al.：ERPs and domain specificity：beating a straw horse. *Language and Cognitive Processes*，1998，13（6）：653~672.

⑦ Gunter，T.C. et al.：Syntactic gender and semantic expectancy：ERPs reveal early autonomy and late interaction. *Journal of Cognitive Neuroscience*，2000，12：556~568.

⑧ 周晓林、叶铮：《语言认知的脑基础》，见罗跃嘉主编：《认知神经科学教程》，北京大学出版社 2006 年版，第 310 页。

500~600 毫秒处，又称句法正漂移 SPS（syntactic positive shift），在多种句法违反中均出现，如表 4.5 所示。

表 4.5　P600/sps 效应示例

✧ **短语结构异常**

120）The scientist criticized Max's of proof the theorem.（这位科学家批评马克斯对定理的证据。）

✧ **句法类别歧义**

121）The metal became refining by the goldsmith who was honored.（金属在一位授予荣誉称号的金匠手里锤炼。）

✧ **句子成分反常移位**

122）I wonder which dress the guests at the party were shocked when the bride wore.（正确句子应该是：I wonder why the guests at the party were shocked when the bride wore the dress. 我在纳闷新娘穿那件衣服时为什么客人感到震惊。）

✧ **动词时态违反**

123）The cats won't eating the food that Mary leaves them.（猫不会吃玛丽留下的食物。）

奥斯特豪特和霍尔库姆 1992 年在考察名词短语 – 句子补语歧义时发现，在句法违反（如：The doctor forced the patient was lying [forced the patient to lie]）条件下，关键词 was 后 600 毫秒左右都出现了一个正成分即 P600①。奥斯特豪特和尼科尔 1999 年考察了一个单词在句子中同时存在动词时态违反和语义制约性违反的情况。他们在研究中观察到独立的 N400 与 P600，表明 P600 独立于语义信息，它是语法加工的指标。② 与此同时，N400 与 P600 的相加性在安斯沃思 – 达内尔等 1998 年考察句法 – 语义联合违反效应的实验中也有所报告③。而 Gunter 等人 2000 年的研究表明，语法规则中的性（gender）不一致时产生的 P600 与语义期望程度有关，它只有在高期望程度的句子中的句法违反条件下才出现④。刘燕妮和舒华认为，P600 所反映的句法加工受语义信息的影响⑤。在一些德语的研究中也发现 P600 依赖于句子提供的语义信息的加工，LAN 是句法不一致性更直接的指标。另外不少研究表明，P600 除了与违反句法相关之外，也与句子加工或词汇加工的完成情况相关。

① Osterhout，L. & Holcomb，P.J.：Event-related brain potentials elicited by syntactic anomaly. *Journal of Memory and Languages*，1992，31：785~804.

② Osterhout，L. & Nicol，J.：On the distinctiveness，independence，and time course of the brain responses to syntactic and semantic anomalies. *Language and Cognitive Process*，1999，14：283~317.

③ Ainsworth-Darnell，K. et al.：Dissociating brain response to syntactic and semantic anomalies：evidence from event-related potentials. *Journal of Memory and Language*，1998，38：112~130.

④ Gunter，T.C. et al.：A. Syntactic gender and semantic expectancy：ERPs reveal early autonomy and late interaction. *Journal of Cognitive Neuroscience*，2000，12：556~568.

⑤ 刘燕妮、舒华：《ERP 与语言研究》，《心理科学进展》2003 年第 3 期。

P600 还出现在没有句法错误但有加工困难的句子中。奥斯特豪特和霍尔库姆运用花园－路径句子如"The broker persuaded to sell the stock（经纪人劝说卖股票）"为阅读材料，其中，"to"是消除歧义的成分，它的出现使句子结构不同于一般的主谓宾结构（The broker persuaded the man. 经纪人劝说那个人）。结果，"to"引发了约在 600 毫秒的分布在中央顶叶的正成分。类似的结果似乎表明，P600 是"花园－路径"效应的标志，并且，只要句法分析时要修正某个结构时，P600 效应便会产生。这种看法得到了不少研究的支持。在这些研究中，P600 总是在阅读一些虽然句子句法正确但读者须及时调整句子结构时出现，而在这种情况中并不出现 LAN。但当出现真正违反句法的情况时，在出现 P600 之前就会出现 LAN。①

综合来看，LAN 反映了实时句法加工，而 P600 反映了句法整合过程。当没有真正的句法违反时便不出现 LAN，并且 LAN 的潜伏时间会随句法信息的可获得性而变化，却不受额外的语言变量如可能性和任务等的影响。相反，P600 既出现在句法违反的句子里，也出现在没有句法违反但需要读者调整句子结构的句子里，它会随着可能性和任务要求而变化。有研究者认为可以将 LAN 和 P600 与句法加工的两阶段模型对应起来。② LAN 与第一阶段的句法结构在词类信息基础上的建立有关，包括词的语义和选择性限制，以及如动词等词的用法等句法信息；P600 与第二阶段的话题角色分配，即句法和语义匹配有关，包括词类违反、亚词类别违反以及一致性信息的违反等。

第 3 节　汉语隐喻研究需关注的 ERP 成分

一、ERP 成分特征与分类

ERP 呈现出来的是人脑中感觉、运动、认知事件的脑电活动，它反映的是大脑皮层在信息加工中大量相关神经元的同步活动。ERP 成分有以下各种特征：

（1）极性特征：ERP 既然是一种电位，便肯定有正波和负波，因而 ERP 成分有正负之分。

① Gunter，T.C. et al.：A. Syntactic gender and semantic expectancy：ERPs reveal early autonomy and late interaction. *Journal of Cognitive Neuroscience*，2000，12：556~568.

② 王穗苹等：《语言理解的 ERP 研究》，《华南师范大学学报（社会科学版）》2004 年第 6 期。

（2）潜伏期特征：刺激呈现之后到某个 ERP 成分达到峰值有一个时间差，这就是 ERP 的潜伏期。

（3）功能意义特征：有些 ERP 成分对某些认知或知觉活动特别敏感，这些活动的强弱或难易可使它变大或缩小。

目前，科学家根据不同的实验范式、ERP 成分出现的顺序以及心理学性质等不同的分类方法将 ERP 分成以下各种成分（表 4.6）。

表 4.6　ERP 分类成分表

分类方法	ERP 成分	特征
按感觉通道	听觉成分，又称听觉诱发电位（auditory evoked potential，AEP）	各种声音刺激所产生的 ERP 成分
	视觉成分，又称视觉诱发电位（visual evoked potential，VEP）	各种图像、文字、闪光刺激所引起的 ERP 成分
	体感成分，又称躯体感觉诱发电位（somatosensory evoked potential，SEP）	各种电流脉冲刺激身体的感觉神经，在周围与中枢神经系统所记录到的 ERP 成分
按潜伏期	早期成分 / 早成分	出现在刺激后 10 毫秒以内的成分
	中期成分 / 中成分	在刺激发生后 10~50 毫秒的范围内产生的成分
	晚期成分 / 晚成分	P1 以后的成分，位于 50~500 毫秒之间
	慢波	在刺激发生 500 毫秒以后的一系列变化趋势小而缓的波
按心理学性质	外源性成分	与刺激的物理学性质有关，如听觉的 P1、N1 和 P2 成分
	内源性成分	与人的心理学过程有关，主要与脑的认知功能有关的是晚成分和慢波，如失匹配负波、差异负波、P300、N400、伴随性负变化等

一般早期成分由脑干中的听觉通道刺激激发。晚成分主要有与语义相关的 N400 和与句法相关的 P600。不同的认知过程会产生不同的 N400 或 P600 波幅，这两种成分不仅对不同的人群、对物理或心理刺激的意义有不同的敏感度，而且对信息加工的不同要求也会产生不同的敏感度。

利用 ERP 技术来研究汉语隐喻认知神经机制既是汉语界对隐喻认知的一种新的探讨手段，又是在隐喻认知领域以汉语为视角的一种新的探讨方法，因此，我们在做实验之前必须把握在实验中要关注的成分。在以上 ERP 成分中，晚期成分 / 晚成分或者慢波等内源性成分常与人的心理认知过程有关，是我们在做隐喻认知 ERP 实验时要关注的成分。

二、隐喻研究需关注的 ERP 成分

国外学者利用 ERP 技术来研究隐喻认知神经机制已经取得了一些成绩，他们的研究为我们积累了丰富的经验，提供了宝贵的资料。本研究借鉴他们的经验，并结合自己的实验目标和特点，对以下的 ERP 成分给予特别关注。

（一）语义成分

隐喻加工是一种特殊的语义加工，它跟 N400 成分有着极大的关系。在上文介绍中我们已知，N400 对语义加工非常敏感，如果语义异常，N400 波峰就会更高。在隐喻和本义的对照加工中，隐喻加工呈现出更大的 N400 波幅（例如：1996 年杰尔·平特等人做的隐喻理解时程的实验①；2002 年凡若尼克·博诺等人对照年青被试和年长被试的隐喻与非隐喻行为和脑电链接实验②；2002 年维维安·C. 塔特等人对新隐喻理解做的实验③；2005 年玛丽·索提洛等人做的隐喻理解相关神经活动④）。因此，N400 反映了跟隐喻理解相关的神经机制。然而，我们不能忘记，常规语义的加工的神经机制也是从 N400 反映出来的，两者所不同的是，跟隐喻加工相关的 N400 波幅比跟本义加工相关的 N400 波幅更高、更负。尽管以上这一隐喻认知神经机制的结果是用西方语言做出来的，但是根据大脑皮层工作机制的一致性，以及前人得出的 N400 效应与语言类型无关的结论，我们有理由相信，让以汉语为母语的被试理解汉语隐喻也能出现类似的结果。因此，N400 是我们进行汉语隐喻认知神经机制研究中值得关注最重要的成分之一。N400 成分在脑电图中的显示如图 4.10 所示：

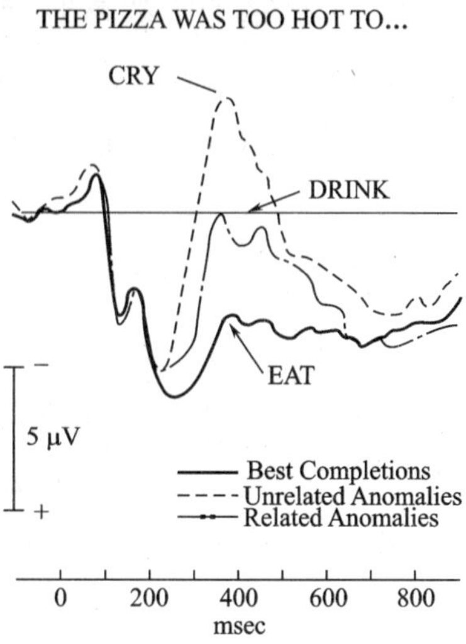

图 4.10　N400 成分图

① Pynte, J. et al.: The time-course of metaphor comprehension: an event-related potential study. *Brain and Language*, 1996, 55: 293~316.

② Bonnaud, V. et al.: Metaphorical and non-metaphorical links: a behavioral and ERP study in young and elderly adults. *Clinical Neurophysiology*, 2002, 32: 258~268.

③ Tartter, V. C. et al.: Novel metaphors appear anomalous at least momentarily: evidence from N400. *Brain and Language*, 2002, 80: 488~509.

④ Sotillo, M. et al.: Neural activity associated with metaphor comprehension: spatial analysis. *Neuroscience Letters*, 2005, 373: 5~9.

除此之外，杰尔·平特等人 1996 年的实验[①]还向我们提示，隐喻的意义加工跟晚正成分（600~1 000 毫秒，1 000~1 400 毫秒）也有关系。

（二）句法成分

尽管我们提到隐喻加工是一种特殊的语义加工，但实际上，在隐喻句理解过程中，句法和语义是结合在一起的。尽管本次所用的实验语料字数相同，不同类型之间的比较句句型（NP+V_{be}+NP 句型或 NP+V+NP 句型，见附录二）相同，但是进行语义理解过程中形成心理表征时，意义单元进入心理表征的顺序是不同的，因此所形成的脑成像差异究竟是因为意义表征建立过程的差别还是句法操作所导致的差别也是本课题所关注的问题。句法的难度也会影响到语义的理解，句型越简单，整个句子的意义就越容易整合，加工起来应该相对容易。本文第三章第一节论述了隐喻的基本结构“A 是 B”。在这一结构的隐喻中，A 项可以直接跟 B 项类比。换言之，B 项的喻体可以直接投射到 A 项的本体上。相比之下，另一隐喻结构“A 做 B”就体现了其难度，因为这一结构的动词直接参与了隐喻的建构，A 项不能直接跟 B 项类比，B 项类比的东西隐含在句外，因此，加工起来就会比加工“A 是 B”这样的隐喻难度更高。由此，我们不但要关注语义加工成分，也要关注句法加工成分，注意 P600 等是否会影响到隐喻意义的加工。

（三）语义加工和句法加工的关系

本研究进行的是句子层面上的 ERP 实验，因此我们还需关注语义加工和句法加工的关系。句子理解中语义加工和语法加工之间的关系问题，历来是研究者争论的焦点。主要对立的有两种观点：一是句法优先模型，一是交互作用模型。以 Fodor 为代表的句法优先模型认为，句子理解首先是根据句法信息建立句法结构表征，该过程与语义信息无关；接着根据语义信息分派题元角色；最后，如果句法结构和题元结构不能有机地整合到一起，就会触发对句子结构的再分析。而以 Bates 等为代表的交互作用模型认为，语义加工和语法加工一开始就是相互影响的，语义信息和句法信息并不形成各自独立的表征。显然，这两派之间最大的分歧在于，他们对句子理解中的句法信息和语义信息何时被整合到一起持不同见解。由于这两种理论都得到行为学结果的支持，故对于应该如何描述语义加工和句法加工的关系，研究者一直未达成共识。

2002 年，哈恩与弗里德里奇比较了正确句、句法违反句、语义违反句和语义句法联

① Pynte，J. et al.：The time-course of metaphor comprehension：an event-related potential study. *Brain and Language*，1996，55：293~316.

合违反句各自诱发的ERP成分，发现句法违反条件引发ELAN和P600，语义违反条件引发经典的N400，而语义句法联合违反条件下诱发ELAN和P600（即与单纯的句法违反条件相同），没有出现N400。这个结果表明**语义违反并不影响句法加工，相反句法加工却影响了语义整合过程**[①]。在他们的第二个实验中，哈恩与弗里德里奇仍给出同样条件下的四种句子，但其任务设置要求被试更关注句子在语义上的正确性。结果发现，改变任务并不影响单纯句法违反条件和单纯语义违反条件的ERP结果，但是**在语义句法联合违反条件下除了ELAN和P600之外还可以观察到N400**[②]。**比起相对自动的句法加工过程，语义加工呈现出受主观控制的模式**。[③]

因此，到目前为止在争论中占上风的似乎依然是模块化的理念。2003年弗里德里奇与考茨提出的语言理解模型可以说是模块理论在认知神经视角下的新版本[④]。他们在fMRI、ERP、MEG和脑损伤研究基础上所提出的语言认知神经模型认为，语言理解从功能上分为三个阶段，它们分别由额叶和颞叶的不同脑区负责：在由听皮层完成语音分析之后，首先进行的是对句子局部结构的建构，在ERP上反映为ELAN，由额上回前部和额叶岛盖负责；接下来的词汇语义和题元角色加工，在ERP上反映为N400，由包括颞上回、颞中回的中部和后部、额下回的BA45、47区负责；最后，句法的再加工和整合，反映为ERP上的P600，它的特异性脑区至今尚不明了，但学界一般认为左侧基底节或左侧颞上回后部可能与之有关。

但实际上，在正常的句子理解中，句法和语义是结合在一起的。要研究句法的脑机制，必须通过一定的方法将句法和语义进行分离，然而要真正将句法和语义分离也是很困难的。在复合句和简单句的比较中，虽然语义完全相同而只有句法不同，但是复合句和简单句相比，其语义的操作方式也很可能是不同的。例如以下两个句子：

124）Men that assist women are helpful.（**帮助妇女们的**男人们能帮得上忙。）

125）Women that men assist are helpful.（**男人们帮助的**妇女们能帮得上忙。）

尽管两句中的定语从句字数相同、意义一致（都是男士帮助女士），但是进行语义理解过程中形成心理表征时，意义单元进入心理表征的顺序是不同的，例124句的中心

---

① Hahne, A. & Friederici, A. D.: Differential task effects on semantic and syntactic processes as revealed by ERPs. *Cognitive Brain Research*, 2002, 13: 339~356.

② Hahne, A. & Friederici, A. D.: Differential task effects on semantic and syntactic processes as revealed by ERPs. *Cognitive Brain Research*, 2002, 13: 339~356.

③ 周晓林、叶铮：《语言认知的脑基础》，见罗跃嘉主编：《认知神经科学教程》，北京大学出版社2006年版，第311~312页。

④ Friederici, A. D. & Kotz, S. A. The brain basis of syntactic processes: functional imaging and lesion studies. *NeuroImage*, 2003, 20: S8~S17.

论元是 Men，而例 125 句的中心论元是 Women，因此所形成的脑成像差异究竟是因为意义表征建立过程的差别还是句法操作所导致的差别也是有疑义的。通过句法违反研究句法加工是一种用 ERP 研究句法加工常用的方法，并且稳定地得到了 ELAN/LAN 和 P600/SPS，然而这种方法同样不能避免语义加工。从理论上讲，句法违反的检测需要在一定的语境中，而语境信息表征的建立是在对句子中单词的意义解释的基础上建立的，因此句法违反所得到的脑激活区域必然在较大程度上是由语义加工所导致的。①

综上所述，从句法加工和语义加工的 ERP 实验过程可见，大脑的生理电位在极性、头皮分布和潜伏期上都不尽相同。这些结果较多是支持语言加工的模块化理论，即认为句法加工和语义加工是两个功能独立的认知过程。然而，我们始终应当牢记，我们之所以认为 N400、LAN 和 P600 是与句子理解有关的 ERP 成分，是因为存在着这样一个先验假定，即对违反的加工起始于违反刺激出现后特定的时间。它反映在脑电上，就是特定的 ERP 成分都有其固定的潜伏期。若存在着起始时间不固定的语言加工过程，它们必定无法在 ERP 上显示出来。但是，由于各个研究自身存在的某些缺陷，加上人脑本身又极其复杂，因此这些研究所得出的结果尚难以最后定论。对于语义加工和句法加工的关系问题目前还存在很多争论，而要真正揭示大脑如何进行句法加工之谜，还需要设计更加科学的实验方案进行 ERP 研究。

三、汉语研究需关注的 ERP 成分

因为本研究涉及的是汉语隐喻认知神经机制的研究，所以汉语本身所涉及的 ERP 成分也同样值得我们关注。近年来我国研究者，主要在心理学界和语言学界开始用神经电生理技术进行汉字形、音、义和汉语语义词汇层面的研究。ERP 技术是心理学界目前主要用于汉语语言研究的技术之一，到目前为止汉语的 ERP 研究焦点主要还是集中在汉字形、音、义和词汇语义识别上。汉字不像拼音文字那样可以从书写直接表征语音，汉字的形状与语义的直接联系使加工处理有别于印欧语系的拼音语言，而且汉语的句法又不如西方语言那么严谨，因此汉语的 ERP 研究已经显示出了汉语所固有的特征。

（一）汉字形、音、义的 ERP 研究

20 世纪 90 年代中后期以来，中国心理学家和语言学家魏景汉、匡培梓等（1995）②，

① 高兵等：《句法加工的脑机制》，《心理科学进展》2006 年第 1 期。

② 魏景汉等：《全视野汉字词义联想的 ERP 特征与汉字识别的 ERP 甄别》，《心理学报》1995 年第 4 期。

罗跃嘉、魏景汉（1997，1998）[①②]，罗跃嘉等（2001）[③]分别采用汉字形、音、义正启动和词义联想等一系列实验，对汉字形、音、义的关系进行了全视野和半视野的研究，结果发现：大脑两半球在汉字认知加工中关系颇为复杂，其差异不能简单地归结为哪侧半球占优势。在某些实验条件下，左脑可能需等待右脑传来必要的信息后才开始加工，但其加工一旦开始就在一定时期内占优势。汉字的视听认知具有不同的脑机制，听觉效应为右半球优势，视觉效应则出现在左侧顶叶、左侧颞叶后部与右侧枕叶；大脑半球的优势问题应从加工速度与加工强度，甚至更多的维度重新认识，所以**"优势半球"的概念有必要进行修正**。由此罗跃嘉、魏景汉提出，大脑半球的优势问题应从加工起始时间与加工强度两个维度重新认识[④]。

汉字认知加工始于100~160毫秒之间。以20毫秒语义启动法观察反义字与无关字辨认时的ERP，无关字的N400波幅较大，最大峰位于枕部，峰潜伏期延迟；反义字的N400很小，但正慢波PSW明显。当用无关字ERP减去反义字ERP时，一系列ERP成分皆消失，仅剩一单相负波N480。从反义字N400潜伏期（约450毫秒）非常显著地短于无关字N400（约350毫秒）看，有理由认为**适当的语境可缩短汉字加工，特别是辨认加工的过程**。另外，张武田等报告，以汉字形、音的异同，分左右视野呈现，结果观察到了P3的变化：当字音匹配时，P3波幅大于右视野左半球；字形匹配时无半球间的差异，[⑤]包括N2的其他ERP成分均未见变化。由此看来，**汉字的认知加工一般会影响ERP的晚成分**，不同认知加工对各个ERP晚成分的影响是不同的。

汉字的语义通达过程甚为复杂，不能简单地归结为是否通过音而达义的问题。在认知中汉字形音义均存在加工与再加工的反复过程，形音义加工是交错进行的，形音与义的加工时间可能有部分重叠，三者关系错综复杂，难以分割。ERP是探索汉字认知加工规律和机理的有效工具，汉字ERP研究也将丰富ERP成分的心理学意义。

（二）汉语语义词汇层面的ERP研究

陈璇和宋旻烨通过记录汉语成语结尾字匹配与不匹配事件相关电位N400的变化，探讨视觉词语认知模式及汉字认知加工特征发现，**汉语成语结尾字匹配与不匹配的N400**

① 罗跃嘉、魏景汉：《跨通路识别汉字形音的偏差相关成分研究》，《心理学报》1997年第4期。
② 罗跃嘉、魏景汉：《中西文的事件相关电位N400研究现状》，《心理学动态》1998年第3期。
③ 罗跃嘉等：《汉字视听再认的ERP效应与记忆提取脑机制》，《心理学报》2001年第6期。
④ 罗跃嘉、魏景汉：《跨通路识别汉字形音的偏差相关成分研究》，《心理学报》1997年第4期。
⑤ 张武田等：《汉字词匹配的偏侧化效应和事件相关脑电位》，《心理学报》1988年第4期。

与字词认知中的语义密切相关[①]。李荣宝等采用事件相关电位（ERP）技术对双语表征进行了探索。实验考察了句末词呈现之后 500 毫秒内英汉两种语言的语言内和语言间语义整合在语义一致和语义不一致两种条件下的 P190 和 N400 的潜伏期和波幅。结果显示，P190 具有语言的形式加工效应，这种效应在汉英两种语言加工中有明显差异；而 N400 具有语义加工效应，汉英两种语言的 N400 模式相同。结果表明，**双语者两种语言的形态是分别表征的，而语义是共同表征的**[②]。郭桃梅等运用 ERP 技术考查了在汉语词汇产生过程中，语义提取和语音提取的时间进程，结果发现：**在汉语词汇产生过程中，语义提取先于语音提取**[③]。吕勇和沈德立通过视觉呈现汉语双字词，在词汇决定实验中操纵启动词和目标词的语义距离，得到了一个对语义加工敏感的 P240 成分，它在头皮中央偏左的部位较早出现，头皮右侧的 P240 虽然出现较晚，但波幅较大，它可能是一种**与汉语语义加工有关的新的 ERP 成分**[④]。

总之，汉语在字、词汇的形音义层次上的研究已经取得了一定的成果，但是要真正了解大脑的语言认知功能必须上升到句子层面的研究。句法是语言系统最核心的部分，句法研究最能代表语言研究的高度，然而汉语在句法结构或句法语义层次上的研究还没有真正起步，没有真正形成系统。到目前为止，我们还不能充分利用 ERP 这一先进的方法进行系统的语言大脑认知功能的研究，我们对 ERP 上的效应究竟反映的是语言的认知过程还是语言的认知结果也不能作出肯定的答复。因此，我们更有理由以汉语为语料，从各个视角，包括隐喻，来揭示汉语言认知的神经机制，揭示操汉语者语言思维的大脑活动真相。

---

① 陈璇、宋旻烨：《汉语成语结尾字事件相关电位 N400 的研究》，《广东医学》2003 年第 7 期。

② 李荣宝等：《汉英语义通达过程事件相关电位研究》，《心理学报》2003 年第 3 期。

③ 郭桃梅等：《汉语词汇产生中的义、音信息提取时间进程的 ERP 研究》，《心理学报》2005 年第 5 期。

④ 吕勇、沈德立：《P240 的语义距离效应》，《应用心理学》2005 年第 3 期。

第5章 汉语隐喻ERP实验研究

基于以实证的方式对汉语隐喻认知做出合理解释的理念，本研究采用事件相关电位（ERP）技术，对20个在校理工大学生进行语义判断实验。实验的准备和设计都紧紧围绕着观察汉语隐喻加工和本义加工的异同等实验目的而展开。经过精心设计和认真操作的实验之后，我们不仅得到了被试理解实验语料的行为数据，而且得到了ERP脑电数据。对于这些数据进行离线分析后，我们清晰地、直接地从脑电波幅上看到了大脑是如何对不同句型和不同类型句子进行加工的。在所有的波幅中，N400和LPC是我们最关注的波幅，因为它们对不同的语义识别显示出了不同的波峰，而且对语义匹配和整合给予了线索。

第1节 ERP实验流程

前文已经论述，因为隐喻性语言是隐喻性思维的外在表现，因此，隐喻性思维可以透过隐喻性语言来观察。又因为ERP实验和认知事件相关，因此，隐喻认知事件完全可以从ERP实验中反映出来。为了探讨隐喻性思维，进一步认识语言与思维的关系，本研究采用了事件相关电位（ERP）技术，选用“NP+V_{be}+NP”和“NP+V+NP”两种句型的隐喻句（含新隐喻句和死隐喻句），以及相应数量的本义句和假句，对20个在校理工大学生进行语义判断实验。整个实验在徐州师范大学语言研究所、语言科学与神经认知工程江苏省重点实验室的帮助指导下完成。本实验期待着 ERP 实验或多或少地能从大脑神经机制上给予以上问题一些合理的解答和证实。

一、实验目的

本实验的目的就是试图通过隐喻性语言来探究隐喻性思维，即通过记录被试在面对两种句型的死隐喻和新隐喻句，及其对照的本义句和假句等实验材料时的脑电波形变化，来确定这些语料之间在时间加工进程上，是否存在显著的波形变化差异，从而探究分析不同的实验材料之间的区别和联系，揭示不同的实验刺激材料的脑神经机制，探讨其间所具有的语言学意义。具体而言，本研究试图在国外学者研究的基础之上借助 ERP 手段来探索：（1）汉语本义加工和隐喻加工的异同；（2）汉语隐喻认知的加工模型；（3）汉语隐喻认知的加工脑区；（4）汉语死隐喻和新隐喻的理解过程的异同；（5）汉语句法结构对隐喻理解的影响。

（一）观察汉语本义加工和隐喻加工的异同

实验目的之一是试图观察汉语本义加工和隐喻加工的异同。从符号与意义的关系上看，本义和隐喻本身就分属两种不同的句子类型。这两类句子的加工模式已在本文第三章进行过探讨。根据塞尔的观点，人们首先进行本义加工，只有当字面意义与世界表征不能匹配时才进入隐喻意义加工。而根据莱考夫和约翰逊的观点，大多数的隐喻可以跟本义一样直接进入自动加工，因为人类大多数概念都是隐喻的。笔者之前也曾经论述，隐喻可分为死隐喻和新隐喻，这两者之分是根据其概念化的程度不同而划分的，但这两种隐喻究竟应该在何处划线是相当困难的，从新隐喻过渡到死隐喻的变化是一个量变逐渐积累直至质变的过程，是从两步加工到一步加工的过渡。但是在共时的条件下，本义句加工和隐喻句加工，或本义句加工和死隐喻句加工究竟是否有区别，它们之间的区别究竟有多大，塞尔的“两步加工模型”和莱考夫和约翰逊的“一步加工模型”是否真能分别对隐喻句加工和本义句加工，或新隐喻和死隐喻做出解释？另外，笔者之前也提到，死隐喻的加工类似于本义的加工。那么用熟悉度较高的死隐喻做语料是否真的就像莱考夫所说的那样，已经概念化到跟本义加工一样了？就不需要进行两步加工了？如果用熟悉度较高的汉语新隐喻句做 ERP 实验的语料，其结果又会如何？它的加工过程是否如同死隐喻句一般，跟本义句加工模型一样，不需要注意加工了，还是仍然跟本义句加工有着差异呢？

（二）了解汉语隐喻认知的加工模型

实验目的之二是试图了解汉语隐喻认知的加工模式。世界上有数千种语言，不同语言间既有共性，又有差异。汉语认知与其他语言相比也存在着共性和差异。我国心理学界和语言学界的学者在汉语认知的脑功能成像等方面已经开展了一些初步性工作，并获得了一些研究成果。他们在探索汉语信息的编码、加工、整合与学习、记忆的神经机理取得了一些成果。汉语在他们做的 ERP 实验中显示出其自身的特点，这些在第四章已经作了详细论述。我国学者用 ERP 做的汉字形、音、义正启动和词义联想等一系列实验证明：汉字的辨认和理解都具有与西方语言加工不同的脑机制，这些不仅已从汉语字、词 ERP 实验的有关句法的成分中反映出来，也从有关语义的成分中表现出来，即汉语字、词 ERP 实验的 N2 和 P3 波形都有其独到之处。那么，汉语隐喻意义的理解过程是否也应有自己的特异性？尽管汉语隐喻理解也应该是两个概念域之间的投射，但是汉语属于象形文字，有很多字见形便能猜出其义，其认知过程是否也必须先通过字面意义的理解才可获得隐喻意义？或许有的是，有的不是？

（三）寻找汉语隐喻认知的加工脑区

实验目的之三是试图探究汉语隐喻认知的加工脑区。隐喻在很多情况下是以形象的概念来比喻抽象的或不熟悉的概念。众所周知，大脑有左右两半部，各有不同的功能，并以不同的方式处理信息。美国心理生物学家、1981 年度的“诺贝尔生理学或医学奖”获得者斯佩里博士[①]通过著名的割裂脑实验，证实了大脑不对称性的“左右脑分工理论”。学界目前的共识是，人的左脑主要从事语言思维、逻辑思维，而右脑主要从事形象思维、非逻辑思维。右脑被认为具有产生直观、形象、想象的功能。既然隐喻在很多情况下是以形象概念来思维，是否隐喻思维应该更多地涉及右脑的功能？国外一些神经心理实验数据表明，右脑在隐喻加工中确实起到了主要作用，然而另一些研究却表明，至少在加工的某些阶段，右脑优势并不存在。根据魏景汉、匡培梓等 1995 年的 ERP 实验[②]；罗跃嘉、魏景汉 1997 年与 1998 年的 ERP 实验[③]；罗跃嘉等 2001 年的 ERP 实验[④]数据：大脑两半球在汉字认知加工中关系十分复杂，不能简单地归结为哪侧半球占优势。汉语的象形文字对隐喻理解又会产生什么影响呢？汉语隐喻认知加工是否也有语言加工的左半球

① R.W. Sperry，1913—1994.

② 魏景汉、匡培梓、张东松、潘世天：《全视野汉字词义联想的 ERP 特征与汉字识别的 ERP 甄别》，《心理学报》1995 年第 4 期。

③ 罗跃嘉、魏景汉：《跨通路识别汉字形音的偏差相关成分研究》，《心理学报》1997 年第 4 期。罗跃嘉、魏景汉：《中西文的事件相关电位 N400 研究现状》，《心理学动态》1998 年第 3 期。

④ 罗跃嘉、魏景汉、翁旭初、卫星：《汉字视听再认的 ERP 效应与记忆提取脑机制》，《心理学报》2001 年第 6 期。

优势？或汉语的汉字字形更能激发右半球的形象思维优势？或同时涉及左右脑区？或左右脑以各自独特的方式加工隐喻？

（四）探究汉语死隐喻和新隐喻的理解过程的异同

实验目的之四是寻找汉语死隐喻和新隐喻的理解过程的异同。我们已经把隐喻分为死隐喻（词典中概念化了的比喻，如熟语等）和新隐喻（词典中没有专门列出的比喻），按这种分法，人们对死隐喻和新隐喻理解的方式应该是不同的（见第四章）。具体而言，像“恨铁不成钢”、“说到曹操，曹操就到”、“不到黄河心不死”和“不识庐山真面目”等死隐喻与“婆婆”、“烧香”、“臭豆腐”等多义词在语境中构成的新隐喻的理解模式应该是不同的。前者一般是固定概念，后者则更多地依赖主客体语境。尽管死隐喻义成了固定的概念，但是人们接触它时并非像接触本义句一样，其字面意义与应该理解的意义一致。死隐喻的理解接近本义句，但绝非等于本义句。理解新隐喻的情况又如何呢？相对死隐喻，人们是否需要更长的时间来理解新隐喻？新隐喻特别需要语境的支持，恰当的语境是否促进对它的理解？而不恰当的语境是否阻碍这种理解呢？倘若这二者间确有动力谱系式的分层结构，那么死隐喻是否可被看作不调动智力资源的语词活动呢？这些不同是否能在实验中反映出来？汉语死隐喻和新隐喻的理解过程真能从脑电波谱图上区别开来吗？

（五）探索汉语句法结构对隐喻理解的影响

实验目的之五是试图探索汉语句法结构对隐喻理解的影响。语言是一套符号系统，有其自身的语法规则，否则就不可能成为各种社会人与人之间交流的工具。因此，句法规则一般会影响到语义的理解，换言之，语义一般会受到句法的制约。隐喻的常规结构是“A 是 B”（$NP+V_{be}+NP$），在这样的句子结构中，认知主体可以直接将 A 和 B 进行类比（见第三章第一节），也就是说 A 和 B 在句法上是对等的名词词组的类比（NP 比 NP）。但如换成“A 做 B”（NP+V+NP），情况就发生了变化，这之间的两个名词词组不是对等关系，在这样的句型结构中，动词和其后的宾语关系更近，因此，它实际上是个 NP+VP 的句型。这时作为主语的 NP 就不能直接跟作为宾语的 NP 类比，而只能是作为主语的 NP 与另外一个可以跟 VP 在语义上配合的、没有直接在句中出现的 NP 类比，或者整个动宾结构与另外一个作为隐喻跟其他动宾结构比，因为在这样的句型中，动词本身就包含隐喻意义。例如：

126）生产上轨道 ——“生产”跟“交通工具”比；

127）秋风扫落叶 ——“秋风”跟“扫帚”比；

128）小弟拖后腿——“拖后腿”跟“牵制别人或别的事物”比；

129）的哥侃大山——“侃大山”跟“说大话”比。

相比之下，“A做B”句型比“A是B”句型变量更大，不可测因素更多，显而易见，前者的理解必定难于后者，所以，本实验就选用了这两种句型进行比较，以寻找脑电的证据来证明这一观点。

（六）探讨隐喻加工期间所具有的语言与思维之间的关系

思维可分语言思维和非语言思维，语言思维是人类借助语言这种工具思维的心理现象。语言是思维的工具之一，没有语言人类就无法进行有效的、理性的、条理的思维。语言思维是思维中最成熟的思维，所谓深思熟虑一般指的是经过内部语言概括过的思维。了解隐喻认知的神经机制是探索语言与思维关系的非常恰当的切入口，因为隐喻是一种特异的语言现象，是窥探人类思维的窗口。假如莱考夫和约翰逊的概念隐喻理论是正确的，假如大多数人类思维是在隐喻概念的框架下进行的，那么知晓隐喻认知的神经机制就等于知晓人类基本思维的真谛，了解隐喻的大脑加工过程就等于了解人类思维的普遍模式。

二、实验准备

实验的前期准备是任何实验必不可少的步骤，实验的计划、准备工作直接影响到实验数据的可靠性。实验准备工作包括语料采集、熟悉度测试、熟悉度统计与分析以及实验语料的最终确定。

（一）语料采集

根据实验目的，我们必须选用一定数量的隐喻句（包括死隐喻句和新隐喻句）和与之数量匹配的本义句和假句。但语料选取的关键问题在于：一方面死隐喻和新隐喻之间很难划界，另一方面新隐喻和假句之间很难划界。如果仅仅按熟悉度来区分死隐喻和新隐喻，这样做的结果是：（1）熟悉度划分临界的句子很难以死隐喻和新隐喻来界定，因为这些句子的加工模型基本一致；（2）将熟悉度高的句子挑出来作为死隐喻，剩下的新隐喻句子很难与假句区分，因为假句和新隐喻之间本来就没有明确的界限，认知主体通过联想和想象在一定的语境中将两个不同的概念域联系在一起，我们就认为是新隐喻，联系不起就认定是假句。但由于隐喻认知个体不同和语境不同，这些都无法在实验中操作。

为了能够比较客观，又可根据标准来操作，我们这次对新隐喻和死隐喻划界的依据是中国社会科学院语言研究所词典编辑室编撰的《现代汉语词典》第5版[①]所列词条定义，即词条释义中有明确比喻或隐喻标注的划为死隐喻，而词条中只标注字面意义的归为新隐喻。这样划界是根据语言学界目前普遍认可的做法，如束定芳在他的《隐喻学研究》中就是这样划分的，“新鲜隐喻指第一次使用或刚刚开始使用的隐喻。一般隐喻（与本作者表述的死隐喻相同）指一般大众已普遍接受的隐喻，已经成为词义的一部分，收录在词典里。……死喻指隐喻义已成为词的基本义的一部分，或者说被词汇化了（lexicalized），通常情况下以看不出隐喻义，词典常常在词条后加上“死喻”的标签或者在某个义项后标明［喻］。[②]”笔者为此还专门请教过徐盛桓先生，他的意见跟束定芳的看法基本一致，他也认为，死隐喻是指已收入词典的词汇，其比喻意义已经在词典上明确标示。

由于目前ERP技术条件的限制，实验所用语料不能完全采用自然语料。为了消除其他参数对所考查内容的干扰，语料设计必须满足以下条件：（1）靶词词性一致、字数一致；（2）句法结构一致；（3）每种考察类别要达到30个以上刺激的叠加；（4）类别与类别之间形式和数量匹配。根据实验目的和语料选取条件，笔者在与徐州师范大学语言所老师、研究生，以及浙江大学语言与认知研究中心“语言与思维”讨论小组成员几经讨论后，最后决定采用主系表（A是B）结构的判断句（$NP+V_{be}+NP$）和主谓宾（A做B）结构的句子（NP+V+NP）作为实验语料采集的两种句型。本实验的语料全部来自“Google”和“百度”网站上的句子，经过改装而成，以符合实验目的和语料选取条件。语料中包括像“同窗是手足”、“巩俐是大腕”、“猎狗练鼻子”和“小华有脑子”这样的转喻，但不包括“开车的”、“扫地的”等“的字结构”指称的动作执行者的语法隐喻。

（二）熟悉度测试

熟悉度测试主要是为了检测所选择的实验材料总体上是否都为被试所熟悉，以便依据测试结果进行实验刺激材料的调整和最后选取。本次实验任务是要求被试在有意义句和无意义句之间判别，因此，熟悉度测试更显得重要。我们设定被试会对熟悉的句子做出有意义的判断，而对不熟悉的句子做出没有意义的判断，后来的测试结果的确也支持这一预设。

我们选了两组200个句子作为熟悉度测试用句：（1）死隐喻及其对照组，含死隐喻$NP+V_{be}+NP$句型25句，NP+V+NP句型25句，本义$NP+V_{be}+NP$句型25句，NP+V+NP句型25句；（2）新隐喻及其对照组，含新隐喻$NP+V_{be}+NP$句型25句，NP+V+NP句型25句，

① 中国社会科学院语言研究所词典编辑室：《现代汉语词典》，商务印书馆2005年版。

② 束定芳：《隐喻学研究》，上海外语教育出版社2000年版，第76页。

本义 $NP+V_{be}+NP$ 句型 25 句，NP+V+NP 句型 25 句。每个句子之后有“熟悉”、“较熟悉”和“不熟悉”三个选项供被试选择，要求被试对所给语料的熟悉程度进行判别，并在相应的空格内打√。（见附录一）

熟悉度问卷测试类似于一般的调查问卷，如果不重视很容易因为被试敷衍了事而走过场，这样就会直接影响之后的 ERP 实验的数据的可靠性。因此，主试再三向被试交代清楚其重要性，然后才让他们开始作答。本次熟悉度测试的程序如下：首先主试向被试讲述测试要求和测试任务；然后主试发放测试问卷，被试完成答题任务，时间大约为 10 分钟；最后主试收取熟悉度测试问卷。我们邀请了 41 名年龄与正式实验相仿的在校大学生匿名参加了测试，测试之后给了每位被试少量报酬。

（三）熟悉度统计与分析

熟悉度测试之后，笔者对每个句子的熟悉度都作了统计（附录一）。我们将熟悉和较熟悉的词组归为一类，将不熟悉的归为一类。通常情况下，每个句子只要达到三分之二以上的人认可便可视为熟悉。我们将那些不熟悉率较高的句子删除，另外还删除了像“老莫是小偷”这样容易引起误会且不恰当的句子，每种类型句子留下 20 句，共 160 句。死隐喻 $NP+V_{be}+NP$ 句型的熟悉度为 89.88%，NP+V+NP 句型的熟悉度为 92.93%；新隐喻 $NP+V_{be}+NP$ 句型的熟悉度为 95.73%，NP+V+NP 句型的熟悉度为 88.05%；本义句 $NP+V_{be}+NP$ 句型的熟悉度为 95.06%，NP+V+NP 句型的熟悉度为 95.61%（见附录三）。因而我们实验刺激材料的总熟悉度已达到 93%，是符合 ERP 实验要求的。综合上述有关死隐喻句、新隐喻句和本义句两种句型的统计分析结果表明，被选来作为正式实验所用的实验材料，在熟悉度方面是完全符合实验要求的，因而可以进行后续的行为实验和 ERP 实验。

三、实验设计

（一）被试

本次实验采用的全是正常被试，没有采纳脑损伤被试（失语症病人或老年痴呆症患者）。因考虑到事件相关电位属于长潜伏期诱发电位，测试时一般要求被试者清醒，并在一定程度上参与其中；一方面脑损伤被试不容易寻找，要达到与正常组在年龄、性别、数量等方面都达到匹配有相当的难度，另一方面脑损伤者对用 ERP 做的隐喻认知任务不一定配合，因此决定先做正常被试，今后视条件而定，可继续对不同的对象进行对照实验。

20 名在校理工科大学生志愿者参加了本实验，10 名男性，10 名女性，年龄范围在 19~24 岁之间，平均年龄为 22 岁，以汉语为母语，均为右利手，所有被试身心健康，无脑外伤和神经系统疾病史，视力或矫正视力均为正常。完成实验后每一被试均获取适量报酬。

（二）实验材料

为保证实验的效度和信度，在实验方案设计之初，就严格按照标准来实施。经过合适度和熟悉度测试之后最后选择了句法和语义合法的死隐喻句 40 个（含“NP+V_{be}+NP”句型 20 个和“NP+V+NP”句型 20 个）、新隐喻句 40 个（含“NP+V_{be}+NP”句型 20 个和“NP+V+NP”句型 20 个）、本义句 80 个（含“NP+V_{be}+NP”句型 40 个和“NP+V+NP”句型 40 个）和假句（语法合法并与隐喻句和本义句的句法结构一致但语义不合法的句子）160 个，共 320 个句子，每个句子以词为基本单位被切分成 3 张图片，总计 960 张图片作为刺激材料，具体分配如表 5.1 所示。

表 5.1　实验材料设计

预期回答							
对						错	
有意义						无意义	
80 句隐喻句 240 个刺激				80 句本义句 240 个刺激		160 句假句 480 个刺激	
死隐喻 40 句 120 个刺激		新隐喻 40 句 120 个刺激					
NP+V_{be}+NP	NP+V+NP	NP+V_{be}+NP	NP+V+NP	NP+V_{be}+NP	NP+V+NP	NP+V_{be}+NP	NP+V+NP
60 个刺激	60 个刺激	60 个刺激	60 个刺激	120 个刺激	120 个刺激	240 个刺激	240 个刺激

我们对所有可能要分析的类别做了“trigger”的切分，如 111 代表死隐喻 NP+V_{be}+NP 句型的句子，112 代表死隐喻 NP+V+NP 句型的句子……（见附录二）。实验期待被试对所给的隐喻句和本义句做出“正确”的回答，而对无意义句做出“错误”的回答。

（三）实验设计

实验在隔音电磁屏蔽室进行。要求被试水平注视屏幕中央的小“十”字号，视距约 150 cm。刺激材料为 48 号粗体宋体，呈现在计算机屏幕中央，屏幕的底色为深灰色，字体颜色为黑色。960 张文字图片使用了 Neuroscan 公司开发的 Stim2 软件进行了以句子为单位的伪随机排列，每个刺激呈现时间（duration）为 300 毫秒，反应窗口（window）为 1 500 毫秒，每组刺激间隔为 2 500 毫秒。

四、实验操作

（一）实验准备

事先跟被试约好，让他们在实验前一天休息好，以精神饱满的状态来做实验，在正式实验之前有以下准备工作：被试填写“被试情况表格”，含性别、专业、左右利手等基本情况。

（1）被试进入实验室后，洗头并吹干头发。

（2）主试向被试交代实验性质，使被试了解实验的科学性和无损伤性，并说明导电膏的无毒、无害、水溶性好、极易清洗等性能。

（3）主试给被试讲解实验内容，详细讲解“实验指导语”，使其能够积极配合实验。

（4）主试提醒被试实验过程中应注意的问题，如放松、少动，尤其保持头部不动等，但可进行自然眨眼。

（二）刺激任务

前一章刺激模式中提到，做语言方面的 ERP 实验可用听觉通道和视觉通道刺激模式。因为本实验做的是语义判断任务，考虑到汉语同音字较多，若用听觉刺激模式可能会造成理解上的歧义，因而本实验采用的是视觉刺激模式，即将句子切分为词，逐词投射到屏幕上，句与句之间间隔长度略长，让被试作判断理解。在实验设计中，笔者考虑到了设计本义句与隐喻句的比较；新隐喻句和死隐喻句的比较；不同句法结构本义句与隐喻句的比较；以上所有句子均采用两种句法结构，一种是判断句式（$NP+V_{be}+NP$），一种是动宾句式（NP+V+NP）。为了保证实验数据的有效性和可比性，所有的句子字数相等，均为五字句。

实验分为 6 个时段（block），每个时段含 150~180 个刺激，持续 3~4 分钟，时段与时段之间有 2 分钟短暂休息。实验采用语义判断任务，要求被试默读在屏幕中央依次闪现的词，在读完每句最后一个词时尽快按自己的语感准确判断整个句子在汉语中是否有意义，并以左、右手分别做出“是”（正确）与“否”（错误）的按键反应。在正式实验之前，要求被试完成与正式实验同样任务的练习，熟悉按键和任务要求。但是热身练习用过的语料不在正式实验中重复出现。反应手和刺激序列的呈现顺序在被试之间进行交叉平衡。

（三）脑电记录与获得

1. 佩戴电极帽。根据前面陈述的原理，我们给被试佩戴 Neuroscan 生产的 Quick-cap32 导联 Ag/AgCl 电极帽，其电极均为 Ag/AgCl 烧结的合金电极，可以保证慢电位的可靠记录，不受极化电位的影响，且这种电极的表面不易受损，从而不必经常定期对电极进行氯化处理。32 导电极帽电极点分布如图 5.1 所示：

我们在安放电极帽时，首先从前往后戴上电极帽，然后确定电极帽 Cz 点，即矢状线和冠状线的连线之中点的安放位置是否正确，确定该点后，将电极帽往前、后调整，保证中线电极与头皮矢状线一致，最终使电极帽端正，紧密地戴在头上。在给皮肤角质层（双侧乳突，双眼的上下左右）涂抹磨砂膏时，跟被试讲明使用的材料和目的，尽量轻擦。重点是参考电极的摩擦，保证电极的阻抗足够低（低于 5 欧姆）。注射导电膏时，每个电极注射约 0.5 毫升，轻轻转动针头，直至阻抗（Impedance）界面上每个电极颜色变蓝或黑，一般在 10 分钟之内即可完成。

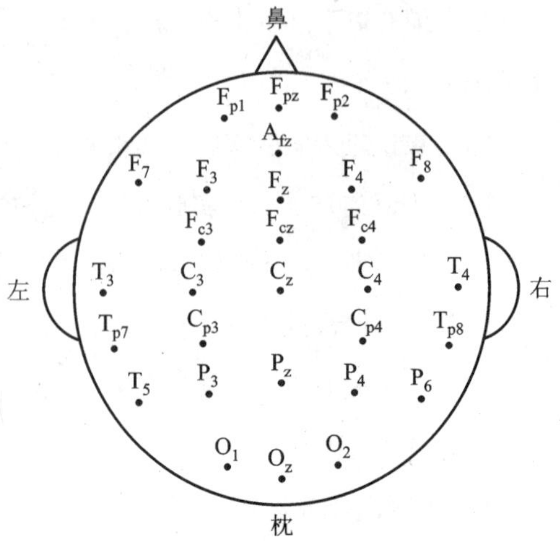

图 5.1　电极点分布图

2. 脑电预记录。我们在正式记录脑电之前先进行脑电预记录，即查看脑电基本波形是否正常；脑电基线是否平稳；有无 50 Hz 干扰。进行眼睛动作（闭眼—睁眼、转动眼球、水平扫视），观察眼动对脑电的影响，以判断电极安置是否合适。这一时段我们给被试做的是一组与正式实验任务一致而内容完全不同的简短的练习，让他们熟悉任务要求，为完成实验任务作好充分的热身准备，直至对刺激的产生和按键反应完全适应才开始正式记录工作。同时，预先留有足够的记录空间，记录时应特别注意脑电文件名的创建是否正确，是否符合要求，尽量避免覆盖已记录的文件。通过脑电记录主试可判断被试是否真正理解指导语，如有问题可以及时得到解决。

3. 脑电正式记录。本实验采用的是美国 Neuroscan Synamps 2 记录脑电。电极位置采用 10~20 国际电极系统（参见第六章）。参考电极置于双侧乳突（mastoid）——耳后颞骨后部的圆锥形凸起（M1，M2）连线，接地点在 Fpz 和 Fz 的中点的接地电极（ground），同时记录水平眼电和垂直眼电——被试左眼的上下以及双眼外侧眼角（canthus）外部各有一对电极分别用于记录垂直和水平眼动信号。滤波带通为 0.05~100 Hz，采样频率为 100 Hz，电极与头皮接触电阻小于 5 KΩ。

4. 注意环境要求。尽量保证实验对光线和声音的要求。实验过程中，我们在关掉隔音电磁屏蔽室置于天花板上的大灯的同时打亮在电脑屏幕后的小灯，使被试身处昏暗的房间内目光集中在屏幕中央。实验期间，禁止闲人入内，确保被试不受噪音干扰，集中精力完成实验任务。

（四）数据离线分析与处理

采集完脑电后，所有数据都依照 ERP 离线分析步骤进行了数据离线分析处理，根据本次实验目的，只是对参数作了调整：

1. **合并行为数据**(merge behavior data)。为有效地进行脑电数据和行为数据的合并，我们保证实验过程中脑电记录的完整性，保证每个刺激相关的 EEG 都能有效地记录。Scan 软件采集的 CNT 原始脑电文件一般都可以和 Stim 创建的行为数据 DAT 文件进行融合。

2. **脑电预览**。离线观察被试的脑电基本特征；剔除明显漂移的脑电数据；观察眼电方向与眼电伪迹方向是否一致，以及眼电的幅值大小，以指导后面的去除眼电步骤。

3. **去除眼电**（EOG）**伪迹**（ocular artifact reduction）。点击通道（channel）面板上“垂直眼电”（VEOG），“持续时间”（duration）为 400 毫秒，其他参数根据不同被试而定，去除“审查”（review）下的“最大量”（maxima）和“眨眼”（blinks）；点击 LDR+CNT 键，然后保存 CNT 文件。

4. **脑电分段**（epoch）。对连续记录的脑电数据（CNT 文件）进行分段，根据每个刺激 300 毫秒的持续时间，设置 X：–100，$X_{maximum}$：1 000，即采集每个点 –100~1 000 毫秒之间的数据，然后点击“输出”（output）。

5. **基线校正**（baseline correct）。对默认数据（baseline interval：pre stim inter；channels：all）不做任何修改，然后输出保存。

6. **数字滤波**（filter）。类型（type）：低通（low pass）；模式（mode）：相同刺激（analog stimulation）；带通（band pass）：40Low [Hz]、24dB/oct，然后保存到“输出文件”（output file），以消除 50 周的干扰。

7. **基线校正**（baseline correct）。步骤同第一次基线校正相同。

8. **去除伪迹**（artifact rejection）。设定“标准”（criteria）项下“时域”（time domain）：Min：–100，Max（μV）：100；在 “通道”（channels）的“具体目标”（specific）中点击“选择”（select），选择“所有”（all），挑出“垂直眼电”（VEOG）和“水平眼电”（HEOG）。

9. **叠加平均**（average）。在“平均”（average）项下进入“分类标准”（sorting criteria），点击“类型”（type），分别将不同的类型编号输入，然后点击“正确”（correct），输出类型叠加。本实验共对 12 类（6 对）考查对象（靶词）作了叠加平均：本义句（by），隐喻句（yy）；死隐喻句（syy），新隐喻句（xyy）；判断结构（NP+V_{be}+NP）本义句（byb），动宾结构（NP+V+NP）本义句（byv）；判断结构（$NP+V_{be}+NP$）隐喻句（yyb），动宾结构（NP+V+NP）隐喻句（yyv）；判断结构（$NP+V_{be}+NP$）死隐喻句（syyb），动宾结构（NP+V+NP）死隐喻句（syyv）；判断结构（$NP+V_{be}+NP$）新隐喻句（xyyb），动宾结构（NP+V+NP）新隐喻句（xyyv）。

10. 总平均（group/individual avarage）。总平均的目的在于对所有被试的 ERP 数据进行平均，以得到总平均波形。首先分别将个人的每个项目叠加获得每种类型的总数，然后分别将 20 个被试每个类型叠加，获取全体的每项总平均。

11. 统计分析。使用专业 SPSS 软件 12.0 版本进行统计分析，主要进行的是每种类别的平均反应时的均值和标准差，以及准确率均值和标准差的统计和分析。

第 2 节　行为数据结果

实验数据是用来检验理论假设的最有力证据之一。本次实验的离线分析为我们提供了两套数据结果，一套是行为数据结果，另一套是 ERP 脑电数据结果，我们可以分别从这两个窗口来窥探汉语隐喻加工的过程。

首先让我们来看看行为数据结果。实验的行为数据包括被试对目标刺激判断的正确反映时和准确率。实验中，20 名被试的平均 P（A）值[①]是 0.91，最低的一个被试是 0.81，远远大于 0.5，因此被试的反应是非常可靠的。为排除极端数据对反应时和准确率的影响，统计时我们剔除了反应时长于 1 500 毫秒和短于 300 毫秒的数据。从所采集的行为数据结果看，每种数据采集量均达到该种数据采样总数的 75% 以上，且总数已达到 500 以上，因此分析结果有效。行为数据结果基本上支持人们的经验认识和当下学界对隐喻认知模型的取向，即本义句理解易于隐喻句理解，死隐喻句理解易于新隐喻句理解。

根据实验目的，我们分析了 8 对 16 种句子类型的平均反应时和准确率：有意义句与无意义句、本义句与隐喻句、死隐喻句与新隐喻句、“$NP+V_{be}+NP$”句型本义句与“NP+V+NP”句型本义句、“$NP+V_{be}+NP$”句型隐喻句与“NP+V+NP”句型隐喻句、“$NP+V_{be}+NP$”句型死隐喻句与“NP+V+NP”句型死隐喻句、“$NP+V_{be}+NP$”句型新隐喻句与“NP+V+NP”句型新隐喻句、“$NP+V_{be}+NP$”句型假句（无意义句）与“NP+V+NP”句型假句（无意义

① 根据信号检测理论，P（A）值指正误判断正确数 / 刺激总数，P（A）值大于 0.5，被试的反应才是可信的。

句），详细结果如表 5.2 所示。

表 5.2　行为数据分析

类型	平均反应时（毫秒）	正确率（%）
有意义句	682.58 ± 91.97	87.65 ± 6.226
无意义句	687.01 ± 107.47	95.10 ± 2.954
隐喻句	717.51 ± 97.42	82.30 ± 7.974
本义句	651.61 ± 88.54	93.35 ± 6.426
死隐喻句	696.41 ± 94.06	86.50 ± 7.931
新隐喻句	739.81 ± 104.25	78.45 ± 9.944
“NP+V_{be}+NP”句型本义句	656.75 ± 83.92	91.25 ± 5.960
“NP+V+NP”句型本义句	646.63 ± 97.57	95.50 ± 7.127
“NP+V_{be}+NP”句型隐喻句	706.63 ± 99.17	82.00 ± 10.24
“NP+V+NP”句型隐喻句	726.50 ± 105.57	82.50 ± 12.51
“NP+V_{be}+NP”句型死隐喻句	688.52 ± 92.10	84.75 ± 10.45
“NP+V+NP”句型死隐喻句	699.75 ± 95.30	87.50 ± 8.811
“NP+V_{be}+NP”句型新隐喻句	724.75 ± 104.94	79.25 ± 9.497
“NP+V+NP”句型新隐喻句	753.24 ± 110.85	77.50 ± 13.81
“NP+V_{be}+NP”句型假句（无意义句）	716.21 ± 102.60	94.35 ± 3.717
“NP+V+NP”句型假句（无意义句）	658.47 ± 115.43	95.90 ± 2.864

隐喻与本义以及新隐喻与死隐喻的对比检验统计数据表明，除了新隐喻与死隐喻的平均反应时外其他指标均达到显著性差异，如表 5.3 和表 5.4 所示：

表 5.3　隐喻与本义对比检验

	平均反应时（毫秒）	正确率（%）
隐喻	717.51 ± 97.42	0.82 ± 0.080
本义	651.605 ± 88.54	0.93 ± 0.064
t	2.239*	4.825***

注：*p <0.05；***p <0.001

表 5.4　新隐喻与死隐喻对比检验

	平均反应时（毫秒）	正确率（%）
新隐喻	739.81 ± 104.25	0.78 ± 0.09
死隐喻	696.41 ± 94.06	0.87 ± 0.079
t	1.382	2.83**

注：**p <0.01

我们综合了表 5.2 的数据，进行了以下四组的比较分析，从中我们可以看出，隐喻句不能等同于本义句，它不仅在形式上具有不同于本义句的加工特性（字面意义与理解意义不同），而且在认知主体的加工过程中也体现出了其独有的特征。对于本次所用本义句和隐喻句语料我们也进行了 t 检验，结果表明：隐喻句和本义句在熟悉指数上差异显著，本义句熟悉指数大于隐喻句熟悉指数，如表 5.5 和 5.6 所示：

表 5.5　本义 vs 隐喻熟悉指数分析比较

类型	数量	最小值	最大值	均值	方差
本义熟悉指数	80	78.05	100.00	95.335 4	4.627 6
隐喻熟悉指数	80	70.73	112.20	91.646 3	7.960 5

表 5.6　本义 vs 隐喻 t 检验结果

	Levene's Test for Equality of Variances		t-test for Equality of Means						
	F	Sig.	t	df	Sig.（2-tailed）	Mean Difference	Std. Error Difference	95% Confidence Interval of the Difference	
								Lower	Upper
熟悉指数	22.543	0.000	3.583	158	0.000	3.689 0	1.029 5	1.655 7	5.722 3

一、有意义句和无意义句比较

有意义句的平均反应时短但准确率低，说明在有意义句和无意义句之间，被试更容易判别有意义句。而对于识别有意义句的准确率低于无意义句的现象，我们至少可以作以下两种推测：一是被试较容易将隐喻句判别为无意义句，因为绝大多数的隐喻句按照字面意义理解是错误的；二是被试理解有意义句，特别是理解隐喻句时，会在有意义和无意义之间徘徊犹豫，造成大脑决策与双手按键有时会产生不协调，从而出错。

二、本义句和隐喻句比较

被试不仅对本义句的平均反应时短，而且准确率比隐喻句高出近 10 个百分点，说明理解本义句比理解隐喻句更容易。根据 Searle（1979）的隐喻认知模型，所有的话语都先进入字面意义加工，本义句在理解的第一层面便可得到加工，无需向隐喻那样进入第二层面意义加工，只有当大脑在语言信息加工时无法在语言表达式上获取字面意义时，话语的理解才进入隐喻意义加工阶段，进行语义解码，因此本义句理解不仅比隐喻句快而且准确率也高。本实验支持这一观点。

三、死隐喻句和新隐喻句比较

死隐喻句的平均反应时短且准确率高。莱考夫和约翰逊的概念隐喻理论表明，人类大多数概念是隐喻的，我们对这些概念化的隐喻理解无需一个注意加工的映射过程，它们与那些原始的、直接从经验萌生的概念一样是无意识加工的，即大多数概念化隐喻（本文中称之为死隐喻）和本义加工一样都是无意识加工，因为死隐喻已经在心智中概念化，理解起来应该比新隐喻容易，但稍难于本义句，行为实验已经说明了这一点，但本次实验中的ERP数据却没有显示死隐喻和新隐喻加工在脑电上的显著性差异。

四、NP+V_{be}+NP 和 NP+V+NP 两种句型比较

尽管被试对 NP+V_{be}+NP 和 NP+V+NP 这两种句型在各类句子中的平均反应时不尽相同,但是除新隐喻句外,其他句子的准确率均为NP+V_{be}+NP句型高于NP+V+NP句型。提示:本次实验选取的NP+V_{be}+NP 句型中的动词均为“是”，而“A 是 B”这样的判断句，动词单一，句型简单，比较容易建立 A 与 B 两事物间的联系；而 NP+V+NP 句型的句型，动词基本不相同，有些动词本身就参与了隐喻意义的构建，例如：“小汪吃黄牌”、“小夏打下手”等。因此句型不同就很容易造成难度不同。

行为数据结果基本上支持人们的经验认识和当下学界对隐喻认知模型的取向，即本义句理解易于隐喻句理解，死隐喻句理解易于新隐喻句理解。

第 3 节　ERP 数据结果

本实验使用 Scan 4.3 对采集的电脑数据进行离线分析，排除眼动和肌肉活动对 EEG 数据的影响，分析时程为 1 100 毫秒，其中刺激前基线 100 毫秒，自动矫正眨眼等伪迹，波幅大于 ±100 μV 者被视为伪迹被自动剔除。参加实验的 24 名被试中，有 4 名被试的脑电数据达不到要求，在离线分析时被剔除掉，实验最终对 20 名（10 男，10 女）的数据进行了叠加处理。

本实验共对 12 类（6 对）考查对象（靶词）作了叠加平均：（1）本义句与隐喻句；（2）死隐喻句与新隐喻句；（3）NP+V_{be}+NP 结构本义句与 NP+V+NP 结构本义句；（4）NP+V_{be}+NP 结构隐喻句与 NP+V+NP 结构隐喻句；（5）NP+V_{be}+NP 结构死隐喻句与 NP+V+NP 结构死隐喻句；（6）NP+V_{be}+NP 结构新隐喻句与 NP+V+NP 结构新隐喻句。有关 ERP 数据如图 5.2~ 图 5.6 所示：

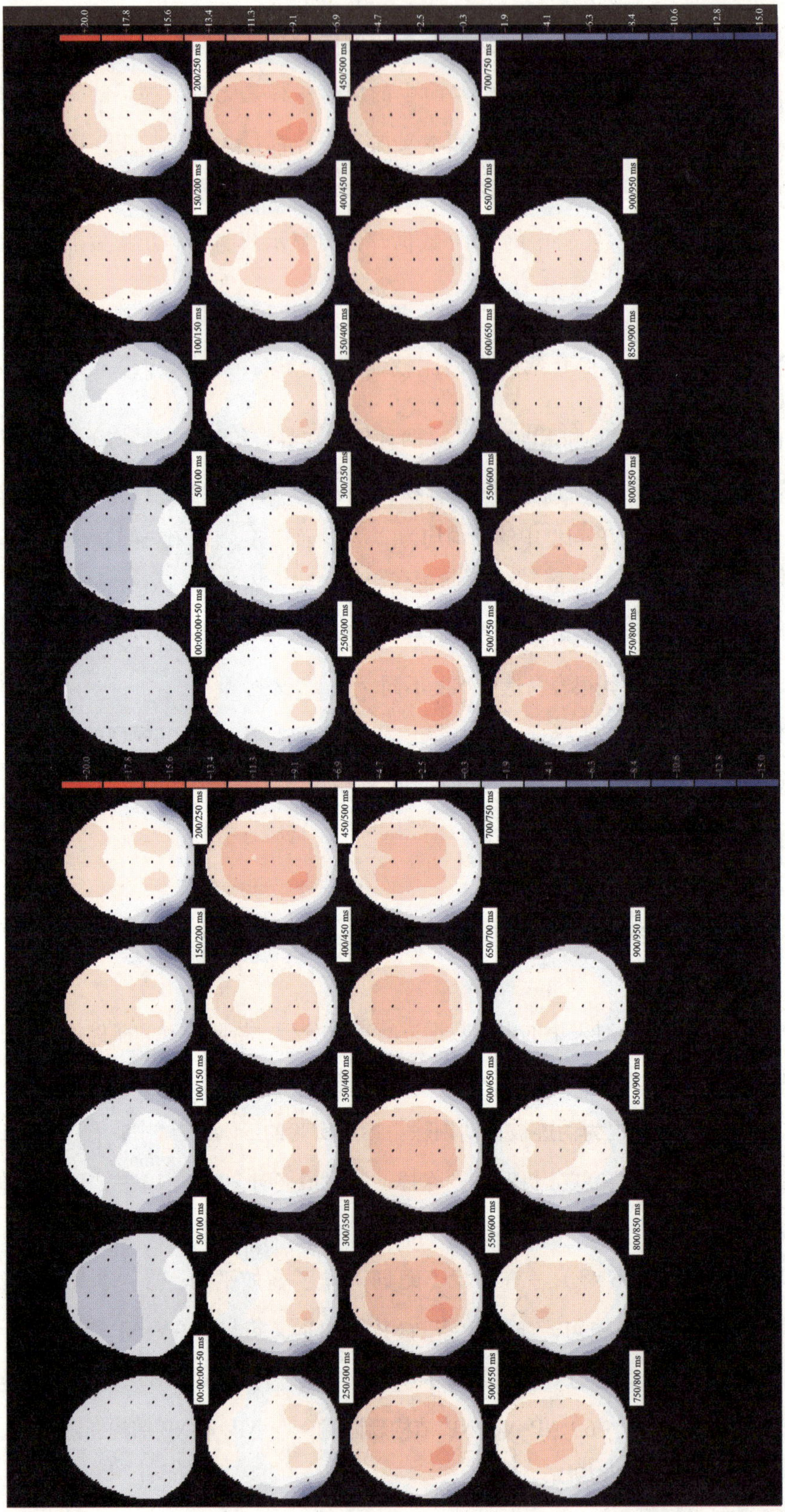

图 5.2 本义句（左）和隐喻句（右）0~1 000 毫秒时段平均波幅的地形图对照 X：50 Y：15–20

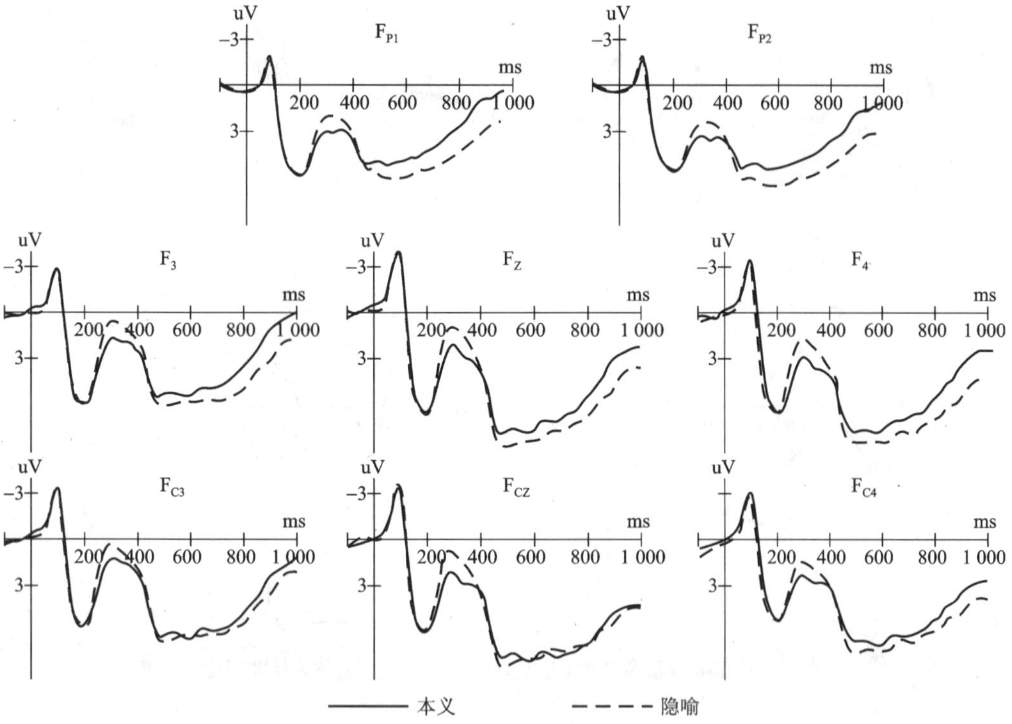

图 5.3　本义句与隐喻句意义理解前额电极点上的原始波形比较

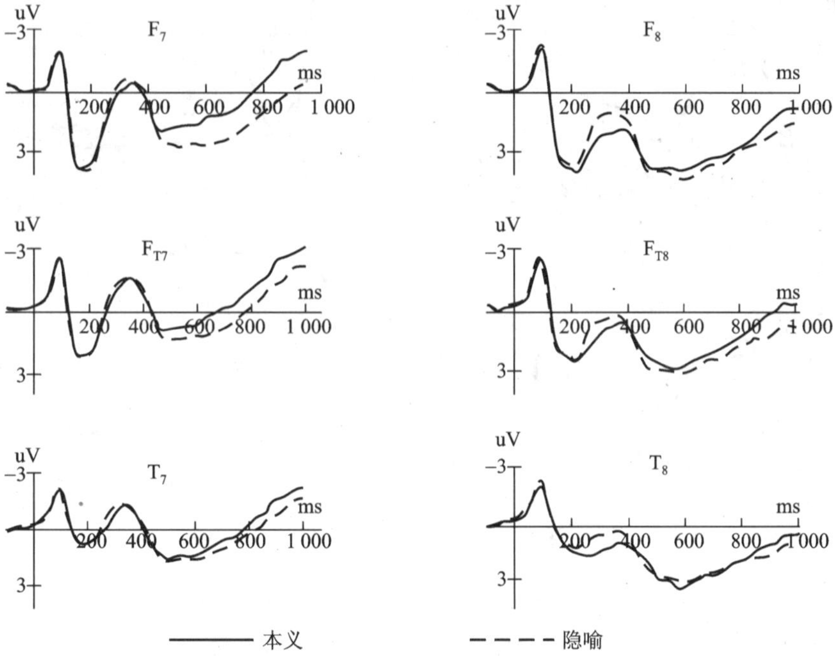

图 5.4　本义句与隐喻句左脑 3 个电极 F_7，F_{T7}，T_7 和

右脑对应 3 个电极 F_8，F_{T8}，T_8 上脑区差别的原始波形比较

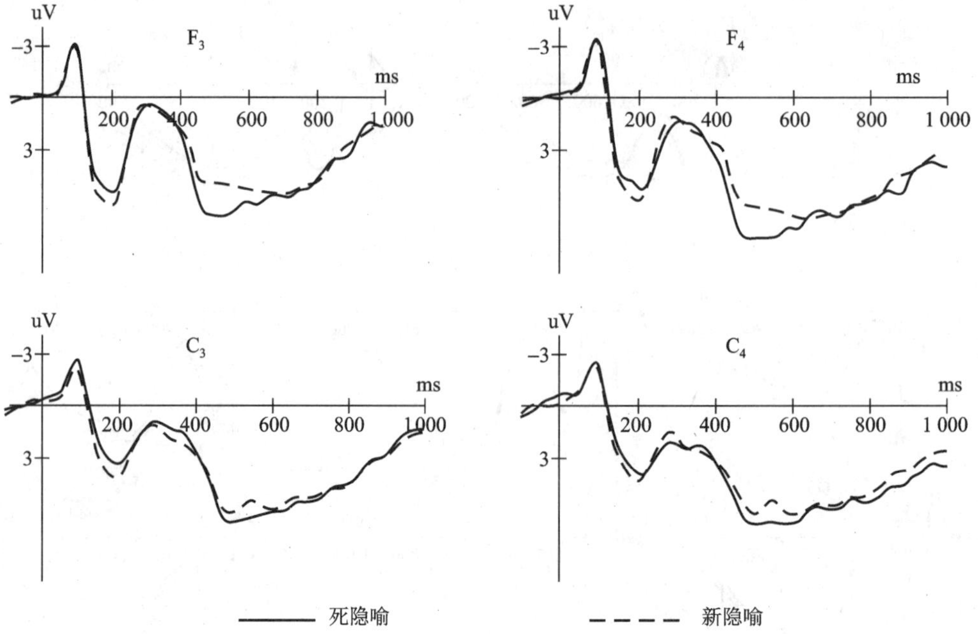

图 5.5　死隐喻与新隐喻在 F_3，F_4，C_3，C_4 电极点上的原始波形比较

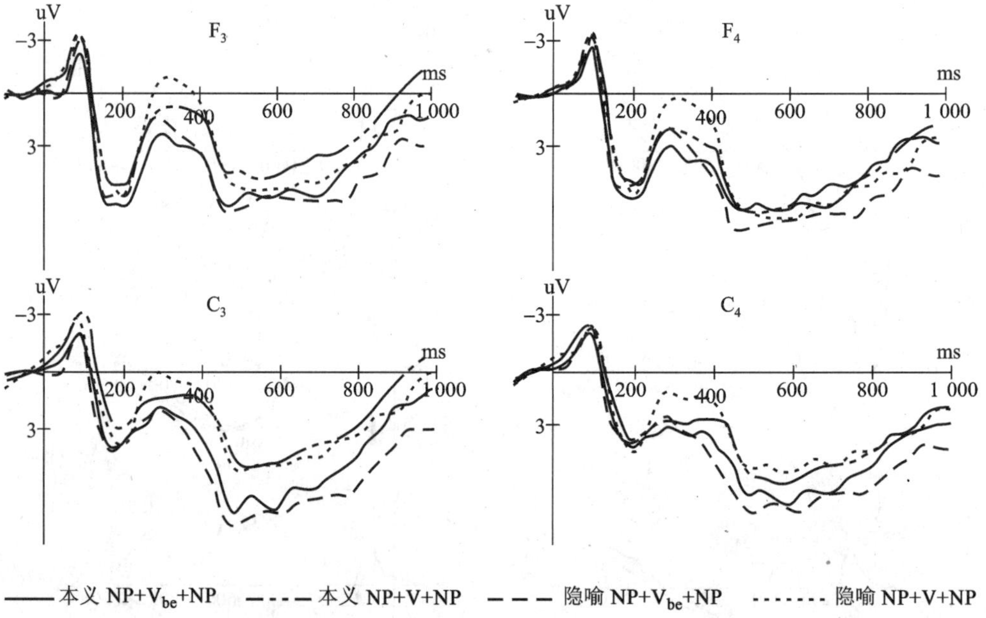

图 5.6　本义和隐喻“NP+V_{be}+NP”句型和“NP+V+NP”句型

在 F_3，F_4，C_3，C_4 电极点上的原始波形比较

根据考察目的，作者做了以下四种类别的比较。

一、本义句与隐喻句加工的脑电比较

仔细观察脑电图（图 5.2），就会发现两类句子存在着差异。就本义句和隐喻句的大脑加工 ERP 来看，主要差异在额区。经 SPSS 软件统计分析，隐喻句和本义句在前额的八个电极点 F_{P1}、F_{P2}、F_3、F_Z、F_4、F_{C3}、F_{CZ}、F_{C4} 的比较，在 250~350 毫秒处 $p<0.05$，以及前额的五个电极点 F_{P1}、F_{P2}、F_3、F_Z、F_4 的比较，在 750~900 毫秒处 $p<0.05$，都呈现出了显著性差异，见表 5.7 和表 5.8。

表 5.7 本义 vs 隐喻（250~350 毫秒）配对 t 检验表

电极	F_{P1}	F_{P2}	F_3	F_Z	F_4	F_{C3}	F_{CZ}	F_{C4}
本义	3.438 8 ± 2.458 81	3.808 0 ± 2.961 45	2.040 2 ± 2.998 39	2.614 3 ± 3.689 31	2.893 1 ± 3.177 52	1.516 2 ± 3.333 64	2.163 6 ± 4.224 77	2.327 7 ± 3.570 47
隐喻	2.515 6 ± 2.304 88	2.802 5 ± 2.837 93	0.902 1 ± 2.927 51	1.345 1 ± 3.087 65	1.622 0 ± 2.922 86	0.618 5 ± 3.023 16	1.156 0 ± 3.452 16	1.227 8 ± 2.932 44
t 值	2.626*	3.103**	3.570**	4.436***	5.744***	2.700*	3.131**	4.244***

注：$^*p<0.05$；$^{**}p<0.01$；$^{***}p<0.001$

表 5.8 本义 vs 隐喻（750~900 毫秒）配对 t 检验表

电极	F_{P1}	F_{P2}	F_3	F_Z	F_4
本义	2.441 0 ± 3.506 95	3.281 9 ± 5.551 59	2.714 6 ± 2.893 46	4.562 9 ± 3.486 12	4.269 8 ± 2.524 84
隐喻	4.477 2 ± 3.928 60	4.981 9 ± 5.302 27	4.136 7 ± 3.639 02	5.682 2 ± 4.026 84	5.475 6 ± 2.858 29
t 值	−3.934**	−2.374*	−3.171*	−2.374*	−3.098*

注：$^*p<0.05$；$^{**}p<0.01$

从图 5.3 的脑电波形上我们可以更加清楚地看到本义和隐喻加工的主要差异在于（1）N400 波幅：隐喻句加工的 N400 波幅较大而本义句加工的 N400 波幅较小；（2）750 毫秒之后的隐喻加工和本义加工显示出了 ERP 晚正成分（late positive component，LPC）的差异，即隐喻句加工的 LPC 大于本义句加工的 LPC。

二、本义句与隐喻句加工时左右脑区的脑电比较

本义句和隐喻句的大脑加工还存在着左右脑的区别，区别主要表现在双侧额区。对 F_7、F_8、F_{T7}、F_{T8}、T_7、T_8 等六个电极点比较之后可观察到：本义句和隐喻句大脑加工时的 N400 在左脑几乎没有区别，而在右脑却显示出本义句和隐喻句 N400 的区别，特别是右侧前额 F_8 电极位。见图 5.4。进一步的数据统计分析显示：左右脑区在 250~350 毫秒处存在着脑区间显著性差异，左脑的三个电极点 F_7、F_{T7}、T_7 在本义句和隐喻句的大脑加

工时没有显示显著性差异，而右脑的三个电极点 F_8、F_{T8}、T_8 本义句和隐喻句相比却存在着显著性差异，见表 5.9。

表 5.9　本义 vs 隐喻（250~350 毫秒）左右脑区配对 t 检验表

电极	F_7	F_{T7}	T_7	F_8	F_{T8}	T_8
本义	0.731 5 ± 2.418 18	–0.483 7 ± 1.767 94	–0.627 7 ± 1.948 31	2.729 9 ± 3.652 13	1.525 1 ± 2.216 30	1.611 6 ± 2.007 25
隐喻	0.272 3 ± 2.544 87	–0.924 5 ± 1.594 10	–0.903 1 ± 1.795 01	1.767 2 ± 3.591 97	0.826 2 ± 2.347 97	0.727 9 ± 1.995 76
t 值	1.924	1.963	0.972	3.924**	3.941**	6.587***

注：*p <0.05；**p <0.01；***p <0.001

三、死隐喻句与新隐喻句加工的脑电比较

尽管在行为数据中，死隐喻句与新隐喻在平均反应时和准确率上都显示出差异，死隐喻在行为数据上表现出比新隐喻更容易加工，然而，死隐喻与新隐喻在本次的 ERP 实验中没有表现出大脑意义加工时的明显差异，死隐喻与新隐喻相比时，各个时段的显著值 p 均大于 0.05（见附录三），都没有达到显著差异（如图 5.5 所示）。

四、两种句型脑电比较

语言理解中，句法加工至关重要，它把各个意义单元以不同的方式整合起来，从而形成整体的意义表征①。哈恩与弗里德里奇的 ERP 实验证明，语义违反并不影响句法加工，相反句法加工却影响了语义整合过程，② 本实验支持这一论点。在比较时我们发现：不同句型的加工，无论是本义句还是隐喻句，在 ERP 中均表现出明显差异。从整体来看，NP+V+NP 句型的隐喻句 N400 出现最大负波，其次依次排序为 NP+V+NP 句型的本义句，NP+V_{be}+NP 句型的隐喻句和 NP+V_{be}+NP 句型的本义句，如图 5.6 所示。

第 4 节　分析和讨论

一、涉及语义加工的 N400 与 LPC

就目前业已发现的与语言相关的 ERP 成分而言，N400 是其中最经典和最稳定的

① 高兵、曹晖、曹聘：《句法加工的脑机制》，《心理科学进展》2006 年第 1 期。

② Hahne，A. & Friederici，A. D.：Differential task effects on semantic and syntactic processes as revealed by ERPs. *Cognitive Brain Research*，2002，13：339~356.

ERP 成分之一。从玛尔塔·库塔斯（Marta Kutas）和史蒂文·希利亚德（Steven Hillyard）1980 年发现 N400[①]至今，学界普遍将 N400 视为 ERP 语义加工的敏感成分。一般认为，N400 反映了语言理解中的语义加工过程，即反映了将词汇语义整合到上下文的语义表征的过程；语义加工和整合的难度越大，N400 的波幅就越大[②]。

本实验从语义判断任务上，无论是本义句的基本语义，或者是隐喻句的深层次语义，还是假句的混乱语义，都反映了 N400 对语义加工的敏感性。从前面的实验结果，我们可以看到，在前额区和前右颞区，本义句的 N400 波幅小于隐喻句加工的波幅。这说明，与隐喻句比较，本义句加工相对容易，耗费的心理资源较少，因而波幅也较小；而隐喻句，特别是不熟悉的隐喻句，往往要经过二次加工，耗费的心理资源较多，因而波幅相应也较大。这一点从本次实验的行为数据结果也得到了证明。

一般认为，语义加工不涉及 LPC 波幅，只有句法违反条件下才引发 P600[③]，但是本实验所选取本义句和隐喻句句法完全一致，450 毫秒之后却出现较明显差异，即隐喻加工的 LPC 大于本义句加工的 LPC。有关 LPC 波幅与隐喻意义的关联，本次实验结果与杰尔·平特（Jëol Pynte）等 1996 年的实验结果吻合。另根据尼瑞特·萨蒙和希勒尔·普拉特（Nirit Salmon & Hillel Pratt）2002 年的 ERP 实验，在句子层面上语义不恰当会显示更大的 N400 和更大的 LPC，即 N400 更负，而 LPC 更正[④]。除此之外，约西·阿朱安（Yossi Arzouan）等 2007 年也从他们的隐喻理解动态半球活动电生理实验中得出：不同隐喻类型加工阶段粗略地对应于 N400 和 LPC 成分，其中 N400 反映了语义整合，而 LPC 反映了语境整合[⑤]。

本次实验中，被试对各种句子类型的平均反应时在 646~753 毫秒之间，而在靶词启动之后 300 毫秒左右他们的脑电就显示了语义识别波 N400，从语义识别到按键他们又花了 300~400 毫秒。我们推测被试在这段时间里经历了从识别句子是否有意义，到搜索心理词典进行语义匹配，最后理解被呈现句子的过程。因此，脑电中 N400 和 LPC 都跟语义理解有关。笔者认为，如果说 N400 体现的是语义识别加工，那么 LPC 体现的则是概念匹配和语义整合加工。关于 LPC 体现的句型在语义整合中的作用在本节第四部分中有

① Kutas, M. & Hillyard, S.A.: Reading senseless sentences: brain potentials reflect semantic incongruity. *Science*, 1980, 207: 203~205.

② 周晓林、叶铮：《语言认知的脑基础》，见罗跃嘉主编：《认知神经科学教程》，北京大学出版社 2006 年版，第 310 页。

③ 周晓林、叶铮：《语言认知的脑基础》，见罗跃嘉主编：《认知神经科学教程》，北京大学出版社 2006 年版，第 310 页。

④ Salmon, N. & Pratt, H.: A comparison of sentence- and discourse-level semantic processing: an ERP study . *Brain and Language*, 2002, 83: 367~383.

⑤ Arzouan, Y., Goldstein, A. & Faust, M.: Dynamics of hemispheric activity during metaphor comprehension: electrophysiological measures. *NeuroImage*, 2007, 36: 222~231.

更深入的讨论。

二、本义句和隐喻句加工时的左右脑不对称现象

在语言加工的脑机制研究中，左右脑功能的差异及其关系问题由来已久，目前仍然悬而未决。西方从布洛卡等人开始，进行了大量研究，并得到了大体一致的结论：对使用拼音文字的西方人来讲，多数人的言语活动主要由左脑完成。汉语属表意文字，与拼音文字有很大不同，使用汉语的中国人语言加工的脑机制可能与使用拼音文字的西方人并不相同。我国学者已在此方面开展了一些研究工作,但所得结论并不完全一致。[①]加之，行为科学、神经心理学、脑成像等科学研究已经有了证据表明：在理解话语主体和理解类似笑话、隐喻等隐讳表达时，右脑有其整合信息的独特功能[②]。

我们认为，对于汉语隐喻的理解左右脑加工不对称是绝对的，而在某些情境下的一致是相对的。一是因为：隐喻不同于一般语言，它涉及不同的神经机制，这一点已由大脑右半球的活动得到证明。其他语言能力（右利手）主要依赖于大脑左半球，但是隐喻，还有对幽默的理解能力，关键依赖于大脑右半球。[③]尽管右脑受损病人的语言理解力基本完整，但他们在理解隐喻和笑话时存在问题[④]。二是因为：汉语不同于印欧语系的拼音文字，汉语的方块字不仅和语义挂钩，而且在很多情况下与形状挂钩。谭力海等用中文字做的fMRI实验证明：汉语书写文字在额叶和颞叶的左侧、视觉系统的右侧、顶叶和小脑得到加工[⑤]。在另一个实验中，谭力海等发现，朗读汉语文字与右脑的活动，包括额下回和颞上回,有更加紧密的联系。这种现象归因于汉语所要求的独特的视空间和语调分析。他们的实验结果证明，不同的母语可以建构不同的神经系统。[⑥]

实验结果显示，左脑和右脑两侧从额叶到颞叶前部存在着本义句和隐喻句语义加工过程中的差异。尽管左脑的N400峰值整体高于右脑的N400峰值，但本义句和隐喻句加

① 吕勇、魏景汉：《语义距离半球效应的ERP研究》,《心理学探新》2005年第3期。

② Arzouan，Y. et al.：Dynamics of hemispheric activity during metaphor comprehension：electrophysiological measures. *NeuroImage*，2007，36：222~231.

③ Bottini，G. et al.：The role of their hemisphere in interpretation of figurative aspects of language：a position emission tomography activation study. *Brain*，1994，117（2）：1241~1258.

④ Brownell，H. H.：Appreciation of metaphoric and connotative word meaning by brain~damaged patients. In C. Chiarello（ed.），*Right hemisphere contributions to lexical semantics*. New York：Springer，1988，19~31. / Brownell，H. H. et al.：Appreciation of metaphoric alternative word meaning by left and right brain-damaged patients. *Neuropsychologia*，1990，18：375~383.

⑤ Tan，L. H.（谭力海）et al：Brain activation in the processing of Chinese characters and words：a functional MRI study. *Human Brain Mapping*，2000，10：16~27.

⑥ Tan，L. H.（谭力海）et al.：An fMRI study with written Chinese. *Brain Imaging*，2001，12（122）：83~88.

工在左脑没有显示出明显差异；而在右脑，特别是右前额处却显示出了差异，即隐喻句加工的N400峰值明显大于本义句加工，在统计学中存在显著性差异。为了解释这种现象，我们推测：（1）隐喻理解比本义理解涉及更多的形象思维，右脑耗费的心理资源相应也大一些，因此出现这种差异；（2）该实验是以视觉输入的方式让被试理解各类语句的意义，鉴于汉语文字符号的特殊性和以汉语为母语被试的特有的神经系统，造成了右脑隐喻句加工和本义句加工的差异。

三、熟悉度对隐喻理解的影响

为什么死隐喻句与新隐喻句加工在ERP中没有明显差异呢？究其原因我们认为，死隐喻与新隐喻本身就没有明确的界限，死隐喻与新隐喻只能针对认知个体相对而言。谈论新隐喻和死隐喻的学者，都没有明确告诉我们他们是怎样界定隐喻死亡的。新隐喻不可能突然死亡从而变成了死隐喻，其变化通常是逐渐发生的，因而，所谓“新”和“死”本身就是认知个体对某一事物从陌生到熟悉的过程。柯伦在2000年所做的一个单词再认记忆任务得出的结论是：加工熟悉的东西快于不熟悉的东西。约尼利纳斯（Yonelinas）（2002）[①]、彭聃龄等（2003）、樊晓燕和郭春彦（2005）、罗德和唐纳森（2007）在他们的研究中也相继论述和证明了这一点。然而，我们这次对新隐喻和死隐喻划界的依据是商务印书馆2005年第5版的《现代汉语词典》所列词条定义，即词条释义中有明确比喻或隐喻定义的划为死隐喻，而词条中只定义字面意义的归为新隐喻，因为这样划界是根据语言学界目前普遍认可的做法。尽管这样的划界标准为本实验选取语料提供了操作上的便利，然而其弊端也是显而易见的，因为这一划界标准没有将每一具体认知主体的因素考虑在内。对于特定认知个体而言，他/她所熟悉的隐喻便是死隐喻，而他/她不熟悉的隐喻便是新隐喻。例如：对于《现代汉语词典》中所列的比喻“岳母”的死隐喻“泰水”[②]，现代人似乎很少有人知晓，而对于现代青年几乎人人皆知的“玉米（李宇春迷）”、“盒饭（何洁迷）”等在词典中均无列出。因此，对于现代大学生而言，“玉米”、“盒饭”应归入死隐喻，而“泰水”则应归入新隐喻。由此可见，对死隐喻和新隐喻的区分划界标准对隐喻的理解过程的研究特别关键，因为在对隐喻的辨认和理解实验中，部分新隐喻的例句尽管没被词典收入，但对于被试而言已经不再是新隐喻了，其隐喻意义已成为相关词

① Yonelinas，A.P.：The nature of recollection and familiarity：a review of 30 years of research. *Journal of Memory and Language*，2002，46：441~517.

②《现代汉语词典》，商务印书馆2005年版，第1320页。

汇意义的一部分，其理解过程接近或等于一般本义句的理解过程，至少已经省略了隐喻辨认这一步骤。而且从我们后续对新隐喻和熟隐喻的实验语料 SPSS 分析可看出，本次实验所用新隐喻和死隐喻语料在熟悉指数上无显著性差异。见表 5.10 和表 5.11：

表 5.10 死隐喻 vs 新隐喻熟悉指数分析比较

类型	数量	最小值	最大值	均值	方差
死隐喻熟悉指数	40	70.73	107.32	91.402 4	7.389 4
新隐喻熟悉指数	40	70.73	112.20	91.890 2	8.581 4

表 5.11 死隐喻 vs 新隐喻 t 检验结果

	Levene's Test for Equality of Variances		t-test for Equality of Means						
	F	Sig.	t	df	Sig.（2-tailed）	Mean Difference	Std. Error Difference	95% Confidence Interval of the Difference	
								Lower	Upper
熟悉指数	0.689	0.409	-0.27	78	0.786	-0.487 8	1.790 6	-4.052 5	3.076 9

认知个体对于语言表达的熟悉度是影响语言理解，特别是隐喻理解的一个相当重要的因素，在对新隐喻或死隐喻划界时应该依照被试群体对语料的熟悉度划定，如熟悉指数在 75% 以上的即可定为死隐喻。

本次实验所用语料无论是死隐喻，还是新隐喻，熟悉度都是非常高的。除了剔除了那些在语料合适度测试中有较多数量学生（与被试不是同一批学生）认为是不合适的句子，又剔除了那些在语料熟悉度测试中不熟悉比例较高的句子，留下的包括本义句、死隐喻句和新隐喻句的熟悉度均达到 88% 以上（见附录三），即大学生群体对这些语料基本熟悉。因此，大多数隐喻句尽管按照《汉语词典》应归为新隐喻句，但对大多数学生来说理解这些句子跟理解归为死隐喻的句子没有实质性的区别。

四、LPC 波幅与句型难度的关系及其对语义理解的影响

一般而言，句型的难易直接影响到语义的加工和整合。例如，哈恩与弗里德里奇比较了正确句、句法违反句、语义违反句和语义句法联合违反句各自诱发的 ERP 成分，发现句法违反条件引发 ELAN 和 P600，语义违反条件引发经典的 N400，而语义句法联合违反条件下诱发 ELAN 和 P600（即与单纯的句法违反条件相同），没有出现 N400。[①]这

① Hahne, A. & Friederici, A. D.: Differential task effects on semantic and syntactic processes as revealed by ERPs. *Cognitive Brain Research*, 2002, 13: 339~356.

个结果表明语义违反并不影响句法加工，相反**句法加工却影响了语义整合过程**。弗里德里奇等发现，假句比同结构的正常句更强地激活双侧额下回和颞上回①。卡恩和斯瓦伯（2002）在一篇评论文章中指出：这些无意义的句子“缺乏语义暗示，因此需要更大程度地使用句法系统”。②

在本实验用的两种句型——$NP+V_{be}+NP$ 和 NP+V+NP 句型的比较中，后者的大脑加工无论在本义句还是隐喻句上都表现为更大的 N400 负波，即都显示出更大的难度。由此我们可以看到，尽管句子理解中句法和语义是紧密结合在一起的联合体，但句型的难度也在很大的程度上制约认知主体对句子意义的解读。在实验结果中，我们看到：理解汉语时句法的差别大于语义的差别，句型不同直接影响到语义加工的难度。$NP+V_{be}+NP$ 句型和 NP+V+NP 句型加工时的脑电比较的结果显示，LPC 波幅大小和 N400 波幅的大小成负相关。NP+V+NP 句型加工呈现的 N400 波幅大于 $NP+V_{be}+NP$ 句型加工，但后者的 LPC 波幅却大于前者。实验结果支持库塔斯等（1977）③、帕尔默等（1994）④、赫根等（2006）⑤、张珊珊等（2006）⑥的结论：LPC 波幅和任务难度成反比，即句型难度小，加工强度小，LPC 波幅反而增大。从 NP+V+NP 本义句加工 N400 大于 $NP+V_{be}+NP$ 隐喻句加工的结果看，NP+V+NP 句型加工难于 $NP+V_{be}+NP$ 句型加工。只要是语言加工，句法结构必然介于其中，句法形式越难，做出努力越大。

从两种不同句型加工的比较中，我们也许可以推断：在人类语言类比中，人们最习惯于运用的是“A 是 B”句型，因为这一句型允许人们直接对于两事物进行比较，例如“小周是天使”，把小周直接比为天使；而如用 NP+V+NP 句型，将此例句改为“小周护天使”，那么“天使”另有其人，不直接和小周类比。因此，“A 是 B”句型可以视为人类类比的基本句型，其他类比句型由此扩展和延伸，相比之下，理解“A 是 B”句型的句子肯定更加容易，耗费的心理资源也就相对减少。当然，NP+V+NP 句型中的动词各不相同，也

① Friederici, A. D. et al.: Auditory language comprehension: an event-related fMRI study on the processing of syntactic and lexical information. *Brain and Language*, 2000, 74: 289~300.

② Kaan, E. & Swaab, T. Y.: The brain circuitry of syntactic comprehension. *Trends in Cognitive Sciences*, 2002, 6: 350~356.

③ Kutas, M. & Donchin, E.: Augmenting mental chrometry: the P300 as measure of stimulates evaluation time. *Science*, 1977, 197: 792~795.

④ Palmer, B. et al.: Task decision difficulty: effects on ERPs in a same-different letter classification tasks. *Biological Psychology*, 1994, 38 (2–3): 199~214.

⑤ Hagen, J. F. et al.: P3a from visual stimuli: task difficulty effects. *International Journal of Psychophysiology*, 2006, 59: 8~14.

⑥ 张珊珊等：《大脑中的基本语言单位》，《语言科学》2006 年第 3 期。

增加了此类句型的难度。

五、ERP 实验结论

根据以上讨论分析，我们得出以下结论：

1. 实验结果支持 N400 是语义加工的敏感指标，N400 成分的波幅和加工难度相关，即隐喻加工负波大于本义加工，假句难度最高。根据隐喻加工不仅比本义加工出现更大的 N400，而且出现更大的 LPC，推出：N400 体现的是语义识别加工，LPC 体现的是概念匹配和语义整合加工。因此，隐喻加工有别于本义加工，有其独特的神经机制。

2. 在加工汉语隐喻句时大脑两个半球所起的作用是不对称的，右侧脑区与左侧脑区加工有显著性差异，右侧脑区的本义句加工和隐喻句加工区别具有显著性意义，右脑参与隐喻句加工大于本义句加工，这可能跟隐喻加工或汉语视觉文字加工有关，由此推出，汉语隐喻加工可能有其特殊的神经机制。

3. 死隐喻与新隐喻加工的行为数据区别不是很大，在 ERP 数据中几乎无显著差异是由于本身实验语料熟悉度区别不大造成的，因为实验所用死隐喻与新隐喻语料熟悉度均较高，体现不出两者之间的梯度，所以熟悉度是区别死隐喻与新隐喻的主要指标，也是影响隐喻加工模式的主要因素。

4. LPP 波幅反映句型加工时与加工难度成反比。句型不同直接影响到各类句子的加工，包括隐喻句，“NP+V+NP”句型难于“NP+V_{be}+NP”句型，据此推测：“NP+V_{be}+NP”是人类进行类比的基本句型。

当然，仅凭以上一个实验还很难对汉语隐喻认知机制做完全的定论，我们的结论和推测还需受到更多的实验方法和不同视角的实验的检验和论证。

第6章　研究结论与研究前景

本研究涉及的是语言中的特殊现象——隐喻，运用的是对人脑无损的ERP脑电实验方法，通过在线采集大脑加工隐喻的脑电，然后对所采集数据进行分析和比较，提出符合脑电活动的研究结论，用以解释汉语隐喻的加工过程。本研究的实验结果可以直接用来检验前人提出的隐喻认知理论和本文提出的理论假设。基于ERP实验结果的分析，笔者更加坚信，隐喻认知有其大脑神经活动基础，隐喻加工有其大脑神经机制，汉语隐喻认知有其本身的特异性。以这样的方式探究隐喻认知不仅能让我们深入认识语言，而且能让我们深刻理解思维。因此，运用脑电技术研究隐喻认知不失为一种先进和恰当的方法，其研究前景是光明的。

第1节　研究结论

本研究从讨论语言的大脑神经机制着手，继而讨论隐喻与思维的关系，以此为切入点从神经层面上来讨论隐喻理解的神经基础、隐喻的加工模型、喻体到本体的联接方式以及影响隐喻认知的因素。为了验证理论上提出的隐喻认知模型，探究汉语隐喻认知神经机制，本研究以汉语为语料，以操汉语的中国在校理工科大学生为被试，做了汉语隐喻认知的ERP实验。从实验结果中我们观察到了一些本义加工和隐喻加工之间的联系和区别，认识了一些隐喻加工中的脑区差异，了解了一些汉语隐喻认知的大脑神经机制，还发现了一些语义与句法对隐喻理解造成的不同影响。根据实验结果和分析，笔者对本研究做出如下研究结论：

一、隐喻认知有其大脑神经活动基础

隐喻不仅仅是一种语言现象，它更重要的是一种人类的认知现象。众所周知，语言世界的主体是人，而人认识客观世界的过程在很大程度上借助语言完成，人认识世界的结果组成了一个集合体，代表语言世界的内容。然而，因为语言使用者的主动参与和主动干预，使得客观世界和语言世界并不完全等同，而隐喻认知尤为如此。传统的观点认为，理性是抽象的、客观的、脱离肉身的，而认知科学认为，理性具有肉体的基础，在语义理解过程中脱离不了人的认知生物基础——大脑的活动。莱考夫把理性中具有想象力的方面——如隐喻、转喻和心理意向——看作是理性的中心，而把非客观事物看作外在的、次要的附属，从中我们可以看到隐喻认知在人类认知中的地位。隐喻认知和其他理性认知一样，有其肉身基础，必须在大脑的神经网络中进行。①

本研究涉及的是语言中的特殊现象——隐喻，依照的是大脑神经网络联想理论，采用的是对人脑无损的 ERP 脑电实验，在线采集大脑加工隐喻的脑电，通过对所采集数据的分析和比较，提出符合脑电活动的解释隐喻认知的假设。通过 ERP 实验记录被试在面对汉语本义句、隐喻句（含死隐喻句和新隐喻句）、假句等不同的实验材料时呈现的脑电波形变化，我们在上一章已经看到了不同实验类型之间不仅在时间加工进程上存在着的相似或相异的脑电波形，而且在不同的脑区存在着不同的加工方式，有些脑电波形变化存在着统计意义上的显著性差异。例如，在前额的八个电极点 F_{P1}、F_{P2}、F_3、F_Z、F_4、F_{C3}、F_{CZ}、F_{C4} 上，在 N400（250~350 毫秒）处，p 值分别在 0.014~0.000 之间，均小于 0.05，显示出了隐喻句和本义句加工的显著差异。又如，前额的五个电极点 F_{P1}、F_{P2}、F_3、F_Z、F_4 的隐喻句和本义句加工的比较中，在 LPC（750~900 毫秒）处 p 值分别在 0.028~0.001 之间，均小于 0.05，也呈现出了显著差异。这些证据进一步证实了隐喻认知与大脑神经元活动之间的联系，使我们更加坚信语言思维是大脑神经信息加工过程。

① Lakoff，G.：*Women，fire，and dangerous things：what categories reveal about the mind.* Chicago：The University of Chicago Press，1987：xi.

二、隐喻映射机制——联想有其大脑神经网络基础

马瑟·巴等人认为，联想以及联想加工可被视为思维的原始构件。联想加工为现时的信息输入与长期记忆中的信息模块建立联系提供了桥梁和纽带。[①]人们在日常生活中经常会碰到或使用隐喻，类似“张三是老虎”这样的表达，人们并非以其字面意义来理解，而是根据语境推衍其隐喻意义。认知语言学家将这一推衍过程称为“映射”，笔者已在前文中详细论述了映射的机制——联想，因为隐喻认知主体只有通过联想才能将隐喻始源域和目标域中具有结构相似性的东西联接起来。联想的这种语义联接功能不是平白发生的，而是具有其心理和生理的基础，它是在神经网络中进行的。神经网络的提出是认知科学的一个真正的进步，因为它的基础是建立在真正的神经系统之上的。大脑是由神经元组成的，因此大脑就是一个神经网络，这已是一个不争的事实。由于信息输入的事件化和记忆储存的模式化，人们所学知识和记忆都分散在所有的网络节点联接上，对于外部刺激引起的信息加工是相关神经元簇的联接，这种联接涉及输入信息和长期记忆中的知识模块的匹配，因此隐喻认知加工不仅牵涉到理解语言的左半脑语言区，而且牵涉到与隐喻内容相关的大脑皮层各认知模块，尤其是右脑加工的形象模块。

上文已有论述，隐喻思维的形象思维特征使得隐喻思维必须通过大脑将隐喻形象从右脑中提取出来，再和左脑的语义匹配，这一过程实际上是大脑神经元将形象信息和语义信息联接的过程。通过 ERP 实验，我们清楚地看到，隐喻加工不仅仅具有时程上的动态变化，而且涉及不同脑区的不同加工，特别是涉及传统认为与语言加工不相关的大脑右半球。本次 ERP 实验进一步证实了右脑参与加工隐喻这一事实。左右脑区尽管在 250~350 毫秒处都呈现出与意义加工相关的 N400 负波，但是左右两侧额区至前颞区存在着脑区间显著差异，左脑的三个电极点 F_7、F_{T7}、T_7 在本义句和隐喻句的大脑加工时的 p 值分别在 0.343~0.064 之间，均大于 0.05，没有显示显著差异，而右脑的三个电极点 F_8、F_{T8}、T_8 在本义句和隐喻句的大脑加工时的 p 值分别在 0.001~0.000 之间，均小于 0.05，显示出了显著差异。从而，我们看到了联想在大脑神经网络中将语言因素和非语言因素整合成意义，使人们能够避开语言的字面意义，了解施喻者的言外之音的加工特征。

① Bar，M.，Aminoff，E.，Mason，M. & Fenske，M.：The units of thought. *Hippocampus*，2007，17：420~428.

三、隐喻认知受到认知主体能动性的制约

尽管我们在第三章讨论过，大多数的隐喻都直接受到认知主体和认知客体诸因素的影响，但是相对于影响隐喻认知的客体因素，隐喻认知的主体因素更能积极地、能动地制约隐喻的认知过程。在动态加工中，隐喻理解涉及主体和喻体之间一种新的联系形式。比起相对自动的句法加工过程，语义加工呈现出较大程度的受主观控制的模式。隐喻使用者是形形色色隐喻及其意义的创建者，是诸种隐喻及其意义的认知主体[①]。但是，在以往的研究中，研究者往往比较关注隐喻文字层面的认知和解读。尽管现在逐渐开始重视语境对隐喻理解的影响，但是对于隐喻认知主体在隐喻理解中所扮演的角色没有给予应有的重视和充分的肯定，以至于出现隐喻认知研究中主客体失衡现象。对这样一个认知主体，我们在研究隐喻意义的主观加工过程中，应给予一个十分重要的位置，因为认知主体对隐喻的熟悉程度、经验、年龄和文化层次等因素都直接影响到认知主体对隐喻的加工与解读，其中熟悉度是影响隐喻理解最主要的因素之一。

本次 ERP 实验结果呈现出在 N400 处隐喻加工和本义加工有显著差异，原因之一就是因为所用实验本义句和隐喻句语料在熟悉度上有较明显的区分度。根据被试对语料熟悉度测查结果的 t 检验表明：隐喻句和本义句在熟悉指数上差异显著，本义句熟悉指数大于隐喻句熟悉指数。同理，本次 ERP 实验的死隐喻加工和新隐喻加工在脑电上没有显示出显著差异，也是部分因为实验所用死隐喻句和新隐喻句的语料在熟悉指数上无显著差别。认知主体对隐喻的熟悉度跟他 / 她对喻体的长期记忆有关，跟大脑神经机制有关。对于认知主体越熟悉的事物，大脑神经元网络就越能从认知主体的长期记忆中调用出来与新近输入的信息进行匹配，所耗用能量就越经济，分配的注意加工就越少，而且就越能进入无意识加工。因此，我们可以推断，认知主体越熟悉的东西，他 / 她加工起来就越容易。相对隐喻句加工而言，认知主体一般能更加容易、准确地加工本义句；相对新隐喻而言，认知主体加工死隐喻句时则更感轻松、简单。当然，这一道理反之亦然。

四、汉语隐喻加工有别于本义加工

按照时下最流行的概念隐喻观，大多数的隐喻加工，特别是概念化了的隐喻加工，

---

① 王文斌：《隐喻的认知构建与解读》，上海外语教育出版社 2007 年版。

与本义加工不存在本质上的区别，也即死隐喻可以和本义一样进行一步直接加工。然而，隐喻句无论从形式上还是从加工顺序上都不可能完全等同于本义句。首先，隐喻义并不能等同于本义，隐喻主体和喻体的属性分属不同的语义范畴。本义是语言字面意义，是表面层次的意义；而隐喻义不是语言的字面意义，它是语言的深层意义。其次，隐喻句加工也不可能和本义句加工完全一致。理解隐喻句不能跟理解本义句那样直接从字面获得意义，因为隐喻句的内涵意义有别于字面意义，字面意义充当的只是联接真正目标意义的源泉，由此被称为始源域，而受喻者应该解开始源域意义去理解隐含的目标意义，因此，从形式上来看理解隐喻句就得分两步走。加之隐喻认知比本义认知更多地受主客体因素的制约，即使是某些基本不受客观语境影响的可以直接以隐喻的方式来理解的汉语熟语也受到认知主体经验和其他因素的制约。绝大多数的隐喻，即使概念化之后的死隐喻，也不可能完全像本义那样一步直接加工。

尽管本研究所采纳的本义句和死隐喻句在熟悉度上无显著差异（p=0.078），但也接近于显著差异，而且在行为数据上也有一定差异，因此死隐喻加工不等于本义加工，它们只能是接近于本义加工。此外，本研究的行为数据和 ERP 数据结果显示，汉语隐喻加工和本义加工在前额 250~350 毫秒处有显著差异，跟语义加工直接相关。我们已知，这一波幅正是 N400 的波峰，N400 的波幅大小和语义信息上的匹配程度相关，词与上下文信息在语义上的匹配程度越差，N400 的波幅越大。本实验支持这一结论，即隐喻加工的 N400 的波幅高于本义加工。这一结果跟“属性匹配法”和“层次假说”理论比较吻合，可以用来解释塞尔为代表的“隐喻两步加工认知模型”，因为这一结果至少可以说明认知主体对于汉语隐喻意义的识别比对于本义的识别更困难，在同等句式下，他 / 她必须付出更大的努力，或更多的注意才可辨别隐喻意义。这一点跟库塔斯和希利亚德，和吉尔等人用印欧语言做的实验结论一致。因此，尽管汉语死隐喻加工接近本义加工，然而，总体而言，汉语隐喻加工不同于本义加工。

五、汉语隐喻认知有其本身的特殊性

李荣宝等人用 ERP 技术对英汉双语表征进行了探索，发现并列双语者在两种语言的形式加工方面有明显的差异，但在语义整合方面却高度相似，他们由此得出结论：英汉两种语言的形态是分别表征的，而语义是共同表征的。[1]汉字作为象形文字，在形态识别

① 李荣宝、彭聃龄、郭桃梅：《汉英语义通达过程事件相关电位研究》，《心理学报》2003 年第 3 期。

上应有别于印欧语系的语言，会更多地涉及右脑加工。本文第三章指出，隐喻思维与形象思维密切相关。魏景汉、罗跃嘉等根据汉字的ERP实验，已经提出了汉语“优势半球”的概念有必要进行修正（见第四章）。从本实验的结论看，右脑参与隐喻句加工大于本义句加工。

另一方面，汉语的方块字字形紧凑，句子的物理长度较短，能够迅速从感觉通道输入，在语义通达的速度方面具有明显的优势，尤其是在语言内加工的条件下，这种优势使汉语形式加工结束早于英语形式加工，并率先进入语义加工阶段。从本次ERP实验结果看，表征语义效应的N400都出现在300毫秒处，这一结果与其他研究者，如吕勇、魏景汉①，吕勇、沈德立②，张珊珊等③用ERP进行汉语语义实验结果类似。笔者推测，汉语语义加工时N400的潜伏期稍短，波峰提前，不仅与实验对象、实验任务有关，而且与语言种类有关。因此，汉语隐喻加工有其特异的神经机制。

第2节　研究前景

本研究只是依靠实验方法探究汉语隐喻认知的第一步，要真正了解汉语隐喻加工全过程，探明隐喻认知的真谛，我们前面还有很长的路要走。虽然我们从ERP实验中窥视了汉语隐喻认知的大脑神经机制，并取得了一定结果和经验，但这只是汉语隐喻认知领域用神经生理学方法研究的起步和开端。与国外的隐喻认知神经机制研究相比，国内这方面的研究还相差甚远。到目前为止，国内对隐喻的神经语言学研究文献几乎没有，笔者至今尚未发现有关方面的系统研究。因此，国内隐喻的神经语言学研究，特别是隐喻的神经影像学研究的兴旺和发达，还有待于该领域学者对这种新方法、新视角的认识和接纳。

事实上，我们不仅面临ERP的技术上的局限性，而且至今还无法确定各种ERP成分究竟代表着何种语言认知过程。然而，ERP确实给我们显示了隐喻加工时的脑电变化，让我们看到了隐喻加工确实有其生物学的基础。我们希望，随着研究的进一步深入，不同的脑成像研究结果能够在某种程度上汇聚。这种汇聚的重要性是不言而喻的：一方面，

---

① 吕勇、魏景汉：《语义距离半球效应的ERP研究》，《心理学探新》2005年第3期。

② 吕勇、沈德立：《P240的语义距离效应》，《应用心理学》2005年第3期。

③ 张珊珊、赵仑、刘涛、顾介鑫、杨亦鸣：《大脑中的基本语言单位》，《语言科学》2006年第3期。

我们在研究中应该努力做到不错过语言加工的每一个侧面，以建立一个完整的隐喻认知图景来解释汉语隐喻理解过程中发生在人类大脑中的真实事件；另一方面，我们也应该认清 ERP 以及其他脑成像技术的优势与局限，充分利用每一种技术的优势，使之成为为我所用、让我放心的研究工具，推动语言认知研究的不断发展。要转变这种局面，首先要转变观念，要从人脑认知的视角去探索隐喻认知。

而要做到这一点，就必须打破学科界限，综合各学科的优势，整合各学科的力量，共同来探讨人类的这一特殊的思维方式。隐喻认知的语言学、心理学、哲学、计算机科学、神经科学等学科的真正联合研究是突破单视角看待隐喻认知、实现全方位审视隐喻认知研究的必要手段和途径。本研究采用的 ERP 实验手段来探索隐喻认知就涉及以上各个学科的交叉与合作。从神经机制去看隐喻认知不仅是一种隐喻认知研究方法学上的突破，而且是一种研究视角的突破，它可以帮助人类更好地了解自身的思维方式。由于隐喻的特殊认知方式，隐喻认知的神经机制研究可看作是人们了解语言与思维关系很好的一个切入点。

通过 ERP 在线理解汉语隐喻实验，不仅使每个被试在加工汉语隐喻时脑电的时程变化、在每个电极的定点位置产生的脑电活动直接展现在我们面前，让我们直接感受到大脑语言加工的能力，而且离线后的数据处理和分析更让我们清楚地看见了本义、隐喻、假句的大脑加工在某个时段，或在特定脑区存在的显著差异。事实证明，汉语隐喻认知不仅可以，也完全能够用神经电生理的方法去探索其大脑神经机制。本研究无疑是对这样的研究范式的确立起了推波助澜的作用，只要大家齐心协力，共同努力，这一领域的研究前景是非常广阔的。为了把汉语隐喻认知研究推向深入，笔者认为，在今后的隐喻认知神经电生理的研究中，我们可以从以下诸方面切入或完善。

一、从构建隐喻认知模型着眼

隐喻的语言形式和大脑对其认知加工的方式相去甚远。“隐喻究竟在心理上是如何表征的？”“在隐喻理解中，储存在长时记忆中的隐喻意义是如何提取的？”“隐喻意义提取过程与本义意义提取过程有何异同？”“隐喻意义的提取线索（retrieval cue）是什么？”“隐喻意义的提取是否必须通过本义意义的提取？”这些问题都可以帮助我们逼近隐喻大脑加工的真谛。然而，大脑皮层不能直接感知外部世界，它所知道的只是输入到轴突的模式流①。我们的目的是要搞清这些模式流是怎样变成我们想要得到的隐喻意义。

现代科技为我们提供了越来越先进的研究手段，我们不用花太大力气就能得到脑电或血流信号。面对越来越多堆积如山的信息，我们需要的是对它们做出合理解释。要弄清大脑是如何加工隐喻的，我们可以从两个不同的角度出发，采纳“自下而上”或“自上而下”的方法。如果我们想象不出最终的研究结果，那我们可以根据现象进行“自下而上”的研究，即所谓的“瞎子摸象”的方法，集中关注我们可以摸到的那部分，研究各自的特点，然后设法与其他部分进行最佳匹配，刻画出大象的模样。抑或我们也可采纳“自上而下”的方法，预测大象的模样，以理想完整的模型来取舍我们的研究。

然而，对于大脑信息加工这么复杂的过程，如果没有一个统一的理论框架，单靠“自下而上”的方法会导致“公说公有理，婆说婆有理”的局面。所以，我们迫切需要的是“自上而下”的理论框架，即构建隐喻认知模型，来指导我们的实验和研究。当前，我们只能根据我们已经了解的大脑加工信息的方式，参考人们经验认知隐喻的知识，建构隐喻认知模型。“两步加工模型”、“一步加工模型”或从两步加工到一步加工的“过渡模型”都只是一个粗犷的勾勒，更精细设计的模型能指导我们更进一步从神经语言学和神经心理学的角度探究隐喻认知。

二、从改进各种实验方法入手

实验方法的优劣直接影响到实验结果的产生。在未来的研究中，需要充分考虑工作记忆与句法加工之间的关系；长期记忆与语义加工之间的关系；控制句法加工对语义加工的影响，或语义加工对句法加工的影响；此外，还应考虑不同语言的特异性以及不同个体之间的差异性。因此，今后的实验可以根据不同的实验目的，深入细致地从不同的角度设计实验方案。

1. 从不同脑区参与隐喻加工进行实验。如果要探讨隐喻加工与右脑之间的联系，可按隐喻形象化的程度排队分类，看其与右脑关系的紧密程度，以观察隐喻理解的右脑参与程度以及隐喻思维跟右脑的创造性思维之间存在的关系，观察隐喻理解时的语义和句法在大脑加工逻辑推理上是如何相互作用的，弄清隐喻意义提取以及编码和提取线索之

① Hawkins，J. & Blakeslee，S.：*On intelligence*. New York：Henry Holt and Company，2004：59~60.

间的关系。

2. 从不同感觉通道输入隐喻语料进行实验。如果要比较不同感觉通道输入会对隐喻加工产生的影响，可采纳不同的感觉通道输入模式。从第三章论述中我们已经了解，不同的感觉通道输入会对语言初期加工产生不同的影响。为了探讨不同感觉通道输入对大脑高层加工是否存在影响，可用同一套汉语隐喻语料通过视觉输入和听觉输入分别做实验。

3. 对影响隐喻理解的熟悉度或语境等重要因素做专项考察。前文已经论证，熟悉度和语境是影响隐喻理解的重要因素。到目前为止，人们已经认识到，熟悉的东西比不熟悉的东西更容易得到大脑加工，语境是否恰当直接影响到隐喻的解读，因此，可对影响隐喻理解的熟悉度和语境做专项考察。例如：影响隐喻加工的因素如熟悉度、语境等是如何影响隐喻理解的加工过程的？在哪些情况下，提取线索是内部环境刺激如熟悉度，又是在哪些情况下，提取线索是外部环境刺激如语境？

4. 进行不同群体间的比较。隐喻认知直接受认知主体的经验、年龄、知识的影响，也许还受健康状况与性别等因素的影响，这些因素到底对认知主体会产生多大程度的影响，我们可以通过不同组群之间的实验来发现：（1）年青被试和年长被试；（2）小学以下文化者和大学以上文化者；（3）健康被试与有认知障碍的被试；（4）男性被试与女性被试；等等。

5. 进行不同语言间的比较。可进行不同语言间的比较实验，比如可进行英汉之间的比较，探讨操不同语言者在语言符号加工和意义加工方面的异同，探究为什么操汉语者的 N400 会比操英欧语言者提前，弄清隐喻加工中汉语的形象化思维特色以及相关脑区的活动特点。

除了 ERP 实验手段，我们还可以运用 PET、fMRI 等实验手段，或许今后更先进的实验手段，从脑电、BOLD（脑血流）各个侧面动态地了解隐喻认知的神经机制。然而，应该看到，当前的神经成像技术并不是研究隐喻认知的万能法宝，因为这些技术还没有发展到在完全自然的状况下观察人脑认知活动的水平，它们充其量只能告诉我们人们在理解隐喻时可能会激发的某些脑皮层电位或脑血流的激活，我们还没有百分之百的把握认为这些脑皮层电位或激活必定跟我们设计的认知活动有着直接联系。简言之，这些技术目前所达到的水平还远不能满足脑与认知活动研究的要求。当然，在全世界物理学家和神经科学家们的不断努力下，可借助用来研究隐喻认知的设备肯定会越来越先进。作为中国的语言学学者，我们研究的立足点应该放在汉语上，为汉语认知研究领域保持国际领先地位添砖加瓦。凭借越来越先进的研究设备，我国研究人员一定能够将汉语隐喻认知研究推向深入，逐步从神经机制上对汉语隐喻认知做出合理解释。

随着静态的和功能性的脑成像、语言发展研究、语言学和心理学分析、计算机模拟等方面的研究的进展，21 世纪人类对自身的语言神经系统将会有更好的了解，前景一定是乐观的!

参考文献

中文参考文献:

[1] 巴恩斯．科学知识与社会理论［M］．鲁旭东译．北京：东方出版社，2001.

[2] 贝尔，柯勒斯，帕罗蒂斯．神经科学：探索脑［M］．王建军主译．北京：高等教育出版社，2004.

[3] 蔡曙山．经验在认知中的作用［J］．科学中国人，2003，(12)：37–39.

[4] 陈璇，宋旻烨．汉语成语结尾字事件相关电位 N400 的研究［J］．广东医学，2003，24(7)：711–713.

[5] 程琪龙．认知语言学概论［M］．北京：外语教学与研究出版社，2001.

[6] 邓慧兰．手语语言学与语言习得研究的关系［J］．当代语言学，2002(3).

[7] 樊晓燕，郭春彦．从认知神经科学的角度看熟悉性和回想［J］．心理科学进展，2005，13(2)：314–319.

[8] 冯涛，张进辅．认知心理生理学与无创性脑功能成像技术［J］．心理科学，2006，29(1)：151–153.

[9] 冯晓虎．隐喻——思维的基础 篇章的框架［M］．北京：对外经济贸易大学出版社，2004.

[10] 冯志伟．现代语言学流派［M］．西安：陕西人民出版社，1999.

[11] 高兵，曹晖，曹聘．句法加工的脑机制［J］．心理科学进展，2006，14(1)：32–39.

[12] 高素荣，失语症 [M]. 北京：北京医科大学中国协和医科大学联合出版社，1993.
[13] 葛鲁嘉. 联结主义：认知过程的新解释和认知科学的新发展 [J]. 心理科学，1994，17(4)：237-241.
[14] 桂诗春. 语言与大脑 [J]. 国外语言学，1992(3).
[15] 桂诗春. 新编心理语言学 [M]. 上海：上海外语教育出版社，2000.
[16] 郭桃梅，彭聃龄，卢春明，刘宏艳. 汉语词汇产生中的义、音信息提取时间进程的ERP研究 [J]. 心理学报，2005，37(5)：569-574.
[17] 何自然，陈新仁. 当代语用学 [M]. 北京：外语教学与研究出版社，2004.
[18] 何自然，冉永平. 关联理论——认知语用学基础 [J]. 现代外语，1998(3)：93-107.
[19] 黑格尔. 美学(第二卷)[M]. 朱光潜译. 北京：商务印书馆，1981.
[20] 胡壮麟. 语言·认知·隐喻 [J]. 现代外语，1997，78(4)：1-16.
[21] 胡壮麟. 隐喻与文体 [J]. 外语研究，2000，64(2)：10-17.
[22] 胡壮麟. 认知隐喻学 [M]. 北京：北京大学出版社，2004.
[23] 黄秉宪. 脑的高级功能与神经网络 [M]. 北京：科学出版社，2000.
[24] 黄华新. 逻辑与自然语言理解 [M]. 长春：吉林人民出版社，2000.
[25] 黄华新，胡霞. 认知语境的建构性探讨 [J]. 现代外语，2004，27(3)：248-254.
[26] 黄华新，徐慈华. 隐喻表达与经济性原则 [J]. 浙江大学学报(人文社会科学版)，2006，36(3)：22-28.
[27] 蒋严，潘海华. 形式语义学引论 [M]. 北京：中国社会科学出版社，1998.
[28] 克里斯特尔. 现代语言学词典 [M]. 沈家煊译. 北京：商务印书馆，2002.
[29] 李葆明. 语言与语言障碍. 见：徐科主编. 神经生物学纲要 [M]. 北京：科学出版社，2000.
[30] 李朝义. 脑与意识研究——人脑智慧的考验. 见罗跃嘉主编. 认知神经科学教程 [M]. 北京：北京大学出版社，2006.
[31] 里德，从灵魂到心理 [M]. 李丽译. 上海：三联出版社，2001.
[32] 利科. 活的隐喻 [M]. 汪堂家译. 上海：上海译文出版社，2004.
[33] 李国南. 汉语比喻在西方的可接受度 [J]. 四川外语学院学报，1996(3)：48-56.
[34] 李荣宝，彭聃龄，郭桃梅. 汉英语义通达过程事件相关电位研究 [J]. 心理学报，2003，35(3)：309-316.
[35] 李维. 认知心理学研究 [M]. 杭州：浙江人民出版社，1998.

[36] 梁丹丹 . 中国神经语言学的回顾与前瞻 [J] . 当代语言学，2004，(6) 2: 139–153.
[37] 梁丹丹，顾介鑫 . 神经语言学研究方法与展望 [J] . 外语研究，2003，77: 20–26.
[38] 梁宁建 . 当代认知心理学 [M] . 上海: 上海教育出版社，2003.
[39] 林书武 .《隐喻: 其认知力与语言结构》评介 [J] . 外语教学与研究，1994，100 (4): 62–63.
[40] 林书武 . 国外隐喻研究综述 [J] . 外语教学与研究，1997，109 (1): 11–19.
[41] 林书武 . 隐喻研究的基本现状、焦点及趋势 [J] . 外国语，2002，137 (1): 38–45.
[42] 林肖瑜 . 隐喻的抽象思维功能 [J] . 现代外语，1994，66 (4): 41–46.
[43] 刘燕妮，舒华 . ERP 与语言研究 [J] 心理科学进展，2003，11 (3): 296–302.
[44] 刘正光 . 莱柯夫隐喻理论中的缺陷 [J] . 外语与外语教学，2001，141: 25–29.
[45] 刘正光 . Fauconnier 的概念合成理论: 阐释与质疑 [J] . 外语与外语教学，2002，163: 8–12.
[46] 卢明森 . 思维奥秘探索 [M] . 北京: 北京农业大学出版社，1994.
[47] 罗跃嘉 . 认知神经科学教程 [M] . 北京: 北京大学出版社，2006.
[48] 罗跃嘉，魏景汉 . 跨通路识别汉字形音的偏差相关成分研究 [J] . 心理学报，1997，29 (4): 400–408.
[49] 罗跃嘉，魏景汉 . 中西文的事件相关电位 N400 研究现状 [J] . 心理学动态，1998，6 (3): 1–5.
[50] 罗跃嘉，魏景汉，翁旭初，卫星 . 汉字视听再认的 ERP 效应与记忆提取脑机制 [J] . 心理学报，2001，33 (6): 489–494.
[51] 吕勇，沈德立 . P240 的语义距离效应 [J] . 应用心理学，2005，11 (3): 202–207.
[52] 吕勇，魏景汉 . 语义距离半球效应的 ERP 研究 [J] . 心理学探新，2005，25 (3): 33–39.
[53] 内格尔 . 科学的结构 . 徐向东译 . 上海: 上海译文出版社，2002.
[54] 彭聃龄 . 汉语信息加工及其神经机制的研究——20 年研究工作的回顾[J]. 当代语言学，2004 (4): 302–320.
[55] 彭建武 . 国外认知连通主义研究综观 [J] . 外语教学与研究，2002，34 (4): 263–270.
[56] 皮亚杰 . 发生认识论原理 [M] . 王宪钿等译 . 北京: 商务印书馆，1995.
[57] 平克 . 认知神经科学 [M] . 沈政等译 . 上海: 上海教育出版社，1998.
[58] 平克 . 语言本能——探索人类语言进化的奥秘 [M] . 洪兰译 . 汕头: 汕头大学出版社，

2004.

[59] 沈家煊 . 句法的象似性问题 [J]. 外语教学与研究，1993（1）：2–8.

[60] 沈家煊 . 语用·认知·言外义 [J]. 外语与外语教学，1997（4）：10–13.

[61] 史鑫 . 隐喻的思维本质与认知功能 [J]. 解放军外国语学院学报，2002，25（4）：41–44.

[62] 束定芳 . 2000a. 隐喻学研究 [M]. 上海：上海外语教育出版社，2000.

[63] 束定芳 . 2000b. 论隐喻的理解过程及其特点 [J]. 外语教学与研究，2000，32（4）：253–260.

[64] 索振羽 . 语用学教程 [M]. 北京：北京大学出版社，2000.

[65] 索绪尔 . 普通语言学教程 [M]. 高名凯译 . 北京：商务印书馆，1980.

[66] 孙久荣 . 脑科学导论 [M]. 北京：北京大学出版社 .

[67] 唐孝威 . 脑功能原理 [M]. 杭州：浙江大学出版社 .

[68] 唐孝威 . 梦的本质 [M]. 长春：吉林人民出版社 .

[69] 唐一源，张武田，马林，翁旭初，李德军，何华，贾富仓，默读汉字词的脑功能偏侧化成像研究 . 心理学报，2002，34（4）：333–337.

[70] 王德春 . 语言学概论 [M]. 上海：上海外语教育出版社，1997.

[71] 王德春，吴本虎，王德林 . 神经语言学 [M]. 上海：上海外语教育出版社，1997.

[72] 王钢 . 普通语言学基础 [M]. 长沙：湖南教育出版社，1988.

[73] 王松亭 . 隐喻的感悟及其文化背景 [J]. 外语学刊，1996（4）：63–66.

[74] 王文斌 . 隐喻构建与解读的主体自洽 [D]. 上海：上海外国语大学，2005.

[75] 王穗苹，黄时华，杨锦绵 . 语言理解的 ERP 研究 [J]. 华南师范大学学报（社会科学版），2004（6）：107–113.

[76] 王维贤 . 现代汉语语法理论研究 [M]. 北京：语文出版社，1997.

[77] 王小潞，李恒威，唐孝威 . 语言思维与非语言思维 [J]. 浙江大学学报（人文社会科学版），2006，36（3）：29–36.

[78] 王小潞 . 联想的语义连接功能 [J]. 浙江大学学报（人文社会科学版），2006，37（2）：174–182.

[79] 汪云九，等 . 神经信息学 [M]. 北京：高等教育出版社，2006.

[80] 王益文，张文新 . 联结主义神经网络及其在心理学中的应用 [J]. 心理学动态，2001，9（4）：368–375.

[81] 王寅，李弘．中西隐喻对比及隐喻工作机制分析［J］．解放军外国语学院学报，2003，26（2）：6-10.

[82] 维果斯基．思维与语言［M］．李维译．杭州：浙江教育出版社，1997.

[83] 魏景汉，匡培梓，张东松，潘世天．全视野汉字词义联想的 ERP 特征与汉字识别的 ERP 甄别［J］．心理学报，1995，27（4）：413-421.

[84] 谢之君．隐喻认知功能探索［M］．上海：复旦大学出版社，2007.

[85] 许国璋．语言符号的任意性问题——语言哲学探索之一［J］．外语教学与研究，1988（3）：2-10.

[86] 杨小虎，郑树棠．抑制机制与隐喻理解［J］．外语教学与研究，2005，37（4）：283-288.

[87] 杨亦鸣，曹明．基于神经语言学的中文大脑词库初探［J］．语言文字应用，2000（3）：91-98.

[88] 姚小平．物理世界和语言世界［J］．外语教学与研究，1999（3）：67-71.

[89] 叶蜚声，徐通锵．语言学纲要［M］．北京：北京大学出版社，1997.

[90] 袁毓林．认知科学背景上的语言研究［J］．国外语言学，1996（2）：1-12.

[91] 张辉，宋伟．ERP 与语言研究［J］．外语电化教学，2004（12）.

[92] 张珊珊，赵仑，刘涛，顾介鑫，杨亦鸣．大脑中的基本语言单位［J］．语言科学，2006，5（3）：3-13.

[93] 张武田，张建洲，赵竞．汉字词匹配的偏侧化效应和事件相关脑电位［J］．心理学报，1988，20（4）：344-350.

[94] 赵德远．关于语言与思维的哲学思考［J］．解放军外国语学院学报，2001（1）：27-31.

[95] 赵仑．ERP 实验教程［M］．天津：天津社会科学院出版社，2004.

[96] 赵小虎，杨振燕，詹松华，戴工华．汉英双语脑活动区功能磁共振研究［J］．上海医学，2003，26：46-49.

[97] 赵艳芳．隐喻的认知基础［J］．解放军外语学院学报，1994，67（2）：30-34.

[98] 赵艳芳．认知的发展与隐喻［J］．外语与外语教学，1998，113（10）：8-10.

[99] 赵忠德．母语、外语与思维［J］．外语与外语教学，2003（7）：18-20，24.

[100] 中国社会科学院语言研究所词典编辑室．现代汉语词典［M］．北京：商务印书馆，2005.

[101] 周晓林，叶铮．语言认知的脑基础 [A]．见：罗跃嘉主编．认知神经科学教程 [M]．北京：北京大学出版社，2006.

外文参考文献：

[1] Ahrens, K., Liu H-L., Lee, C-Y., Gong, S-P., Fang, S-Y., & Hsu, Y-Y., 2007. Functional MRI of conventional and anomalous metaphors in Mandarin Chinese [J]. *Brain and Language*, 100 (2): 163–171.

[2] Akman, V., 2000. Rethinking context as a social construct [J]. *Journal of Pragmatics*, 32: 743–759.

[3] Ainsworth-Darnell, K., Shulman, H.G., Boland, J.E., 1998. Dissociating brain response to syntactic and semantic anomalies: evidence from event-related potentials [J]. *Journal of Memory and Language*, 38: 112–130.

[4] Arzouan, Y., Goldstein, A., & Faust, M., 2007. Dynamics of hemispheric activity during metaphor comprehension: electrophysiological measures [J]. *NeuroImage*, 36: 222–231.

[5] Bar, M., Aminoff, E., Mason, M, & Fenske, M., 2007. The units of thought [J]. *Hippocampus*, 17: 420–428.

[6] Barsalou, L.W., 1982. Context-independent and context-dependent information in concepts [J]. *Memory and Cognition*, 1: 82–93.

[7] Bates, E., 1992. Language development [J]. *Current Opinion in Neurobiology*, 2 (2): 180–185.

[8] Black, M., 1954. Metaphor [A]. *Proceedings of the Aristotelian Society*, 55, 273–294.

[9] Black, M., 1977. More about metaphor [J]. *Dialectica*, 31.

[10] Black, M., 1983. Die metapher [A]. In Anselm Haverkamp (ed.), *Theorie der Metapher* [C]. Darmstadt: Wissenschaftliche Buchgesellschaft, 55–79.

[11] Bonnaud, V., Gil, R., & Ingrand P., 2002. Metaphorical and non-metaphorical links: a behavioral and ERP study in young and elderly adults [J]. *Clinical Neurophysiology*, 32: 258–268.

[12] Boswell, D.A., 1979. Metaphoric processing in the mature years [J]. *Human Development*, 22: 373–384.

[13] Bottini, G., Corcoran, R., Sterzi, R., Paulesu, E., Schenone, P., Scarpa, P., Frackowiak R.S.J., & Frith, C.D., 1994. The role of the right hemisphere in the interpretation of figurative aspects of language: a positron emission tomography activation study [J]. *Brain*, 117 (2): 1241–1253.

[14] Bouillaud, F., 1925. Recherches cliniques propes à demontrer la perte de la parole correspond a la lesion des lobules antérieurs du cerveau et à confirmer l'opinion de M. Gall sur le siège de l'organe du langage articulè [J]. *Archives Générales de Medicine*, 8: 24–45.

[15] Bouquet, P., et al., 2003. Theories and uses of context in knowledge representation and reasoning [J]. *Journal of Pragmatics*, 35: 455–484.

[16] Brown, R., 1958. *Works and things* [M]. Glencoe, IL: Free Press.

[17] Brownell, H. H., 1988. Appreciation of metaphoric and connotative word meaning by brain-damaged patients [A]. In C. Chiarello (ed.), *Right hemisphere contributions to lexical semantics* [C]. New York: Springer, 19–31.

[18] Brownell, H. H., Simpson, T. L., Bihrle, A. M., Potter, H. H., & Gardner, H., 1990. Appreciation of metaphoric alternative word meaning by left and right brain-damaged patients [J]. *Neuropsychologia*, 18: 375–383.

[19] Brown, W. S., Lehmann, D., & Marsh, J. T., 1980. Linguistic meaning-related differences in evoked potential topography: English, Swiss-German and imagined [J]. *Brain and Language*, 11: 340–353.

[20] Burgess, C., & Chiarello, C., 1996. Neurocognitive mechanisms underlying metaphor comprehension and other figurative language [J]. *Metaphor and Symbolic Activity*, II (1): 67–84.

[21] Calvin W. H., & Ojemann, G. A., 2001. *Inside the brain* [M]. NAL, 1980.

[22] Chomsky, N., 1981. *Lectures on government and binding* [M].Dordrecht: Foris.

[23] Chomsky, N., 2002. Language and the brain [J], *Linguistic Sciences*, 1: 11–30.

[24] Clark, H., & Lucy, P., 1975. Understanding what is meant from what is said: a study in conversationally conveyed requests. *Journal of Verbal Learning and Verbal*

Behavior [M] . 14: 56–72.

[25] Connolly, J.F., Stewart, S.H., & Phillips, N.A., 1990. The effects of processing requirements on neurophysiological responses to spoken sentences [J] . *Brain and language*, 39: 302–318.

[26] Connolly, J.F., Phillips, N.A., Stewart, S.H., & Brake, W.G., 1992. Event-related potential sensitivity to acoustic and semantic properties of terminal words in sentences [J] . *Brain and Language*, 43: 1–18.

[27] Connolly, J.F. & Phillips, N.A., 1994. Event-related potential components reflect phonological and semantic processing of the terminal word of spoken sentences [J]. *Journal of Cognitive Neuroscience*, 6: 256–266.

[28] Coulson, S., King, J. W., & Kutas, M., 1998, ERPs and domain specificity: beating a straw horse [J] . *Language and Cognitive Processes*, 13 (6): 653–672.

[29] Curran, T., 2000. Brain potentials of recollection and familiarity [J] . *Mem Cognit*, 28 (6): 923–938.

[30] Davidson, D., 1984. *Inquiries into truth and interpretation* [M] . Oxford, England: Clarendon Press.

[31] Dehaene-Lambertz, G., 1997. Cartographie des potentiels évoqués dans l'exploration des fonctions cognitives des nourrissons [J] . *Neurophysiologie Clinique/Clinical Neurophysiology*, 27 (2): 160–161.

[32] Einstein, A., 1945. A testimonial from professor Einstein (Appendix II) [A] . In J. Hadamard, *An essay on the psychology of invention in the mathematical field* (C) . Princeton, NJ: Preceton University Press.

[33] Fauconnier, G., 2000. Conceptual blending [A] . In Smelser, N. & Baltes, P. (eds), *The encyclopedia of the social and behavioral sciences* [C] (出版者不详) .

[34] Fauconnier,G.,2005. Compression and emergent structure [A] . In Huang,S. (ed.), *Language and linguistics* [C], 6.4: 523–538.

[35] Fauconnier, G., & Turner, M., 1998. Conceptual integration networks [J] . *Cognitive Science*, 22 (2): 133–187.

[36] Fauconnier, G., & Turner, M., 2006. Rethinking metaphor [A] . In Gibbs, R. (ed.), *Cambridge handbook of metaphor and thought* [C] . http: //cogsci.ucsd.

edu/~faucon/RethinkingMetaphor19f06.pdf.

[37] Faust, M., & Weisper, S., 2000. Understanding metaphoric sentences in the two cerebral hemispheres [J]. *Brain Cognition*, 43: 186–191.

[38] Fiebach, C. J., Schlesewsky, M., & Friederici, A. D., 2002. Separating syntactic memory costs and syntactic integration costs during parsing: the processing of German WH–questions. *Journal of Memory and Language*, 47: 250–272.

[39] Fodor, J., 1975. *The language of thought* [M]. Cambridge, MA: Havard University Press.

[40] Fodor, J., 1983. *The modularity of mind* [M]. Cambridge, MA: MIT Press.

[41] Friederici, A. D., Meyer, M., & von Cramon, D. Y., 2000. Auditory language comprehension: an event-related fMRI study on the processing of syntactic and lexical information [J]. *Brain and Language*, 74: 289–300.

[42] Friederici, A. D., & Kotz, S. A., 2003. The brain basis of syntactic processes: functional imaging and lesion studies [J]. *NeuroImage*, 20: S8–S17.

[43] Gardner, H., 1993. *Frames of mind* [M]. New York: Basic Books.

[44] Gardner, H., 1999. *Intelligence reframed* [M], New York: Basic Books.

[45] Gentner, D., 1983. Structure-mapping: a theoretical framework of analogy [J]. *Cognitive Sciences*, *7* (1): 155–170.

[46] Gentner, D., & Markman, A., 1997. Structure mapping in analogy and similarity [J]. *American Psychologist*, 52 (1): 45–56.

[47] Gentner, D., & Wolff, P., 1997. Alignment in the processing of metaphor [J]. *Journal of Memory and Language*, 37: 331–355.

[48] Gibbs, Jr., R.W., 1992. Categorization and metaphor understanding [J]. *Psychological Review*, 99 (3): 572–577.

[49] Gibbs, Jr., R.W., 1994. *The poetics of mind: figurative thought, language and understanding* [M]. Cambridge, Eng.: Cambridge University Press.

[50] Gibbs Jr., R.W., 1996. Why many concepts are metaphorical [J]. *Cognition*, 61: 309–319.

[51] Gibbs Jr., R.W., Bogdanovich, J. M., Sykes, J. R., & Barr, D. J., 1997. Metaphor in idiom comprehension [J]. *Journal of Memory and Language*, 37:

141–154.

[52] Gibbs Jr., R.W., 2000. Making good psychology out of blending theory [J]. *Cognitive Linguistics*, 11: 347–358.

[53] Gibbs Jr., R.W., 2001a. Evaluating contemporary models of figurative language understanding [J]. *Metaphor and Symbol*, 16 (3&4): 317–333.

[54] Gibbs Jr., R.W., 2001b. Proverbial themes we live by [J]. *Poetics*, 29: 167–188.

[55] Gibbs Jr., R.W., 2002. A new look at literal meaning in understanding what is said and implicated [J]. *Journal of Pragmatics*, 34: 457–486.

[56] Gibbs Jr., R.W., 2003. Embodied experience and linguistic meaning [J]. *Brain and Language*, 84: 1–15.

[57] Gibbs Jr., R. W., Lima, P. L. C., & Francozo, E., 2004. Metaphor is grounded in embodied experience [J]. *Journal of Pragmatics*, 36: 1189–1210.

[58] Gil, R., Lefèvre, J.P., Pluchon, C., Toullat, G., & Vendeuil, A., 1980. A propos de certains aspects des perturbations sémantiques dans l'aphasie [J]. *Neuropsychologia*, 18: 721–725.

[59] Gineste, M.D., & Scart-Lhomme, V., 1999. Comment comprenons-nous les métaphores? [J]. *L'Année psychologique*, 99: 447–492.

[60] Glucksberg, S., Gildea, P., & Bookin, H.A., 1982. On understanding speech: can people ignore metaphors? [J]. *Journal of Verbal Learning and Verbal Behavior*, 21: 85–98.

[61] Glucksberg, S., & Keysar, B., 1990. Understand metaphorical comparisons: beyond similarity [J]. *Psychological Review*, 97: 3–18.

[62] Glucksberg, S., Keysar, B., & McGlone, M. S., 1992. Metaphor understanding and accessing conceptual schema: reply to Gibbs (1992) [J]. *Psychological Review*, 99 (3): 578–581.

[63] Glucksberg, S., McGlone, M. S., & Manfredi, D., 1997. Property attribution in metaphor comprehension [J]. *Journal of Memory and Language*, 36 (1): 50–67.

[64] Glucksberg, S., & McGlone M.S., 1999. When love is not a journey: what metaphors mean [J]. *Journal of Pragmatics*, 31 (12): 1541–1558.

[65] Glucksberg, S., 2003, The psycholinguistics of metaphor [J]. *Trends in Cognitive*

Sciences, 7 (2): 92–96.

[66] Grady, J., 2000. Cognitive mechanism of conceptual integration [J] . *Cognitive Linguistics*, 11: 335–345.

[67] Grice, H. P., 1957. Meaning [J] . *The Philosophical Review*, 66: 377–388.

[68] Grice, H. P., 1975. Logic and conversation [A] . In Cole, P, & Morgan, J. L. (eds), *Syntax and semantics: speech acts* [C] . Volume 3. New York: Academic, 41–58.

[69] Gunter, T. C., Friederici, A. D., & Hahne, A. 1999. Brain responses during sentence reading: visual input affects central processes [J] . *NeuroReport*, 10, 3175–3178.

[70] Gunter, T.C, Friederici, A.D., & Schriefers, H., 2000. A. Syntactic gender and semantic expectancy: ERPs reveal early autonomy and late interaction [J] . *Journal of Cognitive Neuroscience*, 12: 556–568.

[71] Gurney, K., 2000: *Computers and symbols vesus nets and neurons* [M] . LA: UCL Press.

[72] Hagen, J. F., Gatherwright, J. R., Lopez, B. A., & Polich, J., 2006. P3a from visual stimuli: task difficulty effects. *International Journal of Psychophysiology*, 59: 8–14.

[73] Hahne, A., & Friederici, A. D., 1999. Electrophysiological evidence for two steps in syntactic analysis: early automatic and late controlled processes [J] . *Journal of Cognitive Neuroscience*, 11: 194–205.

[74] Hahne, A., & Jescheniak, J. D., 2001. What's left if the Jabberwock gets the semantics? an ERP investigation into semantic and syntactic processes during auditory sentence comprehension [J] . *Cognitive Brain Research*, 11 (2): 199–212.

[75] Hahne, A., & Friederici, A. D., 2002. Differential task effects on semantic and syntactic processes as revealed by ERPs [J] . *Cognitive Brain Research*, 13: 339–356.

[76] Hawkins, J., & Blakeslee, S., 2004. *On intelligence* [M] . New York: Henry Holt and Company, LLC.

[77] Hubbell, J. A., & O'Boyle, M. W., 1995. The effect of metaphorical and literal comprehension processes on lexical decision latency of sentence components [J]. *J Psycholinguistic Res*, 24: 269–287.

[78] Lillo–Martin, D., 1997. The modular effects of sign language acquisition. In Marschark, M., Siple, P., Lillo-Martin, D., Campbell, R., & Everhart, V. S., eds., *Relations of language and thought: the view from sign language and deaf children* [M]. New York: Oxford University Press.

[79] Jesper, H., 1958. The ten twenty electrode system of the International Federation[J]. *Electroenceph clin Neuro-physiol*, 10: 371–375.

[80] Johnson, J., 1991. Developmental vs language-based factors in metaphor interpretation [J]. *Journal of Educational Psychology*, 83 (4): 470–483.

[81] Kaan, E., & Swaab, T. Y., 2002. The brain circuitry of syntactic comprehension [J]. *Trends in Cognitive Sciences*, 6: 350–356.

[82] Keysar, B., 1989. On the functional equivalence of literal and metaphorical interpretations in discourse [J]. *Journal of Memory and Language*, 28: 375–385.

[83] Kircher, T. T. J., Brammer, M., Andreu, N. T., Williams, S. C. R., & McGuire, P. K., 2001. Engagement of right temporal cortex during processing of linguistic context [J]. *Neuropsychologia*, 39: 798–809.

[84] Kittay, E. F., 1987. *Metaphor: its cognitive force and linguistic structure* [M]. New York: Oxford University Press.

[85] Kosslyn, S.M., & Rosenberg, R. S., 2003. *Psychology: the brain, the person, the world* [M]. Beijing: Peking University Press.

[86] Kutas, M., & Donchin, E., 1977. Augmenting mental chrometry: the P300 as measure of stimulates evaluation time [J]. *Science*, 197: 792–795.

[87] Kutas, M., & Hillyard, S.A., 1980. Reading senseless sentences: brain potentials reflect semantic incongruity [J]. *Science*, 207: 203–205.

[88] Lakoff, G., 1987. *Women, fire, and dangerous things: what categories reveal about the mind* [M]. Chicago: The University of Chicago Press.

[89] Lakoff, G., 1993. The contemporary theory of metaphor [A]. *Metaphor and Thought* [C]. Cambridge: Cambridge University Press, 202–251.

[90] Lakoff, G., & Johnson, M., 1980. *Metaphors we live by* [M]. Chicago: The University of Chicago Press.

[91] Lakoff, G., & Turner, M., 1989. *More than cool reason: a field guide to poetic metaphor* [M]. Chicago: The University of Chicago Press.

[92] Lakoff, G., & Johnson, M., 1991. Metaphor and war: the metaphor system used to justify war in the gulf [J]. *Peace Research*, 23: 25–32.

[93] Lakoff, G., & Johnson, M., 1999. *Philosophy in the flesh* [M]. New York: Basic Books.

[94] Littlemore, J., 2002. The case of metaphoric intelligence: a reply [A]. *The Weekly Column* (日期不详).

[95] Lynch, J., 2004. Thinking with and without words: a new model of cognition [A]. http://www.cogsci.northwestern.edu/cogsci2004/ma/ma208.pdf.

[96] Martin-Loeches, M., Hinojosa, J.A., Gomez-Jarabo, G., & Rubia, F.J., 1999. The recognition potential: an ERP index of lexical access [J]. *Brain and Language*, 70: 364–384.

[97] Menn, L., 1995. *Non-fluent aphasia in a multilingual world* [M]. Amsterdam: John Benjamins.

[98] Niznikiewicz, M., & Squires, N., 1996. Phonological processing and the role of strategy in silent reading: behavioral and electrophysiological evidence [J]. *Brain and Language*, 52: 342–364.

[99] Ortony, A., 1979. Metaphor: a multidimensional problem [A]. In A. Ortony (ed.), *Metaphor and thought* [C]. Cambridge, England: Cambridge University Press.

[100] Ortony, A., 1993. Metaphor, language, and thought [A]. In A. Ortony (ed.), *Metaphor and thought*[C]. Cambridge,England: Cambridge University Press,1–16.

[101] Osterhout, L., & Holcomb, P.J., 1992. Event-related brain potentials elicited by syntactic anomaly [J]. *Journal of Memory and Languages*, 31: 785–804.

[102] Osterhout, L., & Nicol, J., 1999. On the distinctiveness, independence, and time course of the brain responses to syntactic and semantic anomalies [J]. *Language and Cognitive Process*, 14: 283–317.

[103] Palmer, B., Nasman, V. T., & Wilson, G, F., 1994. Task decision difficulty:

effects on ERPs in a same-different letter classification tasks [J] . *Biological Psychology*, 38 (2–3): 199–214.

[104] Peng, D.L., et al., 2003. Neural basis of the non-attentional processing of briefly presented words [J] . *Human Brain Mapping*, 18: 215–221.

[105] Piaget, J., 1926. *The language and thought of the child* [M] . New York: Routledge and Kegan Paul.

[106] Posner, M.I., 1980. Orienting of attention [J] . *Quart J Experim Psychol*, 32: 3–25.

[107] Pynte, J., Besson, M., Robichon, F. H., & Poli, J., 1996. The time-course of metaphor comprehension: an event-related potential study [J] . *Brain and Language*, 55: 293–316.

[108] Ramachandran, V.S., 2005. Brain region linked to metaphor comprehension [J] . *Scientific American*, 5.

[109] Rapp, A.M., Leube, D., Erbt, M., Buchkremer, G., Groddt, W., Bartels, M., & Kircher, T., 2001. Brain activation during processing of metaphors: an eFMR1 study [J] . *NemoImage*, 13: S591.

[110] Rapp, A.M., Leube, D. T., Erb, M., Grodd, W., & Kircher, T. T. J., 2004, Neural correlates of metaphor processing [J] . *Cognitive Brain Research*, 20: 395–402.

[111] Rhodes, S.M., & Donaldson, D.I., 2007. Electrophysiological evidence for the influence of unitization on the processes engaged during episodic retrieval: enhancing familiarity based remembering [J] . *Neuropsychologia*, 45: 412–424.

[112] Richards, I. A., 1936. *The philosophy of rhetoric* [M] . Oxford: Oxford University Press.

[113] Rohrer, T., 2001. The cognitive science of metaphor from philosophy to neuroscience [J] . *Theoria et Historia Scientarium*, 6 (1): 27–42.

[114] Rudell, A. P., 1990. The recognition potential: a visual response evoked by recognizable images [J] . *Neurosciences Abstracts*, 16: 106.

[115] Rumelhart, D. E., & the PDP Research Group, 1986. *Parallel distributed processing, explorations in the microstructure of cognition* [M] . Cambridge, MA.: The MIT Press.

[116] Salmon, N., & Pratt, H., 2002. A comparison of sentence-and discourse-level semantic processing: an ERP study [J]. *Brain and Language*, 83: 367–383.

[117] Schnitzer, M. L., & Pedreira, M. A., 2005. A neuropsychological theory of metaphor [J]. *Language Sciences*, 27: 31–49.

[118] Searle, J., 1975. Indirect speech acts [A]. In Davis, S. (ed), *Pragmatics: a reader* [C]. New York: Oxford University Press. 265–277.

[119] Searle, J. R., 1979. Expression and meaning: *studies in the theory of speech acts* (Essay Collection) [M], Cambridge: Cambridge University Press.

[120] Searle, J., 1983. *Intentionality* [M]. Cambridge: Cambridge University Press.

[121] Searle, J., 1993. Metaphor[A]. In Ortony, Andrew(ed.). *Metaphor and thought* [C]. New York: Cambridge University Press, 83–111.

[122] Sotillo, M., Carretie, L., Hinojosa, J. A., Tapia, M., Mercado, F., Lopez-Martin, S., & Albert J., 2005. Neural activity associated with metaphor comprehension: spatial analysis [J]. *Neuroscience Letters*, 373: 5–9.

[123] Sperber, D., & Wilson, D., 1995. *Relevance communication and cognition* [M]. Blackwell Publishers Ltd.

[124] Steen, F., 1997. George Lakoff: the theory of cognitive models. http://cogweb.ucla.edu/CogSci/Lakoff.html.

[125] Steen, F., 2000. Critical discussions: grasping philosophy by the roots [J]. *Philosophy and Literature*. 24 (1): 197–203.

[126] Steen, G., & Gibbs, R. W. Jr., 1999. *Metaphor in cognitive linguistics* [C]. Amsterdam: Benjamins.

[127] Steinhart, E. C., 2001. *The logic of mataphor* [M]. The Dordrecht: Kluwer Academic Publishers.

[128] Stemmer, B., & Schönle, P.W., 2000. Neuropragmatics in the 21st century [J]. *Brain and Language*, 71 (1): 233–236.

[129] Tan, L. H., Spinks, J. A., Gao, J. H., Liu, H. L., Perfetti, C. A., Xiong, J., Stofer, K. A., Pu, Y. L., Liu, Y. L., & Fox, P. T., 2000. Brain activation in the processing of Chinese characters and words: a functional MRI study [J]. *Human Brain Mapping*, 10: 16–27.

[130] Tan, L. H., Feng, C. M., Fox, P. T., & Gao, J. H., 2001. An fMRI study with written Chinese [J]. *Brain Imaging*, 12 (122): 83–88.

[131] Tartter, V. C., Gomes, H., Dubrovsky, B., Molholm, S., & Stewart, R. V., 2002. Novel metaphors appear anomalous at least momentarily: evidence from N400 [J]. *Brain and Language*, 80: 488–509.

[132] Thagard, P., 1999. *How scientists explain disease* [M]. Princeton: Princeton University Press.

[133] Vaughau, H. G. Jr., 1969. The relationship of brain activity to scalp recordings of event-related potentials [A]. In Donchin, E., Lindsley, D. (eds), *Average evoked potentials* [C]. Washington, D.C.: NASA, 45–94.

[134] Williams, D. W., Mio, J. S., & Whitney, P., 1992. Metaphor production in creative writing [J]. *Journal of Psycholinguistic Research*, 21 (6): 497–509.

[135] Winner, E., & Gardner, H., 1977. The comprehension of metaphor in brain-damaged patients [J]. *Brain*, 100: 717–729.

[136] Yonelinas, A.P., 2002. The nature of recollection and familiarity: a review of 30 years of research [J]. *Journal of Memory and Language*, 46: 441–517.

[137] Zhang, Q., Guo, C., Ding, J., & Wang, Z, 2006. Concreteness effects in the processing of Chinese words [J]. *Brain and Language*, 96: 59–68.

附　　录

附录 1：语料熟悉度测试材料①

请根据您对以下语料的熟悉程度进行判别，并在相应的空格内打√。

专业 ＿＿＿＿＿　年龄 ＿＿＿＿＿＿　性别 ＿＿＿＿＿　日期 ＿＿＿＿＿＿

1. 死隐喻及其对照组

序号	语料	熟悉	较熟悉	不熟悉
死隐喻（NP+V_{be}+NP）				
1	杭州是天堂。	36	5	0
2	* 西湖是明珠。	10	13	18
3	* 赌场是地狱。	17	14	10
4	鬼子是豺狼。	26	14	1
5	军队是长城。	18	16	7
6	小潘是新手。	26	10	5
7	老肖是熟手。	19	13	9
8	* 小王是炮筒。	8	8	25
9	水利是命脉。	18	19	3
10	护士是天使。	34	4	0
11	师傅是高人。	27	13	1

① 注：41 名年龄与正式实验相仿的在校大学生匿名参加了测试，在“熟悉”“较熟悉”“不熟悉”栏内的数字是测查结果统计数；为便于阅读，这里把语料分了类，正式测试时隐去；带 * 为正式实验时剔除的句子。

续表

序号	语料	熟悉	较熟悉	不熟悉
12	儿童是花朵。	38	3	0
13	巩俐是大腕。	32	7	2
14	流氓是坏蛋。	30	10	1
15	家乡是热土。	24	16	1
16	同窗是手足。	24	12	5
17	老董是外人。	26	8	7
18	* 小田是内人。	14	10	17
19	娜娜是天仙。	13	21	7
20	老沈是狐狸。	20	14	7
21	小洪是油条。	22	12	7
22	老吴是老粗。	22	15	4
23	爷爷是靠山。	21	12	8
24	老姚是大款。	30	7	3
25	* 小李是国手。	13	16	12
	死隐喻（NP+V+NP）			
26	下海经风雨。	15	21	6
27	小弟拖后腿。	29	6	6
28	* 新生吃小灶。	14	16	11
29	悬念吊胃口。	28	1	3
30	的哥侃大山。	35	9	7
31	北风刺骨头。	30	8	3
32	小华有脑子。	33	6	2
33	小汪吃黄牌。	24	11	6
34	小夏打下手。	22	14	5
35	* 明明翘尾巴。	14	15	12
36	* 妈妈唱白脸。	17	18	6
37	* 爸爸唱红脸。	19	15	7
38	对手挖墙角。	26	11	4
39	生产上轨道。	29	9	3
40	收入上台阶。	28	10	3
41	装修赶潮流。	30	11	0
42	* 贪官捂盖子。	1	10	30
43	新星抢风头。	25	12	4
44	婷婷成焦点。	30	10	1
45	小葛碰钉子。	35	5	1
46	老万唱高调。	28	11	2
47	小崔打圆场。	31	8	2
48	媛媛拍马屁。	36	5	0
49	秋风扫落叶。	34	6	1
50	瑶瑶夸海口。	29	11	1

续表

序号	语料	熟悉	较熟悉	不熟悉
本义句（NP+V_{be}+NP）				
51	铁路是干线。	23	14	4
52	教育是基础。	38	3	0
53	老孙是律师。	29	10	2
54	*甩卖是减价。	17	15	9
55	*女郎是骗子。	14	15	12
56	红红是星迷。	21	16	4
57	*困难是障碍。	19	17	5
58	他们是夫妻。	37	3	1
59	*学历是手段。	9	15	17
60	*老莫是小偷。	29	10	2
61	老罗是会计。	34	7	0
62	老李是英雄。	32	6	3
63	教授是学者。	23	14	4
64	小兰是文盲。	31	8	2
65	老曹是农民。	33	8	0
66	小宝是工人。	32	8	1
67	帆帆是演员。	34	5	2
68	小周是医生。	35	6	0
69	梦梦是空姐。	30	7	4
70	济公是和尚。	23	13	5
71	阿梅是帮工。	26	12	3
72	老蔡是商人。	32	5	4
73	小蒋是司机。	33	5	3
74	老王是翻译。	26	13	2
75	萍萍是店员。	29	10	2
本义句（NP+V+NP）				
76	小葛遭拒绝。	21	18	2
77	*前途有障碍。	10	21	10
78	小姜受欢迎。	32	8	1
79	生活有曲折。	21	14	6
80	小沈怕老婆。	34	7	0
81	*强势占上风。	18	15	8
82	*家长受折磨。	15	10	16
83	岳父受敬仰。	19	14	8
84	武大卖炊饼。	31	10	0
85	合作有前途。	22	14	5
86	良药治疾病。	32	7	2
87	*男士喝美酒。	10	17	14
88	*女士吃水果。	20	11	10

续表

序号	语料	熟悉	较熟悉	不熟悉
89	猫咪打瞌睡。	24	15	2
90	宝宝流口水。	35	3	3
91	校长作报告。	33	7	1
92	领导担责任。	33	7	1
93	考生填志愿。	38	3	0
94	坏人造谣言。	27	12	2
95	员工加薪水。	34	6	1
96	小蒋有人缘。	38	2	1
97	女生爱超女。	26	14	1
98	少妇看韩剧。	23	13	5
99	顾客捡便宜。	26	12	3
100	八戒耍花招。	18	14	9

2. 新隐喻及其对照组

序号	语料	熟悉	较熟悉	不熟悉
		新隐喻（NP+V_{be}+NP）		
1	* 军人是松柏。	9	17	15
2	满月是银盘。	17	18	6
3	池塘是明镜。	22	14	5
4	* 朋友是阳光。	15	15	11
5	爱心是甘露。	29	10	2
6	爱情是玫瑰。	32	5	4
7	恋爱是咖啡。	28	18	5
8	家庭是港湾。	38	3	0
9	男人是磐石。	24	16	1
10	时间是金钱。	35	6	0
11	效率是生命。	30	10	1
12	商场是战场。	36	5	0
13	冲动是魔鬼。	33	6	3
14	* 理智是罗盘。	13	15	13
15	人生是舞台。	39	2	0
16	夕阳是陈酒。	16	16	9
17	学生是未来。	25	13	3
18	孩子是幼苗。	28	11	2
19	老师是园丁。	40	1	0
20	* 教书是春雨。	13	14	14
21	知识是灯塔。	28	10	3
22	改革是春风。	34	7	0
23	智慧是钥匙。	30	9	2

续表

序号	语料	熟悉	较熟悉	不熟悉
24	* 母亲是蜡烛。	11	17	13
25	顾客是上帝。	38	3	0
新隐喻（NP+V+NP）				
26	群星眨眼睛。	25	6	10
27	山峦裹银装。	19	17	5
28	群山映彩霞。	17	17	7
29	大地换冬衣。	29	9	3
30	草原披绿装。	28	10	3
31	成绩亮红灯。	33	7	1
32	积蓄打水漂。	23	13	5
33	整治留尾巴。	15	17	9
34	空手套白狼。	20	14	7
35	* 闲人筑方城。	3	10	28
36	老大装孙子。	21	16	4
37	* 小红捧大腿。	6	8	27
38	* 移动送秋波。	8	9	24
39	* 窗纸打寒颤。	11	5	25
40	消费上水平。	20	19	2
41	* 鼻子拉风箱。	5	15	22
42	冲冲有眼光。	37	2	2
43	英雄有铁骨。	24	16	1
44	猎狗练鼻子。	9	20	12
45	演员练嘴巴。	18	16	7
46	穹隆挂银灯。	22	10	9
47	明星放鸽子。	23	11	7
48	反腐找源头。	21	17	3
49	扫黄端窝点。	28	12	1
50	英语拉后腿。	37	4	0
本义句（NP+V_{be}+NP）				
51	阿华是歌王。	32	7	2
52	阿菲是歌后。	33	6	2
53	* 婚姻是束缚。	19	17	5
54	教育是根本。	36	5	0
55	俐俐是主角。	36	3	2
56	强强是配角。	36	4	1
57	他们是师生。	35	5	1
58	老板是富人。	28	10	3
59	* 乞丐是穷人。	26	11	4
60	小邓是冠军。	37	4	0
61	小孔是亚军。	33	8	0

续表

序号	语料	熟悉	较熟悉	不熟悉
62	公司是甲方。	31	7	3
63	客户是乙方。	32	5	4
64	* 商场是赢家。	21	12	8
65	防守是关键。	31	9	1
66	北京是首都。	39	2	0
67	台湾是宝岛。	34	6	1
68	李白是诗人。	37	4	0
69	* 少帅是将军。	24	12	5
70	紫鹃是丫环。	28	8	5
71	晓杰是导游。	31	7	3
72	* 科龙是商标。	26	9	6
73	黄沙是材料。	25	11	5
74	面料是丝绸。	28	11	2
75	她们是姐妹。	38	3	0
	本义句（NP+V+NP）			
76	* 结婚要冒险。	10	19	12
77	* 船长指航程。	16	16	9
78	教授有学问。	35	4	2
79	文文有激情。	35	5	1
80	上级施压力。	34	6	1
81	人人讲奉献。	32	9	0
82	* 导弹发威力。	19	20	2
83	童童堆雪人。	33	7	1
84	乌云遮太阳。	37	4	0
85	宣传造声势。	33	8	0
86	导演拍电影。	35	5	1
87	阿姨缝扣子。	31	10	0
88	华人过春节。	32	7	2
89	老人拉家常。	32	9	0
90	保姆说闲话。	25	14	2
91	* 慧慧破秘诀。	10	20	11
92	* 滚水沏绿茶。	17	12	12
93	外婆炒鸡蛋。	34	7	0
94	大嫂烧稀饭。	31	8	2
95	厨师炸春卷。	25	13	3
96	老师发试卷。	39	2	0
97	工兵排地雷。	29	9	3
98	牧童吹笛子。	29	11	1
99	师傅收徒弟。	35	6	0
100	刘翔创纪录。	37	4	0

附录 2：ERP 实验材料

1. 死隐喻（熟语）

（1）死隐喻： 代号 111（$NP+V_{be}+NP$），（右 1—20 句）×3 = 60 个刺激

代号 112（NP+V+NP），（右 21—40 句）×3 = 60 个刺激

（2）本义句： 代号 113（$NP+V_{be}+NP$），（左 1—20 句）×3 = 60 个刺激

代号 114（NP+V+NP），（左 21—40 句）×3 = 60 个刺激

（3）假句： 代号 115，117（$NP+V_{be}+NP$），（右 1—40 句）×3 = 120 个刺激

代号 116，118（NP+V+NP），（左 1—40 句）×3 = 120 个刺激

序号	类别	隐喻句	类别	本义句
1	11	杭州 是 天堂。	13	铁路 是 干线。
2	11	鬼子 是 豺狼。	13	教育 是 基础。
3	11	军队 是 长城。	13	老孙 是 律师。
4	11	小潘 是 新手。	13	红红 是 星迷。
5	11	老肖 是 熟手。	13	他们 是 夫妻。
6	11	水利 是 命脉。	13	老罗 是 会计。
7	11	护士 是 天使。	13	老李 是 英雄。
8	11	师傅 是 高人。	13	教授 是 学者。
9	11	儿童 是 花朵。	13	小兰 是 文盲。
10	11	巩俐 是 大腕。	13	老曹 是 农民。
11	11	流氓 是 坏蛋。	13	小宝 是 工人。
12	11	家乡 是 热土。	13	帆帆 是 演员。
13	11	同窗 是 手足。	13	小周 是 医生。
14	11	老董 是 外人。	13	梦梦 是 空姐。
15	11	娜娜 是 天仙。	13	济公 是 和尚。
16	11	老沈 是 狐狸。	13	阿梅 是 帮工。
17	11	小洪 是 油条。	13	老蔡 是 商人。
18	11	老吴 是 老粗。	13	小蒋 是 司机。
19	11	爸爸 是 靠山。	13	老王 是 翻译。
20	11	老姚 是 大款。	13	萍萍 是 店员。
21	12	下海 经 风雨。	14	小葛 遭 拒绝。

续表

序号	类别	隐喻句	类别	本义句
22	12	小弟 拖 后腿。	14	小姜 受 欢迎。
23	12	悬念 吊 胃口。	14	生活 有 曲折。
24	12	的哥 侃 大山。	14	小沈 怕 老婆。
25	12	北风 刺 骨头。	14	岳父 受 敬仰。
26	12	小华 有 脑子。	14	武大 卖 炊饼。
27	12	小汪 吃 黄牌。	14	合作 有 前途。
28	12	小夏 打 下手。	14	良药 治 疾病。
29	12	对手 挖 墙角。	14	猫咪 打 瞌睡。
30	12	生产 上 轨道。	14	宝宝 流 口水。
31	12	收入 上 台阶。	14	校长 作 报告。
32	12	装修 赶 潮流。	14	领导 担 责任。
33	12	新星 抢 风头。	14	考生 填 志愿。
34	12	婷婷 成 焦点。	14	坏人 造 谣言。
35	12	小葛 碰 钉子。	14	员工 加 薪水。
36	12	老万 唱 高调。	14	小蒋 有 人缘。
37	12	小崔 打 圆场。	14	女生 爱 超女。
38	12	媛媛 拍 马屁。	14	少妇 看 韩剧。
39	12	秋风 扫 落叶。	14	顾客 捡 便宜。
40	12	瑶瑶 夸 海口。	14	八戒 耍 花招。

序号	类别	假句	类别	假句
1	15	徐州 是 韩国。	17	键盘 是 作用。
2	15	东山 是 水草。	17	手段 是 背包。
3	15	曹操 是 麻袋。	17	集体 是 单干。
4	15	甘蔗 是 天气。	17	零钱 是 发票。
5	15	南瓜 是 信件。	17	黑板 是 主楼。
6	15	白熊 是 冰山。	17	饼干 是 骨头。
7	15	教室 是 围墙。	17	毛巾 是 肥皂。
8	15	建筑 是 血管。	17	鸽子 是 熊猫。
9	15	医院 是 血脂。	17	吃饭 是 睡觉。
10	15	洪水 是 木头。	17	黑字 是 白纸。
11	15	气球 是 蚊子。	17	和平 是 飞机。
12	15	味精 是 天地。	17	平等 是 品味。
13	15	水牛 是 楼梯。	17	火车 是 露水。
14	15	棉被 是 蛋筒。	17	网络 是 旅客。
15	15	空气 是 强盗。	17	快餐 是 录像。

续表

序号	类别	假句	类别	假句
16	15	树叶 是 票贩。	17	部队 是 玩具。
17	15	大海 是 红领。	17	花蕾 是 海螺。
18	15	饭馆 是 绿领。	17	饭碗 是 头脑。
19	15	大明 是 菜碗。	17	筷子 是 目鱼。
20	15	桌子 是 菠菜。	17	座位 是 麦饼。
21	16	上海 拍 巴掌。	18	蚊香 点 火柴。
22	16	野菜 喂 西山。	18	大鱼 吊 面包。
23	16	口袋 塞 机场。	18	小说 闻 香烟。
24	16	电脑 下 田野。	18	拳头 击 文章。
25	16	石头 喘 大气。	18	额头 拍 照片。
26	16	葫芦 刺 骨头。	18	墨水 流 动脉。
27	16	大米 围 国家。	18	目标 扫 墨镜。
28	16	公路 吃 流汁。	18	音符 见 野心。
29	16	书法 要 康复。	18	兔子 寻 汉语。
30	16	膳食 谈 恋爱。	18	阴天 钻 地洞。
31	16	太阳 买 窑洞。	18	桃子 插 翅膀。
32	16	天空 下 森林。	18	瓜子 吃 西瓜。
33	16	食品 想 游泳。	18	体型 啃 猪蹄。
34	16	超市 扭 秧歌。	18	体育 想 物理。
35	16	大门 开 牛奶。	18	书包 听 音乐。
36	16	双眼 掏 钱包。	18	红牌 踢 足球。
37	16	机票 捡 食堂。	18	耳朵 唱 山歌。
38	16	工作 抢 金融。	18	汤圆 过 元宵。
39	16	牙膏 领 现金。	18	花盆 种 沙土。
40	16	校服 戳 花冠。	18	讲义 逛 新城。

2. 新隐喻

（1）新隐喻：代号 11（$NP+V_{be}+NP$），（右 1—20 句）×3 ＝ 60 个刺激

代号 12（NP+V+NP），（右 21—40 句）×3 ＝ 60 个刺激

（2）本义句：代号 13（$NP+V_{be}+NP$），（左 1—20 句）×3 ＝ 60 个刺激

代号 14（NP+V+NP），（左 21—40 句）×3 ＝ 60 个刺激

（3）假句：代号 15，17（$NP+V_{be}+NP$），（右 1—40 句）×3 ＝ 120 个刺激

代号 16，18（NP+V+NP），（左 1—40 句）×3 ＝ 120 个刺激

序号	类别	隐喻句	类别	本义句
1	1	满月 是 银盘。	3	阿华 是 歌王。
2	1	池塘 是 明镜。	3	阿菲 是 歌后。
3	1	爱心 是 甘露。	3	教育 是 根本。
4	1	爱情 是 玫瑰。	3	俐俐 是 主角。
5	1	恋爱 是 咖啡。	3	强强 是 配角。
6	1	家庭 是 港湾。	3	他们 是 师生。
7	1	男人 是 磐石。	3	老板 是 富人。
8	1	时间 是 金钱。	3	小邓 是 冠军。
9	1	效率 是 生命。	3	小孔 是 亚军。
10	1	商场 是 战场。	3	公司 是 甲方。
11	1	冲动 是 魔鬼。	3	客户 是 乙方。
12	1	人生 是 舞台。	3	防守 是 关键。
13	1	夕阳 是 陈酒。	3	北京 是 首都。
14	1	学生 是 未来。	3	台湾 是 宝岛。
15	1	孩子 是 幼苗。	3	李白 是 诗人。
16	1	老师 是 园丁。	3	紫鹃 是 丫环。
17	1	知识 是 灯塔。	3	晓杰 是 导游。
18	1	改革 是 春风。	3	黄沙 是 材料。
19	1	智慧 是 钥匙。	3	面料 是 丝绸。
20	1	顾客 是 上帝。	3	她们 是 姐妹。
21	2	群星 眨 眼睛。	4	教授 有 学问。
22	2	山峦 裹 银装。	4	文文 有 激情。
23	2	群山 映 彩霞。	4	上级 施 压力。
24	2	大地 换 冬衣。	4	人人 讲 奉献。
25	2	草原 披 绿装。	4	童童 堆 雪人。
26	2	成绩 亮 红灯。	4	乌云 遮 太阳。
27	2	积蓄 打 水漂。	4	宣传 造 声势。
28	2	整治 留 尾巴。	4	导演 拍 电影。
29	2	空手 套 白狼。	4	阿姨 缝 扣子。
30	2	老大 装 孙子。	4	华人 过 春节。
31	2	消费 上 水平。	4	老人 拉 家常。
32	2	冲冲 有 眼光。	4	保姆 说 闲话。
33	2	英雄 有 铁骨。	4	外婆 炒 鸡蛋。
34	2	猎狗 练 鼻子。	4	大嫂 烧 稀饭。
35	2	演员 练 嘴巴。	4	厨师 炸 春卷。
36	2	穹隆 挂 银灯。	4	老师 发 试卷。
37	2	明星 放 鸽子。	4	工兵 排 地雷。
38	2	反腐 找 源头。	4	牧童 吹 笛子。
39	2	扫黄 端 窝点。	4	师傅 收 徒弟。
40	2	英语 拉 后腿。	4	刘翔 创 纪录。

序号	类别	假句	类别	假句
1	5	鼠标 是 温泉。	7	冬瓜 是 口琴。
2	5	电线 是 岗位。	7	煤气 是 姐妹。
3	5	寝室 是 热水。	7	谜语 是 美术。
4	5	毛竹 是 外国。	7	梨子 是 糕饼。
5	5	球赛 是 睫毛。	7	主任 是 母校。
6	5	露天 是 精心。	7	校友 是 礼堂。
7	5	标枪 是 灯火。	7	篮球 是 操场。
8	5	交警 是 路况。	7	硬盘 是 表格。
9	5	老沈 是 香蕉。	7	图画 是 语法。
10	5	小洪 是 烧饼。	7	结构 是 语音。
11	5	老吴 是 绳子。	7	宿舍 是 果实。
12	5	失恋 是 太空。	7	榨菜 是 面条。
13	5	爸爸 是 山水。	7	学业 是 基地。
14	5	老焦 是 大队。	7	周期 是 麦片。
15	5	小敏 是 彩旗。	7	科学 是 火星。
16	5	晨报 是 喉咙。	7	集团 是 鹅毛。
17	5	短信 是 监狱。	7	烈火 是 冰块。
18	5	旅馆 是 白店。	7	长江 是 黄河。
19	5	少年 是 海关。	7	唐僧 是 悟空。
20	5	轮船 是 港口。	7	水壶 是 脸盆。
21	6	绿灯 闯 黄灯。	8	排球 打 网球。
22	6	手表 开 坦克。	8	窗帘 吃 晚饭。
23	6	大火 烧 洪水。	8	豆浆 煎 油饼。
24	6	文学 扑 眉毛。	8	馒头 借 粽子。
25	6	湿地 润 嗓子。	8	菜油 浇 手机。
26	6	可乐 铺 山间。	8	文字 拌 大蒜。
27	6	执照 玩 扑克。	8	柳树 裁 裤子。
28	6	蚂蚁 驮 大象。	8	蝴蝶 背 骆驼。
29	6	松树 抱 小孩。	8	散沙 搂 腰包。
30	6	屋顶 摆 架子。	8	电扇 擦 皮鞋。
31	6	海绵 剪 指甲。	8	雨伞 抹 口红。
32	6	地板 踏 树梢。	8	口罩 踩 袜子。
33	6	枕头 搀 墙壁。	8	脖子 扶 眼镜。
34	6	热浪 扯 信封。	8	喜讯 传 空调。
35	6	日历 递 冰箱。	8	啤酒 拼 粉笔。
36	6	金条 凑 银行。	8	麻将 搓 韭菜。
37	6	伤口 揉 针筒。	8	野猫 抓 城市。
38	6	面条 咬 暑假。	8	数字 吞 符号。
39	6	暖气 砸 话梅。	8	绣球 抛 管道。
40	6	图书 挪 价位。	8	玻璃 拎 是非。

附录 3：实验语料 SPSS 熟悉指数比较分析

（一）隐喻句及本义句对照组

1. 本义句及隐喻句熟悉指数分析比较

类型	数量	最小值	最大值	均值	方差
本义熟悉指数	80	78.05	100.00	95.335 4	4.627 6
隐喻熟悉指数	80	70.73	112.20	91.646 3	7.960 5

熟悉指数 = 熟悉百分比 + 较熟悉百分比，表内数据省略 %，下同

2. 本义句及隐喻句 t 检验结果

	Levene's Test for Equality of Variances		t-test for Equality of Means						
	F	Sig.	t	df	Sig.（2-tailed）	Mean Difference	Std. Error Difference	95% Confidence Interval of the Difference	
								Lower	Upper
熟悉指数	22.543	0.000	3.583	158	0.000	3.689 0	1.029 5	1.655 7	5.722 3

（二）死隐喻句及本义句对照组

1. 死隐喻句及本义句对照组比较

类型	数量	范围	最小值	最大值	均值	方差
本义熟悉指数	40	21.95	78.05	100.00	93.963 4	5.24
死隐喻熟悉指数	40	36.59	70.03	107.32	91.402 4	7.39

本义句与死隐喻句平均熟悉度差别不显著，sig.=0.078

2. 死隐喻句及本义句对照组不同句型间比较

类型	数量	范围	最小值	最大值	均值	方差
死隐喻句（NP +V_{be}+NP）熟悉指数	20	21.95	78.05	100.00	89.88	7.09
死隐喻句（NP +V+NP）熟悉指数	20	36.59	70.03	107.32	92.93	7.54
本义句（NP +V_{be}+NP）熟悉指数	20	12.20	87.80	100.00	94.39	3.88
本义句（NP +V+NP）熟悉指数	20	21.95	78.05	100.00	93.54	6.39

3. 方差分析结果

熟悉指数 = 熟悉 + 较熟悉

	Sum of Squares	df	Mean Square	F	Sig
Between Groups	231.410	3	77.137	1.891	0.138
Within Groups	3 099.941	76	40.789		
	3 331.350	79			

组间差异不显著，说明总体上各句子类型之间的熟悉度无显著差异

4. 组间多重比较结果

类型		Mean difference (I-J)	Std. Error	Sig	95% Confidence Interval	
					Lower Bound	Upper Bound
新隐喻句（NP +V_{be}+NP）	新隐喻句（NP +V+NP）	−3.048 8	2.019 6	0.135	−7.071 2	0.973 6
	本义句（NP +V_{be}+NP）	−4.512 2*	2.019 6	0.028	−8.534 6	−0.489 8
	本义句（NP +V+NP）	−3.658 5	2.019 6	0.074	−7.681 0	0.363 9
新隐喻句（NP +V+NP）	新隐喻句（NP +V_{be}+NP）	3.048 8	2.019 6	0.135	−0.973 6	7.071 2
	本义句（NP +V_{be}+NP）	−1.464 3	2.019 6	0.471	−5.485 8	2.559 0
	本义句（NP +V+NP）	−0.609 8	2.019 6	0.764	−4.632 2	3.412 7
本义句（NP +V_{be}+NP）	新隐喻句（NP +V_{be}+NP）	4.512 2*	2.019 6	0.028	0.489 8	8.534 6
	新隐喻句（NP +V+NP）	1.463 4	2.019 6	0.471	−2.559 0	5.485 8
	本义句（NP +V+NP）	0.853 7	2.019 6	0.641	−3.168 8	4.876 1
本义句（NP +V+NP）	新隐喻句（NP +V_{be}+NP）	3.658 5	2.019 6	0.074	−0.363 9	7.681 0
	新隐喻句（NP +V+NP）	0.609 8	2.019 6	0.764	−3.412 7	4.632 2
	本义句（NP +V_{be}+NP）	−0.853 7	2.019 6	0.674	−4.876 1	3.168 8

*：The mean difference is significant at the 0.05 level

熟悉指数 = 熟悉 + 较熟悉

除死隐喻（NP+Vbe+NP）与本义句（NP+V_{be}+NP）之间的熟悉度有显著性差异外，其余各组间均无显著性差异

（三）新隐喻句及本义句对照组

1. 新隐喻句及本义句对照组比较

类型	数量	范围	最小值	最大值	均值	方差
本义熟悉指数	40	12.20	87.80	100.00	96.707 3	3.473 5
新隐喻熟悉指数	40	41.46	70.73	112.20	91.890 2	8.581 4

本义句与新隐喻句平均熟悉度差别显著，sig.=0.002

2. 新隐喻句及本义句对照组不同句型间比较

类型	数量	范围	最小值	最大值	均值	方差
新隐喻句（NP +V_{be}+NP）熟悉指数	20	34.15	78.05	112.20	95.731 7	7.03
新隐喻句（NP +V+NP）熟悉指数	20	29.27	70.03	100.00	88.048 8	8.41
本义句（NP +V_{be}+NP）熟悉指数	20	12.20	87.80	100.00	95.731 7	4.03
本义句（NP +V+NP）熟悉指数	20	7.32	92.68	100.00	97.682 9	2.56

3. 方差分析结果

	Sum of Squares	df	Mean Square	F	Sig
Between Groups	1 092.430	3	364.143	10.196	0.000
Within Groups	2 714.158	76	35.713		
	3 806.588	79			

熟悉指数 = 熟悉 + 较熟悉；组间差异显著，说明总体上各句子类型之间的熟悉度有显著差异

4. 组间多重比较结果

熟悉指数 = 熟悉 + 较熟悉

类型		Mean difference (I-J)	Std. Error	Sig	95% Confidence Interval	
					Lower Bound	Upper Bound
新隐喻句（NP +V_{be}+NP）	新隐喻句（NP +V+NP）	7.682 9*	1.889 8	0.000	3.919 1	11.446 7
	本义句（NP +V_{be}+NP）	2.842E−14	1.889 8	1.000	−3.763 8	3.763 8
	本义句（NP+V+NP）	−1.951 2	1.889 8	0.305	−5.715 0	1.812 6
新隐喻句（NP +V+NP）	新隐喻句（NP +V_{be}+NP）	−7.682 9*	1.889 8	0.000	−11.446 7	−3.919 1
	本义句（NP +V_{be}+NP）	−7.682 9*	1.889 8	0.000	−11.446 7	−3.919 1
	本义句（NP +V+NP）	−9.634 1*	1.889 8	0.000	−13.398 0	−5.870 3
本义句（NP +V_{be}+NP）	新隐喻句（NP +V_{be}+NP）	−2.8422E−14	1.889 8	1.000	−3.763 8	3.763 8
	新隐喻句（NP +V+NP）	7.683 9*	1.889 8	0.000	3.919 1	11.446 7
	本义句（NP +V+NP）	−1.951 2	1.889 8	0.305	−5.715 0	1.812 6
本义句（NP +V+NP）	新隐喻句（NP +V_{be}+NP）	1.951 2	1.889 8	0.305	−1.812 6	5.715 0
	新隐喻句（NP +V+NP）	9.634 1*	1.889 8	0.000	−5.870 3	13.398 0
	本义句（NP +V_{be}+NP）	1.951 2	1.889 8	0.305	−1.812 6	5.715 0

*：The mean difference is significant at the 0.05 level

组间多重比较说明，新隐喻（NP+V_{be}+NP）与新隐喻（NP+V+P），新隐喻（NP+V+P）与本义句（NP+V+P）平均熟悉度有显著差异

（四）死隐喻句及新隐喻句对照组

1. 死隐喻句及新隐喻句熟悉指数分析比较

类型	数量	最小值	最大值	均值	方差
死隐喻熟悉指数	40	70.73	107.32	91.402 4	7.389 4
新隐喻熟悉指数	40	70.73	112.20	91.890 2	8.581 4

2. 死隐喻及新隐喻 t 检验结果

	Levene's Test for Equality of Variances		t-test for Equality of Means						
	F	Sig.	t	df	Sig.（2-tailed）	Mean Difference	Std. Error Difference	95% Confidence Interval of the Difference	
								Lower	Upper
熟悉指数	0.689	0.409	−0.27	78	0.786	−0.487 8	1.790 6	−4.052 5	3.076 9

附录 4：实验指导语

亲爱的同学：

你好！

欢迎你参加实验。为确保实验顺利进行，向你简要介绍实验过程和注意事项。在电脑屏幕中央，一组汉语句子会前后呈现，每一句子由三个词组成。第一个词和第二个词请默读，第三个词读完后请判断整个句子在汉语中是否有意义，并作按键反应，若有意义请按“1”键，若没意义请按“4”键。

实验要求：

（1）请严格按照实验指导语提示完成实验，凭自己的语感判断每个句子在汉语中是否有意义。

（2）执行按键操作要在保证正确的前提下，尽量快速地完成。

（3）每个实验序列时间不长，实验过程中请保持头部不动。眼睛尽量注视屏幕中央的小“十”字，可以自然眨眼。

附录 5：外文汉译姓名对照

外文姓名	中文译名
A	
Ahrens, Kathleen	凯思琳·阿伦斯（安可思）
Ainsworth-Darnell	安斯沃思 – 达内尔

Aristotle	亚里士多德
Arzouan	阿朱安
Austin, John Langshaw	约翰·兰肖·奥斯汀
B	
Balaban, Victor	维克托·巴拉班
Bar, Moshe	莫舍·巴
Barnes, Barry	巴里·巴恩斯
Bates, Elizabeth	伊丽莎白·贝茨
Bear, M.F.	M.F. 贝尔
Bell, Alexander Graham	亚历山大·格雷厄姆·贝尔
Bellugi	贝鲁奇
Black, Max	马克斯·布莱克
Blakeslee, Sandra	桑德拉·布莱克斯利
Bonnaud, Véronique	凡若尼克·博诺
Bookin	布金
Boswell	博斯韦尔
Bottini	博蒂尼
Bouillaud	博利奥特
Braille, Louis	路易·布莱叶
Broca, Paul	保罗·布洛卡
Brown	布朗
Brownell	布劳内尔
Burgess, Curt	柯特·伯吉斯
C	
Chatrian	夏特瑞安
Chiarello, Christine	克里斯廷·恰莱罗
Chomsky	乔姆斯基
Clark, Herbert H..	赫伯特·H. 克拉克
Collins, A.	A. 科林斯
Connolly	康诺利

Coulson	库尔森
Curran	柯伦
D	
Davidson, Donald	唐纳德·戴维森
Dax	戴克斯
Donaldson	唐纳森
F	
Fauconnier, Gilles	吉勒·福科尼耶
Faust	福斯特
Fiebach	菲巴赫
Fish	菲什
Forder	福德
Friederici	弗里德里奇
Frith	弗里斯
G	
Gardner	加德纳
Gentner, Dedre	戴德·金特娜
Gibbs, R.	R. 吉布斯
Gil	吉尔
Gildea	吉尔德
Gineste, M. D.	M.D. 吉纳斯特
Giunchiglia	朱钦利亚
Glucksberg	格拉克斯伯格
Grice	格赖斯
Gunter	冈特
H	
Haberlandt	哈伯兰特
Hagen	赫根
Hahne	哈恩
Hawkins, Jeff	杰夫·霍金斯

Hillyard, Steven	史蒂文·希利亚德
Holcomb	霍尔库姆
Hubbell	哈贝尔
Hubell	休贝尔
I	
Indurkhya, Bipin	拜平·尹达克亚
J	
James	詹姆士
Jescheniak	杰斯切尼亚克
Jlурия, A.P.	A.P. 卢利亚
Johnson, Mark	马克·约翰逊
Jones, R. S.	R.S. 琼斯
K	
Kaan	卡恩
Katz, A. N.	A.N. 卡茨
Kekule, Von S.	弗里德里希·凯库勒
Keysar	凯萨尔
King	金
Kircher	基尔舍
Kosslyn, Stephen M	斯蒂芬 ·M. 考斯林
Kotz	考茨
Kittay, Eva Feder	伊娃·费德·吉蒂
Kutas, Marta	玛尔塔·库塔斯
L	
Lakoff, George	乔治·莱考夫
Lillo-Martin	里奥 – 马丁
Lucas, Francesco	弗兰西斯格·路克斯
Lucy, Peter	彼得·路西
Lynch, Jack	杰克·林奇

M	
Martin-Loeches	马丁 – 洛埃切斯
Mc-Glone	麦格龙
McClelland, J. L.	J.L. 麦克莱兰德
Moon, William	威廉·穆恩
Morse,. Samuel	塞廖尔·莫尔斯
Moshe Bar	马瑟·巴
Mountcastle, Vernon	弗农·芒卡斯尔
N	
Nicol	尼科尔
Niznikiewicz	尼士尼克维克斯
O	
O'Boyle	奥博伊尔
Ortony	奥特尼
Osterhout	奥斯特豪特
P	
Palmer	帕尔默
Pedreira, M. A.	M.A. 佩德拉
Piaget, Jean	吉恩·皮亚杰
Pinker, Steven	史迪芬·平克
Plato	柏拉图
Posner	波斯纳
Pratt, Hillel	希勒尔·普拉特
Pynte, Jëol	杰尔·平特
Q	
Quillian， M.R.	M.R. 奎连
Quintilian	昆提连
R	
Ramachandran， Vilayanur S	维拉亚努尔 ·S. 拉马尚德兰
Rapp， Alexander Michael	亚历山大·迈克尔·拉普

Read	里德
Richards	理查兹
Ricoeur, Paul	保罗·利科
Rhodes	罗德
Rohrer	罗勒
Ross	罗斯
Rudell	鲁德尔
Rumelhart, D. E.	D.E. 鲁梅尔哈特
Rutherford	拉瑟福德
S	
Salmon, Nirit	尼瑞特·萨蒙
Sapir	萨皮尔
Saussure, F.D.	F.D. 索绪尔
Scart-Lhomme, V.	V. 斯卡特－洛马
Schnitzer, M. L.	M.L. 施尼策
Schriefers	施里弗斯
Searle, John Rogers	约翰·罗杰斯·塞尔
Sotillo	索提罗
Sperber, Dan	丹·斯帕伯
Squires	斯夸尔斯
Starr, Kenneth	肯尼思·斯塔
Sutton	萨顿
Swaab	斯瓦伯
T	
Tan	谭
Tartter, Vivien C	维维安 ·C. 塔特
Turner, Mark	马克·特纳
Tversky, A	特韦尔斯基
V	
Vinci, Leonardo di ser Piero da	达·芬奇

Vygotsky, L.S.	L.S. 维果斯基
W	
Watson	华生
Weisper	韦斯珀
Whorf	沃尔夫
Wiesel	威斯尔
Wilson, Deirdre	迪尔德丽·威尔逊
Winner	温纳
Wernicke, Carl	卡尔·韦尼克
Y	
Yonelinas	约尼利纳斯

后　记

拙作是在本人博士论文的基础之上完成的，三年半的甜酸苦辣终于浇灌出了今日科苑中的成果。书稿杀青之时，心中涌起的情感并非感激二字可以形容！

首先要感谢的是导师唐孝威院士。唐先生自花甲之年从两弹一星的研究转向脑科学研究，并且在古稀之年破例地从人文学科中招收跨学科的博士研究生，本人有幸成为唐先生文理交叉学科研究团队中的大弟子。先生三年多来的教诲之恩，关切之情，让弟子难以忘怀。最令人钦佩的是先生高瞻远瞩的大家风范，博学宽广的理论素养，勇于开创的科研精神，严谨治学的学术态度，脚踏实地的工作作风，以身作则的行为表率，谦和包容的君子之风，甘为人梯的博大胸怀。从先生身上，我不仅学到了研究的方法和看问题的视角，更重要的是清清白白做人的品质和毕生追求真理的精神。

还要感谢的是浙江大学人文学院的黄华新教授。是他首先引领我进入汉语语言学及应用语言学这块研究领域，在专业学习上为我提供指导，在研究条件上为我提供条件，在学术活动上为我提供展示才能的平台，事无巨细地提供支持和帮助，使得我得以顺利修完课程、顺利做完论文、顺利通过答辩、顺利完成学业。在感谢中不得不提到的还有徐州师范大学的杨亦鸣教授（南京大学和南京师范大学的兼职博导）。他是国内神经语言学的先驱，也破例接受弟子，在神经语言学和 ERP 实验方面悉心指导，无条件地为本人提供在徐州师大 ERP 实验时期的住宿、研究和实验等一切便利条件，使得本研究的 ERP 实验得以顺利进行。其他还需要提及的老师是：浙江大学的王维贤先生、陈宗明教授、庞继贤教授、方一新教授、周昌乐教授、何莲珍教授，上海大学的程琪龙教授，复旦大学的熊学亮教授，以及河南大学的徐盛桓教授，离开他们的教诲和指导，本人的学术水平上不到现在的台阶。

本文从构思开始到实验阶段，直至落笔行文，得到了诸多师长、学友、同行、师兄弟姐妹的关怀和帮助。由于本研究的交叉学科背景和实验研究范式，本人受到的帮助不仅来自于语言学学科的老师和同学们，而且来自于物理学、心理学、神经信息学、神经心理学、计算机科学等学科的志同道合者的合作者们，特别值得一提的是浙江大学语言与认知研究中心的陈辉、徐以中、李恒威、徐慈华、肖家燕、廖备水、黄孝喜、金立、陈伟英、陈明瑶、吴恩峰、贾改琴、张峰辉、赵旻燕、张炯、陈文勇、于爽、王旭等，浙江大学物理系交叉学科实验室的陈飞燕、何洁、宋晓兰、胡萌、何宏建、陶丽霞等，徐州师范大学语言研究所的顾介鑫、宋伟、封世文、沈兴安、张强、张珊珊、刘涛、赵仑、方环海等，学术伙伴徐赳赳、周炯、杨勇、胡凤培、刘军等，在此我怀着由衷的感激之情向提到姓名和没有提到姓名的所有帮助过我的人表达真诚的谢意！

在此还要提到的是，本研究自始至终得到浙江大学语言与认知研究中心、浙江大学外国语言文化与国际交流学院及浙江省哲学社会科学规划办公室的支持。本人的学术研究历程无不浸润着导师们的心血，同窗同事的帮助。大恩不言谢，唯一该做的就是潜心读书、独立思考，在交叉学科领域里不懈地探索和创新，不断地攻克学术难题，不断地结出科研成果，方是对恩师最好的报答，对学友最诚挚的感谢，对父母在天之灵最大的告慰，对国家和社会最好的回报！

王小潞

2008年8月于杭州西子湖畔

郑 重 声 明

高等教育出版社依法对本书享有专有出版权。任何未经许可的复制、销售行为均违反《中华人民共和国著作权法》，其行为人将承担相应的民事责任和行政责任，构成犯罪的，将被依法追究刑事责任。为了维护市场秩序，保护读者的合法权益，避免读者误用盗版书造成不良后果，我社将配合行政执法部门和司法机关对违法犯罪的单位和个人给予严厉打击。社会各界人士如发现上述侵权行为，希望及时举报，本社将奖励举报有功人员。

反盗版举报电话：(010) 58581897/58581896/58581879

反盗版举报传真：(010) 82086060

E - mail：dd@hep.com.cn

通信地址：北京市西城区德外大街4号
高等教育出版社打击盗版办公室

邮　　编：100120

购书请拨打电话：(010)58581118